ब्रह्मांड के बड़े सवालों के संक्षिप्त जवाब

ब्रह्मांड के बड़े सवालों के संक्षिप्त जवाब

स्टीफ़न हॉकिंग

अनुवाद : मनोज दुबे और विश्वदीप नाग

मंजुल पब्लिशिंग हाउस

MANJUL

मंजुल पब्लिशिंग हाउस

कॉरपोरेट एवं संपादकीय कार्यालय

• द्वितीय तल, उषा प्रीत कॉम्प्लेक्स, 42 मालवीय नगर, भोपाल-462 003

विक्रय एवं विपणन कार्यालय

• सी-16, सेक्टर 3, नोएडा, उत्तर प्रदेश - 201301, इंडिया

वेबसाइट : www.manjulindia.com

वितरण केन्द्र

अहमदाबाद, बेंगलुरू, भोपाल, कोलकाता, चेन्नई,
हैदराबाद, मुम्बई, नई दिल्ली, पुणे

हिन्दी में सर्वप्रथम मंजुल पब्लिशिंग हाउस प्रा.लि. द्वारा प्रकाशित, कॉपीराइट © 2020

स्टीफ़न हाकिंग द्वारा लिखित मूल अंग्रेजी पुस्तक
ब्रीफ़ आंसर्स टु द बिग क्वेस्चंस का हिन्दी अनुवाद

Brief Answers to the Big Questions by Stephen Hawking – Hindi Edition

यह हिन्दी संस्करण 2020 में पहली बार प्रकाशित
द्वितीय आवृत्ति 2022

ISBN 978-93-89647-98-3

हिन्दी अनुवाद : मनोज दुबे और विश्वदीप नाग
आवरण पृष्ठ संयोजन : मंजुल पब्लिशिंग हाउस प्रा. लि.
व्यस्क स्टीफ़न हॉकिंग का चित्र : आंद्रे पैटनडन

मुद्रण व जिल्दसाज़ी : रेप्रो इंडिया लिमिटेड

अनुक्रम

प्रकाशक की ओर से

स्टीफ़न हॉकिंग से नियमित रूप से 'बड़े सवालों' पर उनके विचारों के बारे में वैज्ञानिकों, तकनीकी उद्यमियों, दिग्गज कारोबारियों, राजनेताओं और आम लोगों द्वारा पूछा जाता था। जो जवाब स्टीफ़न ने भाषणों, साक्षात्कारों और निबंधों में दिए थे, उनका उन्होंने एक बड़ा निजी अभिलेखागार बना रखा था।

यह पुस्तक उनके निजी लेखों से ही तैयार की गई है और उनकी मृत्यु के वक़्त इसे तैयार किया जा रहा था। उनके अकादमिक सहयोगियों, परिजनों और स्टीफ़न हॉकिंग एस्टेट के सहयोग से इसे पूरा किया गया है।

भूमिका

ऐडी रेडमेन

प हली बार जब मैं स्टीफ़न हॉकिंग से मिला, तो मैं उनकी असाधारण ताक़त और संवेदनशीलता से चौंक उठा था। मेरे अध्ययन के आधार पर मैं उनकी आँखों की दृढ़ता और न हिलने वाले शरीर के बारे में जानता था। मुझे तब हाल ही फ़िल्म *द थ्योरी ऑफ़ एवरीथिंग* में स्टीफ़न की भूमिका अदा करने के लिए कहा गया था। उनके काम और उनकी अक्षमता की प्रकृति का अध्ययन करने के लिए मैंने कई माह उनके साथ बिताए थे। मैं यह समझने की कोशिश कर रहा था कि मैं अपने शरीर का उपयोग किस प्रकार करूँ, ताकि लंबे समय से चली आ रही उनकी मोटर न्यूरोन नामक बीमारी को अभिव्यक्त कर सकूँ।

जब मैं अंततः स्टीफ़न से मिला, जो अद्भुत क्षमता वाले वैज्ञानिक थे, तो मैं आश्चर्यचकित रह गया। वे कंप्यूटराइज़्ड वॉइस से संवाद करते थे, जिसमें उनकी एक जोड़ी भौहें असाधारण रूप से भावबोधक थीं। शांत या मौन वातावरण में मैं नर्वस हो जाता हूँ और बहुत ज़्यादा बोलने लगता हूँ,

जबकि स्टीफ़न पूरी तरह से मौन का महत्त्व जान चुके थे। वे ऐसा महसूस करने की शक्ति से भी परिचित थे कि जैसे आपकी बारीकी से जाँच हो रही हो। बेचैनी में मैंने बात छेड़ दी कि किस प्रकार से हम दोनों के जन्मदिनों में कुछ ही दिनों का अंतर है, जिसकी वजह से हम दोनों की राशि भी एक ही है। कुछ ही मिनट बात स्टीफ़न ने जवाब दिया, "मैं खगोलविज्ञानी हूँ, ज्योतिषी नहीं।" उन्होंने ज़ोर देकर यह बात कही कि मैं उन्हें स्टीफ़न ही बुलाऊँ, बार-बार प्रोफ़ेसर नहीं बोलूँ। मुझे बताया गया था...।

स्टीफ़न का किरदार निभाना अपने आप में एक असाधारण मौक़ा था। स्टीफ़न के वैज्ञानिक कार्य में उनकी बाहरी सफलता और बीस वर्ष की आयु में उन्हें आरंभ हुई मोटर न्यूरोन बीमारी के साथ उनकी भीतरी ज़ंग को मुझे उभारना था। उनकी कहानी अनोखी, जटिल और समृद्ध थी, जो मानवीय प्रयास, पारिवारिक जीवन, बड़ी अकादमिक उपलब्धि और समस्त अवरोधों का डटकर सामना करने से परिपूर्ण थी। हम उनकी प्रेरणा को उभारना चाहते थे, साथ ही चाहते थे कि उनका जीवन चरित्र बल और साहस दिखा पाए, जिसे न केवल उन्होंने, बल्कि उनकी देखरेख करने वाले लोगों ने भी प्रदर्शित किया था।

लेकिन साथ ही स्टीफ़न जो विशुद्ध शोमैन थे, वह दिखाना भी समान रूप से महत्त्वपूर्ण था। अपने ट्रेलर में मैंने तीन इमेज को दिखाया गया था, जिनके बारे में मैंने बात की। इसमें से एक आइंस्टाइन की थी, जिसमें उनकी ज़बान बाहर की ओर थी, क्योंकि इसी प्रकार की मज़ाक़िया हाज़िरजवाबी हॉकिंग में भी थी। दूसरी एक जोकर की थी, जो ताश के पैक में था, जो कठपुतली का खेल दिखाने वाला था, क्योंकि मैं ऐसा मानता हूँ कि स्टीफ़न लोगों को हथेली पर रखते थे। तीसरी जेम्स डीन की थी। दमकना और विनोद- यह मैंने उन्हें देखकर सीखा था।

किसी भी जीवित व्यक्ति की भूमिका निभाने में सबसे बड़ा दबाव यह होता है कि आपको अपनी परफ़ॉर्मेंस के लिए उस इंसान को जवाब देना होता है, जिसकी भूमिका आपने निभाई है। स्टीफ़न के मामले में परफ़ॉर्मेंस का

आकलन करने वाला उनका परिवार था, जो फ़िल्म के लिए मेरी तैयारी में बेहद मददगार और उदार रहा। स्क्रीनिंग पर जाने से पहले स्टीफ़न ने मुझसे कहा था, "मुझे जो लगेगा, मैं तुम्हें बताऊँगा। अच्छा या फिर 'अन्यथा'।" मैंने जवाब दिया कि आपको यदि 'अन्यथा' कहना है, तो आप सिर्फ़ 'अन्यथा' कह सकते हैं, ताकि मैं खाल खिंचाई से बच जाऊँ, लेकिन स्टीफ़न ने सहृदयता से कहा था कि फ़िल्म में आनंद आया। वे उससे द्रवित हुए, लेकिन फिर भी उन्होंने सुविदित रूप से कहा था कि उनका सोचना था कि उसमें भावनाओं की बजाय फिज़िक्स अधिक होनी चाहिए थी। इस पर उनसे बहस करना असंभव था।

द थ्योरी ऑफ़ एवरीथिंग के वक़्त से मैं हॉकिंग परिवार के संपर्क में रहा हूँ। स्टीफ़न के अंतिम संस्कार में जब मुझे रीडिंग करने को कहा गया, तो यह मेरे दिल को छू गया। वह अविश्वसनीय रूप से बहुत दुखद था, लेकिन वह दिन प्रेम और उनकी अच्छी यादों से भरा हुआ था, जो यह बता रहा था कि इस साहसी व्यक्ति ने अपने विज्ञान से पूरी दुनिया की अगुवाई की और इस बात का अन्वेषण किया कि दिव्यांग लोगों को भी मान्यता मिले और उन्हें सही मौक़े देकर फलने-फूलने दिया जाए।

हमने एक सच्चा ख़ूबसूरत दिमाग़ खो दिया है, एक विस्मयकारी वैज्ञानिक और सबसे ज़्यादा विनोदी स्वभाव का व्यक्ति, जिनसे मिलने का सौभाग्य मुझे प्राप्त हुआ। उनके परिवार ने स्टीफ़न की मृत्यु के समय कहा था कि उनके कार्य और विरासत जीवित रहेंगे। मुझे उनके जाने का दुख है, लेकिन साथ ही इस बात की प्रसन्नता भी है कि मैं विविध और मनमोहक विषयों पर स्टीफ़न के लेखों के संकलन की भूमिका लिख रहा हूँ। मुझे उम्मीद है कि आप उनके लेखों का आनंद लेंगे। बराक ओबामा को उद्धृत करते हुए मैं कहता हूँ कि मुझे उम्मीद है स्टीफ़न वहाँ भी तारों के बीच प्रसन्नता बिखेर रहे होंगे।

स्नेह सहित

ऐडी

परिचय

प्रोफ़ेसर किप एस. थोर्न

मेरी स्टीफ़न हॉकिंग से पहली भेंट जुलाई 1965 में लंदन में हुई थी। हम जनरल रिलेटिविटी और ग्रेविटेशन पर आयोजित एक सम्मेलन में भाग लेने आए थे। स्टीफ़न उस वक़्त यूनिवर्सिटी ऑफ़ कैम्ब्रिज से पी.एचडी कर रहे थे और मैंने अपनी पीएच.डी प्रिंस्टन यूनिवर्सिटी से तब हाल ही पूरी की थी। सम्मेलन में यह चर्चा फैली हुई थी कि स्टीफ़न ने इस बात का एक अकाट्य तर्क निकाला है कि ब्रह्मांड की उत्पत्ति एक निश्चित समय पहले हुई *होगी*। यह अनंत पुराना नहीं है।

चालीस लोगों के लिए बने हॉल में हम 100 लोग भरे थे, केवल यह सुनने के लिए कि स्टीफ़न क्या बोलने वाले हैं। वे एक बेंत के सहारे चलते हुए आए और उनकी आवाज़ में कंपन था। इसके अलावा मोटर न्यूरॉन रोग के मामूली लक्षण प्रकट होने लगे थे, जिसका पता दो वर्ष पहले ही चला था। उनका मस्तिष्क बीमारी से पूरी तरह से अप्रभावित था। उनके स्पष्ट तर्क आइंस्टाइन की सापेक्षता के समीकरण, खगोल विशेषज्ञों के अवलोकन पर आधारित

थे, जिनके अनुसार हमारा ब्रह्मांड फैल रहा है और उनके तर्क कुछ सरल धारणाओं पर भी आधारित थे, जो संभवतः सत्य थीं। रोज़र पेनरोज़ द्वारा बनाई गई मैथमेटिकल तकनीकों का प्रयोग भी इसमें किया गया था। इन सभी को मिलाकर स्टीफ़न ने अपना तर्क प्रकट किया, जो अनेक प्रकार से ज्ञान से परिपूर्ण, सशक्त और अकाट्य थाः हमारा ब्रह्मांड एक सिंगुलर अवस्था (ब्लैक होल के केंद्र में एक गुरुत्वाकर्षण सिंगुलर अवस्था है, एक आयामी बिंदु, जिसमें एक असीम रूप से छोटे स्थान में एक विशाल द्रव्यमान होता है, जहाँ घनत्व और गुरुत्वाकर्षण अनंत हो जाते हैं और अंतरिक्ष समय अनंत रूप से घटता है) में लगभग दस अरब वर्ष पहले शुरू हुआ होगा। (अगले एक दशक तक स्टीफ़न और पेनरोज़ ने मिलकर समय की सिंगुलर अवस्था को सिद्ध किया, साथ ही और अधिक स्पष्टता से यह साबित किया कि हर ब्लैक होल के केंद्र में सिंगुलरिटी उपस्थित है, जहाँ समय समाप्त हो जाता है।)

स्टीफ़न के इस 1965 वाले भाषण से मैं अत्यंत प्रभावित हुआ। सिर्फ़ उनकी तार्किकता और निष्कर्ष से नहीं, बल्कि ज़्यादा महत्त्वपूर्ण उनकी विषय की गहरी समझ और उनकी रचनात्मकता से भी। तब मैंने उनसे अकेले में एक घंटे चर्चा की। यह आजीवन मैत्री की शुरुआत थी, यह मैत्री विज्ञान के प्रति हमारी रुचियों के कारण ही नहीं, बल्कि उल्लेखनीय परस्पर सहानुभूति और इंसानों के रूप में एक दूसरे को समझने की विलक्षण क्षमता के लिए भी थी। जल्द ही हम विज्ञान से अलग अपने जीवन, हमारे प्रेम और यहाँ तक की मौत पर भी ज़्यादा चर्चा करने लगे, हालाँकि विज्ञान ही ऐसा था, जो हमें बाँधे रखने का कार्य कर रहा था।

स्टीफ़न और उनकी पत्नी जेन को मैं सितंबर 1973 में रूस के मास्को लेकर गया। तेज़ शीतयुद्ध के बावजूद 1968 के बाद से मैं हर दूसरे वर्ष एक माह या कुछ समय के लिए मास्को अवश्य जाता था। यहाँ याकोव बोरिसोविच जेलडोविच के नेतृत्व में एक ग्रुप रिसर्च करता था, मैं उसमें सहयोग करता था। जेलडोविच बेहतरीन खगोल भौतिक विज्ञानी थे और साथ ही सोवियत

के हाइड्रोजन बम के जनक भी। चूँकि उनके पास परमाणु रहस्य थे, इसलिए उन्हें पश्चिमी यूरोप और अमेरिका की यात्रा करने की मनाही थी। वे स्टीफ़न के साथ चर्चा के इच्छुक थे, लेकिन वे स्टीफ़न के पास नहीं आ सकते थे, इसलिए हम वहाँ गए।

मास्को में स्टीफ़न ने जेलडोविच और अन्य कई सौ वैज्ञानिकों को अपने ज्ञान से अभिभूत कर दिया था। स्टीफ़न ने कुछ बातें जेलडोविच से भी सीखीं। सबसे यादगार तो वह दोपहर थी, जो मैंने और स्टीफ़न ने जेलडोविच और उनके पी.एचडी विद्यार्थी एलेक्सी स्टारोबिन्स्की के साथ रोशिया होटल के एक कमरे में बिताई थी। जेलडोविच ने अपनी एक खोज को सहज तरीक़े से हमें बताया, स्टारोबिन्स्की ने इसे गणितीय रूप से सिद्ध करके बताया।

हम सभी यह जानते हैं कि एक ब्लैक होल को घूमने के लिए ऊर्जा की ज़रूरत होती है। उन्होंने समझाया कि एक ब्लैक होल इस ऊर्जा का उपयोग पार्टिकलों को बनाने के लिए करने लगता है। ये पार्टिकल इस ऊर्जा को साथ लेकर उड़ने लगेंगे। यह नई और अचरज वाली बात थी, पर बहुत आश्चर्यचकित कर देने वाली नहीं। जब किसी वस्तु में गति की ऊर्जा होती है, प्रकृति आमतौर पर इसे निचोड़ने का कोई तरीक़ा निकाल ही लेती है। हम ब्लैक होल की स्पिन ऊर्जा को निचोड़ने वाले अन्य तरीक़े पहले ही जानते थे, जबकि यह नया था और अनपेक्षित तरीक़ा था।

ऐसे मूल्यवान संवादों से विचारों को नई दिशा मिलने लगती है। यही स्टीफ़न के साथ हुआ था। वे कई महीनों तक जेलडोविच और स्टारोबिन्स्की की खोज पर विचार करते रहे। पहले किसी एक नज़रिये से देखते फिर किसी और से। एक दिन स्टीफ़न के दिमाग़ में यह बात आ गई कि जैसे ही ब्लैक होल घूमना बंद करता है, होल से फिर भी पार्टिकल निकलते रहते हैं। वह विकिरण या प्रकाश दे सकता है, जैसे कि ब्लैक होल गर्म रहा हो जिस प्रकार सूर्य या भले ही ज़्यादा गर्म न हो, हल्का गर्म हो। जितना भारी होल होगा, उतना ही कम इसका तापमान होगा। यदि होल का वज़न सूर्य के बराबर हो,

तो तापमान 0.00000006 केलविन, ऐब्सलूट ज़ीरो (–273.15 डिग्री सेल्सियस) तापमान के ऊपर 0.6 लाख वीं डिग्री। इस तापमान की गणना का यह फ़ार्मूला लंदन के वेस्टमिंस्टर ऐबी में स्टीफ़न की क़ब्र के पत्थर पर लिखा हुआ है। उनको आइज़ैक न्यूटन और चार्ल्स डार्विन के बीच में दफ़नाया गया है।

ब्लैक होल का 'हॉकिंग टेम्परेचर' और उसी की 'हॉकिंग रेडिएशन' वाकई में क्रांतिकारी सिद्धांत रहे हैं। कदाचित, इन्हें बीसवीं सदी के दूसरे भाग की सैद्धांतिक भौतिकी की सर्वाधिक क्रांतिकारी खोज कह सकते हैं। इसने जनरल रिलेटिविटी (ब्लैक होल्स), थर्मोडाइनैमिक्स (ऊष्मा की भौतिकी) और क्वांटम फिज़िक्स (शून्य से पार्टिकलों के उत्सर्जन तक) के बीच गहन संबंधों के प्रति हमारी आँखें खोल दीं। उदाहरण के लिए इससे स्टीफ़न को यह सिद्ध करने में आसानी रही कि ब्लैक होल में उत्क्रम ताप (एंट्रॉपी) है, जिसका अर्थ है कि ब्लैक होल में भीतर या उसके चारों ओर कहीं बहुत ज़्यादा अनियमितता है। उनका अनुमान था कि उत्क्रम ताप की मात्रा (होल में व्याप्त अनियमितता का लॉगरिदम) होल की सतह के क्षेत्रफल के अनुपात में होगी। उत्क्रम ताप के लिए उनका फ़ार्मूला स्टीफ़न के स्मारक के पत्थर पर उत्कीर्ण है, जो कैम्ब्रिज के गोनविल ऐंड कैयस कॉलेज में बना है, जहाँ पर स्टीफ़न ने काम किया था।

पिछले 45 वर्षों में स्टीफ़न और सैकड़ों अन्य भौतिकविद् ब्लैकहोल की अनियमितता की सटीक प्रकृति को समझने के लिए जद्दोजहद करते रहे। यह ऐसा सवाल था, जो क्वांटम थ्योरी और जनरल रिलेटिविटी के बीच संबंधों के बारे में सतत रूप से नया ज्ञान उत्पन्न कर रहा था। यह क्वांटम ग्रेविटी पर था, जिसके बारे में बने सिद्धांतों को ग़लत प्रकार से समझा जा रहा था।

1974 के पतझड़ में स्टीफ़न अपने पी.एचडी के विद्यार्थियों और अपने परिवार (पत्नी जेन और दो बच्चे रॉबर्ट व लूसी) को एक साल के लिए कैलिफ़ोर्निया के पासाडेना लेकर आए, ताकि वे अपने विद्यार्थियों समेत

मेरी कॉलटेक यूनिवर्सिटी की बौद्धिकता में सम्मिलित हो सकें और अस्थायी तौर पर मेरे रिसर्च ग्रुप में भी घुल-मिल सकें। यह बहुत ही *शानदार* वर्ष था, जिसके चरम पर इसे 'ब्लैक होल के अनुसंधान का स्वर्णिम दौर' कहा जाता है।

उस वर्ष स्टीफ़न और उनके विद्यार्थियों ने मेरे विद्यार्थियों के साथ ब्लैक होल को ज़्यादा गहराई से समझने के लिए काम किया। कुछ सीमा तक मैंने भी किया, लेकिन स्टीफ़न की उपस्थिति एवं उनके संयुक्त रिसर्च ग्रुप की अगुवाई करने से मुझे एक नई दिशा में काम करने की थोड़ी आज़ादी मिल गई, जिस पर मैं वर्षों से सोच रहा था। नई दिशा थीः गुरुत्वीय तरंगें।

ब्रह्मांड में विचरण करने वाली दो तरह की ही तरंगें होती हैं, जो हम तक दूर-दराज़ की सूचनाएँ लाती हैं- एक होती हैं इलेक्ट्रोमैग्नेटिक तरंगें (जिनमें प्रकाश, एक्सरे, गामा रेज़, माइक्रोवेव्ज़, रेडियो वेव्ज़... आती हैं) और दूसरी होती हैं गुरुत्वीय तरंगें।

इलेक्ट्रोमैग्नेटिक तरंगों में दोलन करने वाले इलेक्ट्रिक और मैग्नेटिक बल होते हैं, जो प्रकाश की गति से गमन करते हैं। जब ये चार्ज्ड पार्टिकल्स, जैसे रेडियो या टीवी एंटीना के इलेक्ट्रॉन्स से टकराते हैं, तो ये पार्टिकल्स को आगे-पीछे हिलाते हैं और तरंगों में आ रही सूचना को पार्टिकल्स में एकत्र कर देते हैं। यही सूचना लाउडस्पीकर या टीवी स्क्रीन में एम्प्लीफाई (बढ़ा कर दिखाना) की जाती है, ताकि लोग समझ सकें।

आइंस्टाइन के अनुसार गुरुत्वीय तरंगों में दोलन करता हुआ विकृत स्पेस रहता है, जिसमें स्पेस का फैलाव और सिकुड़ना होता है। 1972 में रेनर (राई) वेस ने मैसाचुसेट्स इंस्टीट्यूट ऑफ़ टेक्नोलॉजी में ग्रेविटेशनल वेव डिटेक्टर ईजाद किया था। इसमें एल (L) आकार के वैक्यूम पाइप के भीतर कोने में और छोर पर आईने लटकते रहते हैं। स्पेस के फैलाव से ये आईने पाइप के एक पाये की ओर अलग-अलग धकेल दिए जाते हैं और स्पेस की सिकुड़न के कारण दूसरे पाये की तरफ़ साथ-साथ आ जाते हैं। राई का

सुझाव था कि लेज़र बीम की मदद से इस फैलाव और सिकुड़न के दोलन व्यवहार को मापा जा सकता है। लेज़र लाइट इस प्रकार से गुरुत्वीय तरंग की जानकारी निचोड़ सकती है। इसी सिग्नल को एम्प्लीफाइ करके कंप्यूटर में डालकर इंसान के समझने लायक़ किया जा सकता है।

इलेक्ट्रोमैग्नेटिक टेलिस्कोप के माध्यम से ब्रह्मांड के अध्ययन (इलेक्ट्रोमैग्नेटिक खगोल विज्ञान) की शुरुआत गैलिलियो ने तब की थी, जब उन्होंने एक छोटा प्रकाशीय टेलिस्कोप बनाकर उससे बृहस्पति के चार सबसे बड़े चंद्रमाओं की खोज की थी। उसके बाद चार सौ सालों में इलेक्ट्रोमैग्नेटिक खगोल विज्ञान ने ब्रह्मांड के प्रति हमारी समझ में क्रांति ला दी है।

1972 में मेरे विद्यार्थियों और मैंने इस बात पर विचार करना शुरू किया कि हम गुरुत्वीय तरंगों का उपयोग करके ब्रह्मांड के बारे में बहुत कुछ जान सकते हैं। हमने गुरुत्वीय तरंग खगोल विज्ञान की परिकल्पना विकसित करने की शुरुआत की, क्योंकि गुरुत्वीय तरंगें, स्पेस के विरूपण का ही एक रूप होती हैं। ये तरंगें उन वस्तुओं से शक्तिशाली ढंग से निर्मित होती हैं, जो स्वयं पूर्ण या आंशिक रूप से स्पेस-टाइम विरूपण से बनी होती हैं। इसका मतलब है ख़ासतौर से ब्लैक होल से। हमारे निष्कर्ष के अनुसार गुरुत्वीय तरंगें स्टीफ़न के तर्क को जाँचने-परखने का आदर्श साधन हैं।

सामान्य रूप से हमें ऐसा प्रतीत हुआ कि गुरुत्वीय तरंगें, इलेक्ट्रोमैग्नेटिक तरंगों से मौलिक रूप से इतनी अलग होती हैं कि वे ब्रह्मांड के प्रति हमारी समझ में क्रांति ला सकती हैं। *अगर* पकड़ में न आने वाली इन तरंगों को खोजा जा सकता है और उन पर नज़र रखी जा सकती है, तो इसकी तुलना गैलिलियो की खोज के बाद हुई क्रांति से की जा सकती है, पर हमारे इस आकलन में यह 'अगर' बहुत बड़ी बात थी। हमारा अनुमान था कि धरती को घेरे रखने वाली गुरुत्वीय तरंगें इतनी क्षीण होंगी कि राई वेस के L आकर वाले यंत्र में लगे काँचों का जो आगे-पीछे गमन होगा, वह एक प्रोटोन के व्यास के सौवें हिस्से (परमाणु का एक करोड़ वाँ हिस्सा) से ज़्यादा नहीं होगा,

भले ही उस यंत्र के काँच कई किलोमीटर दूर अलग-अलग थे। इतने छोटे गमन को नापने की चुनौती बहुत बड़ी थी।

उस शानदार साल के दौरान, जब स्टीफ़न और मेरा रिसर्च ग्रुप सम्मिलित रूप से कॉलटेक में कार्य कर रहे थे, तब मैं अपना ज़्यादातर समय गुरुत्वीय तरंग की सफलता की संभावना तलाशने में बिता रहा था। इस काम में स्टीफ़न भी मददगार साबित हुए, क्योंकि कई वर्ष पूर्व उन्होंने और उनके एक छात्र गैरी गिबन्स ने अपना खुद का ग्रेविटेशनल वेव डिटेक्टर डिज़ाइन किया था (जो उन्होंने कभी नहीं बनाया)।

स्टीफ़न के कैम्ब्रिज लौटने के कुछ ही दिनों बाद, मेरी खोज सफल होने की कगार पर थी, जब राई वेस और मेरे बीच वाशिंगटन डीसी में राई के होटल में एक रात इस विषय पर गहन चर्चा हुई। मैं अब आश्वस्त था कि मेरी सफलता की संभावना इतनी अधिक है कि मुझे अपने पेशे और अपने भावी विद्यार्थियों की रिसर्च को भी राई और दूसरे प्रयोगकर्ताओं की मदद करने में समर्पित कर देना चाहिए, ताकि हमारी गुरुत्वीय तरंगों की परिकल्पना पूरी हो सके। उसके बाद जो हुआ, वह इतिहास है।

14 सितंबर 2015 को लीगो (LIGO) ग्रेविटेशनल वेव डिटेक्टरों (जिसकी सह स्थापना मैंने, राई और रोनाल्ड ड्रेवर ने की, जिनका निर्माण 1,000 लोगों ने बैरी बरिश के नेतृत्व और प्रबंधन में किया) ने अपनी पहली गुरुत्वीय तरंगें रिकॉर्ड कीं। कंप्यूटरजनित अनुकरणों से मिले पूर्वानुमानों और तरंगों के स्वरूप की तुलना करके हमारी टीम इस निष्कर्ष पर पहुँची कि ये तरंगें धरती से 130 करोड़ प्रकाश वर्ष दूर दो बड़े ब्लैक होल्स के टकराने के कारण पैदा हुई थीं। यह गुरुत्वीय तरंग खगोल विज्ञान की शुरुआत थी। हमारी टीम ने गुरुत्वीय तरंगों के संदर्भ में वह सफलता हासिल की थी, जो गैलिलियो ने इलेक्ट्रोमैग्नेटिक तरंगों के लिए की थी।

मुझे इस बात का पूरा विश्वास है कि आने वाले कई दशकों में गुरुत्वीय तरंग खगोल विद्वानों की अगली पीढ़ी इन तरंगों का उपयोग करके

न सिर्फ़ स्टीफ़न के ब्लैक होल फ़िज़िक्स के नियमों को परख पाएगी, बल्कि उन गुरुत्वीय तरंगों को खोज कर उनका निरीक्षण भी कर पाएगी, जो कि हमारे ब्रह्मांड के सिंगुलर अवस्था में जन्म के समय उपस्थित थीं। इस प्रकार से, हमारे ब्रह्मांड की उत्पत्ति को लेकर स्टीफ़न और अन्य लोगों के विचारों की परख भी कर पाएगी।

1974-75 के शानदार वर्ष के दौरान जब मैं गुरुत्वीय तरंगों के काम में उलझा हुआ था और स्टीफ़न ब्लैक होल रिसर्च में हमारे सम्मिलित रिसर्च ग्रुप का नेतृत्व कर रहे थे, तब स्टीफ़न के पास एक और विचार था, जो उनकी हॉकिंग रेडिएशन की खोज से भी ज़्यादा मौलिक था। उनके पास इस बात का दमदार *लगभग* अकाट्य सबूत था कि जब एक ब्लैक होल का निर्माण होता है और फिर उसके बाद जब वह पूरी तरह से रेडिएशन छोड़ते हुए वाष्पीकरण से लुप्त हो जाता है, तब उस ब्लैक होल के अंदर गई कोई भी जानकारी वापस नहीं आ सकती। वह जानकारी निश्चित रूप से लुप्त हो जाती है।

यह विचार मौलिक इसलिए था, क्योंकि क्वांटम भौतिकी के नियमों के अनुसार जानकारी कभी भी पूरी तरह से लुप्त नहीं हो सकती। अगर स्टीफ़न का विचार सही था, तो इसका मतलब था कि ब्लैक होल, क्वांटम क्रियाविधि के अत्यंत मौलिक सिद्धांत का उल्लंघन करते हैं।

पर यह कैसे संभव था? ब्लैक होल का वाष्पीकरण, तो क्वांटम क्रियाविधि और सामान्य सापेक्षता के नियमों के अनुसार ही होता है - क्वांटम गुरुत्वाकर्षण के वही नियम, जो ठीक से समझे नहीं गए हैं, इसलिए स्टीफ़न ने तर्क दिया कि सापेक्षता और क्वांटम भौतिकी का अग्निमय संयोजन ही जानकारी के विनाश की तरफ़ ले जाएगा।

बहुत से सैद्धांतिक भौतिक विज्ञानी इस निष्कर्ष को बिलकुल ही ग़लत मानते हैं। वे लोग इस बात पर पूर्णतः अविश्वासी रहे हैं। और फिर 44 सालों से वे जानकारी की क्षति को लेकर विरोधाभास से संघर्ष कर रहे हैं।

इस संघर्ष के लिए जो पीड़ा झेलनी पड़ी है और जो प्रयास हुए हैं, वे मूल्यवान हैं, क्योंकि यह विरोधाभास क्वांटम गुरुत्वाकर्षण के नियमों को समझने का शक्तिशाली साधन है। स्टीफ़न ने स्वयं 2003 में एक तरीक़ा खोजा, जिसके अनुसार जानकारी ब्लैक होल के वाष्पीकरण के दौरान बचकर निकल सकती है, पर इससे भी भौतिक विज्ञानियों के संघर्ष को ख़त्म नहीं किया जा सका। स्टीफ़न इस बात को *सिद्ध* नहीं कर पाए कि जानकारी बचकर निकल सकती है, जिसके कारण संघर्ष जारी रहा।

वेस्टमिंस्टर ऐबी में स्टीफ़न की राख दफ़नाए जाने के समय मैंने स्तुति भाषण दिया था, जिसमें मैंने उस संघर्ष को इन शब्दों के साथ यादगार कहा था, "न्यूटन ने हमें जवाब दिए। स्टीफ़न हॉकिंग ने हमें सवाल दिए। और वे सवाल स्वयं ही दशकों बाद तक नई खोज दे रहे हैं। अंत में जब हम क्वांटम गुरुत्वाकर्षण के नियमों और ब्रह्मांड के जन्म को पूरी तरह समझ लेंगे, तब इसका बहुत बड़ा श्रेय स्टीफ़न हॉकिंग के कंधों पर ही होगा।"

●

जैसे 1974-75 गुरुत्वीय तरंग अनुसंधान की शुरुआत के लिए शानदार साल था, उसी तरह वह साल स्टीफ़न द्वारा क्वांटम गुरुत्वाकर्षण के नियमों को समझने की शुरुआत के लिए भी शानदार था। यह समझना कि ये नियम ब्लैक होल की जानकारी और उसकी अनियमितता की वास्तविक प्रकृति के बारे में क्या कहते हैं? हमारे ब्रह्मांड की सिंगुलर उत्पत्ति के बारे में, ब्लैक होल्स की सिंगुलेरिटीज के बारे में ये नियम क्या कहते हैं? यानी समय के जन्म और अंत की वास्तविक प्रकृति के बारे में?

ये बड़े सवाल हैं। बहुत ही बड़े।

मैं हमेशा बड़े सवालों से संकोच करता रहा हूँ। मेरे पास उनका सामना करने का आत्म-विश्वास, सूझबूझ, और कुशलता नहीं है। इसके विपरीत, स्टीफ़न हमेशा बड़े सवालों की ओर आकर्षित रहते थे, भले ही

वे सवाल उनके विज्ञान की गहराई में निहित हों या न हों। उनके पास वह आत्म-विश्वास, सूझबूझ और कुशलता *थी*, जो इसके लिए ज़रूरी थी।

यह किताब उन बड़े सवालों के बारे में स्टीफ़न के जवाबों का संकलन है, यानी वे जवाब, जिन पर वे अपनी मृत्यु के समय तक काम कर रहे थे।

छह सवालों के बारे में स्टीफ़न के जवाब उनके विज्ञान की गहराई में निहित हैं (क्या ईश्वर है? सब कुछ कैसे शुरू हुआ? क्या हम भविष्य बता सकते हैं? ब्लैकहोल के अंदर क्या होता है? क्या समय यात्रा संभव है? हम भविष्य का निर्माण कैसे करें?)। इस किताब में आप स्टीफ़न की उन विषयों पर गहन चर्चा पाएँगे, जिन्हें मैंने संक्षिप्त रूप में इस प्रस्तावना में बताया है। साथ ही और भी बहुत कुछ।

चार अन्य बड़े सवालों के बारे में उनके जवाब संभवत: विज्ञान की गहराई में निहित नहीं हैं (क्या हम धरती पर जीवित बचे रह पाएँगे? क्या ब्रह्मांड में कहीं और भी समझदार जीवन है? क्या हमें अंतरिक्ष में बसना चाहिए? क्या आर्टिफिशल इंटेलिजेंस हमसे ज़्यादा समझदार हो जाएगी?) जैसा अपेक्षित है, उनके जवाबों में गहन सूझबूझ और रचनात्मकता दिखाई देती है।

मैं उम्मीद करता हूँ कि उनके जवाबों को आप उतना ही प्रेरणादायी और ज्ञान से भरपूर पाएँगे, जितना मैं पाता हूँ। किताब का आनंद लें।

किप एस. थोर्न

हमें बड़े प्रश्न क्यों पूछने चाहिए

लोग हमेशा बड़े सवालों के जवाब चाहते हैं। हम कहाँ से आए हैं? ब्रह्मांड कैसे बना? इस पूरी रचना के पीछे मंतव्य क्या है? क्या कोई सर्वशक्तिमान है? सृष्टि की रचना का पूर्व वर्णन अब कम प्रासंगिक और विश्वसनीय लगता है। उनका स्थान विविध व्याख्याओं ने ले लिया है, जिनमें न्यू ऐज से लेकर *स्टार ट्रैक* समेत कई तरह के अंधविश्वास तक शामिल हैं, लेकिन वास्तविक विज्ञान कल्पना से बहुत ही अलग है और यह ज़्यादा संतुष्ट करता है।

मैं एक वैज्ञानिक हूँ। ऐसा वैज्ञानिक, जिसका भौतिकशास्त्र, ब्रह्मांड विज्ञान, ब्रह्मांड और मानवता के भविष्य से बहुत लगाव है। मेरे माता-पिता ने मेरा लालन-पालन, जिस तरह से किया, उससे मैं अविचल जिज्ञासु बन गया। ठीक मेरे पिता की तरह रिसर्च करना और उन अनेक सवालों के जवाब देने की कोशिश करना, जो विज्ञान हमसे पूछता है। मैंने पूरा जीवन मस्तिष्क में ब्रह्मांड की यात्रा करते हुए बिताया है। भौतिकी के सिद्धांतों से मैंने कुछ बड़े सवालों के जवाब दिए हैं। एक बार मैंने सोचा कि मुझे भौतिकी का अंत भी जानना चाहिए, और हमें यह मालूम होना चाहिए, लेकिन मैं सोचता हूँ कि खोज मेरे बाद भी चलती रहेगी। हम कुछ सवालों के जवाबों के एकदम क़रीब हैं, लेकिन हम वहाँ तक पहुँचे नहीं हैं।

समस्या यह है कि अधिकांश लोग सोचते हैं वास्तविक विज्ञान इतना कठिन और जटिल है कि उनके समझ में नहीं आ सकता, लेकिन मैं नहीं सोचता ऐसा कुछ है। ब्रह्मांड को चला रहे बुनियादी सिद्धांतों पर रिसर्च करने में समय को लेकर प्रतिबद्ध होना ज़रूरी है, लेकिन अधिकांश लोगों के पास समय नहीं होता। यदि हम इसी तरह से भौतिकी के सिद्धांतों की लकीर पीटते रहे, तो पूरी दुनिया जल्द ही ठहर जाएगी, लेकिन जब बिना समीकरण बताए बुनियादी विचारों को प्रस्तुत किया जाता है, तो ज़्यादातर लोग उन्हें समझ सकते हैं और उनका आँकलन कर सकते हैं। मेरी राय है कि यह संभव है और मैंने जीवनभर इसी को करने का आनंद उठाया है।

जीवित रहने और भौतिकी के सिद्धांतों पर रिसर्च करने का समय शानदार रहा है। ब्रह्मांड के हमारे चित्र ने पिछले पचास वर्षों में काफ़ी बदलाव किया है और यदि मैंने इसमें योगदान दिया है, तो मैं इस बात के लिए ख़ुश हूँ। अंतरिक्ष युग के बारे में इतना बड़ा खुलासा मानवता को दिया गया एक परिप्रेक्ष्य है। जब हम अंतरिक्ष से पृथ्वी की ओर देखते हैं, तो हम स्वयं को पूरे रूप में देख रहे होते हैं। तब हमें एकता दिखाई देती है, बँटवारा नहीं। यह सामान्य सा चित्र एक दमदार संदेश देता हैः एक ग्रह, एक मानव जाति।

जो लोग वैश्विक समुदाय की प्रमुख चुनौतियों पर त्वरित कार्रवाई को लेकर मुखर रहते हैं, मैं उनके साथ अपनी आवाज़ जोड़ना चाहता हूँ। मैं अपेक्षा करता हूँ कि मैं जब नहीं रहूँगा, तब भी यहाँ पर लोग आगे बढ़ते चले जाएँगे। अपेक्षा करता हूँ कि सत्ता में बैठे लोग रचनात्मकता, साहस और नेतृत्व का प्रदर्शन करेंगे। सतत विकास के लक्ष्य में जो चुनौतियाँ हैं, उनका सामना करने के लिए उन्हें अपना दायित्व निभाना होगा। उन्हें निहित स्वार्थ के वशीभूत नहीं, बल्कि व्यापक हित में कदम उठाने होंगे। मैं समय की बहुमूल्यता के प्रति हमेशा सचेत रहा हूँ। इसलिए कहता हूँ कि उपलब्ध अवसरों का लाभ उठाओ, तत्काल काम करो।

●

मैंने अपने जीवन के बारे में पहले भी लिखा था, लेकिन पहले के कुछ अनुभव दोहराए जाने योग्य हैं। मैं सोचता हूँ कि बड़े सवालों के बारे में मेरा आजीवन लगाव बना रहेगा।

मैं गैलिलियो की मौत के ठीक 300 वर्ष बाद पैदा हुआ। मैं सोचता हूँ कि जिस प्रकार से मेरा वैज्ञानिक जीवन रहा है, इस संयोग का उस पर असर पड़ा था। मेरा हालाँकि अनुमान है कि उसी दिन क़रीब 2,00,000 अन्य बच्चे पैदा हुए होंगे, मुझे नहीं पता कि उनमें से कोई बाद में खगोलविज्ञान में रुचि रखता है या नहीं।

मैं लंदन के हाईगेट के लंबे, संकरे विक्टोरियन हाउस में पैदा हुआ। मेरे माता-पिता ने यह घर दूसरे विश्वयुद्ध के दौरान बेहद सस्ते में ख़रीद लिया था। उस वक़्त हर कोई यह सोच रहा था कि लंदन बम से ध्वस्त हो जाएगा। वास्तव में हमारे घर से थोड़ी दूर कुछ घरों पर वी2 रॉकेट गिरे थे। मैं अपनी माँ और बहनों के साथ दूर था, सौभाग्य से मेरे पिताजी सुरक्षित बच गए थे। सड़क पर बम गिरने का एक स्थान था, वहाँ मैं बाद के वर्षों में अपने मित्र हॉवर्ड के साथ खेलता था। हमने विस्फोट के परिणामों का उसी जिज्ञासा के साथ अध्ययन किया था, जो जीवनभर मुझे प्रेरित करती रही।

1950 में मेरे पिता के कार्य करने का स्थान लंदन के उत्तरी भाग में चला गया। वे मिल हिल में नैशनल इंस्टीट्यूट ऑफ़ मेडिकल रिसर्च के नवनिर्मित भवन में चले गए थे। इससे मेरे परिवार को पास की कैथेड्रल सिटी सेंट एल्बंस में आना पड़ा। मैं हाईस्कूल फ़ॉर गर्ल्स में गया। इसके नाम के बावजूद यहाँ दस वर्ष तक के लड़कों को पढ़ने की अनुमति थी। बाद में मैं सेंट एल्बंस स्कूल जाने लगा। वह बहुत अच्छी पढ़ने वाली क्लास थी और मैं कभी उसमें आधे स्तर तक भी नहीं पहुँच सका, लेकिन मेरे साथी मुझे आईंस्टाइन कहते थे, संभवतः उनको कुछ अच्छे संकेत मिले होंगे। जब मैं 12 वर्ष का था, तब मेरे एक मित्र ने दूसरे से शर्त लगाई कि मैं क्लास में कभी किसी में आगे नहीं आऊँगा। शर्त एक बैग मिठाई की थी।

सेंट एल्बंस में मेरे छह या सात करीबी मित्र थे, और मुझे याद है कि हममें हर बात को लेकर लंबी चर्चा होती थी, जैसे रेडियो कंट्रोल मॉडल्स से लेकर धर्म तक। एक बड़े प्रश्न पर हमारी बहस हुई थी कि ब्रह्मांड कैसे बना। क्या उसे बनाने में ईश्वर थे या वह अपने आप बनता गया। मैंने सुन रखा था कि दूर आकाशगंगाओं से प्रकाश लाल छोर तक चला जाता है और यह ब्रह्मांड के विस्तार का संकेत माना जाता है, लेकिन मुझे यह लगता था कि इस लाल छोर का कोई और ही कारण है। हो सकता है कि प्रकाश हम तक आते-आते थक जाता हो और मार्ग में आते-आते लाल हो जाता हो? वास्तव में अपरिवर्तित और अनंत ब्रह्मांड कहीं ज़्यादा प्राकृतिक लगता है। (जब मैं पी.एचडी की अपनी रिसर्च कर रहा था, तब अंतिम दो वर्षों में कॉस्मिक माइक्रोवेव की पृष्ठभूमि की खोज की, तो मुझे समझ में आया कि मैं ग़लत था)।

मैं हमेशा से इस बात में रुचि लेता था कि चीज़ें काम कैसे कर पाती हैं और मैं उन्हें अलग करके देखता था, लेकिन मैं उन्हें कभी फिर से एक नहीं कर पाता था। मेरी प्रैक्टिकल क्षमता थ्योरी की क्षमता से कमतर थी। मेरे पिता ने विज्ञान में मेरी रुचि को प्रोत्साहित किया और उनकी बेहद इच्छा थी कि मैं ऑक्सफोर्ड या कैम्ब्रिज में रहकर अध्ययन करूँ। वे स्वयं यूनिवर्सिटी कॉलेज, ऑक्सफोर्ड गए थे, तो उनका सोचना था कि मैं भी वहाँ आवेदन करूँ। उस वक़्त में यूनिवर्सिटी कॉलेज में कोई फैलो गणित में नहीं था, इस वजह से नेचुरल साइंस की स्कॉलरशिप के लिए प्रयास करने के अलावा मेरे पास कोई विकल्प नहीं था। जब मुझे यह मिल गई, तो मैं चकित रह गया।

उस वक़्त ऑक्सफोर्ड में रवैया काम विरोधी था। बिना किसी प्रयास के आपसे उत्कृष्ट होने की उम्मीद की जाती थी या फिर आप अपनी सीमाएँ स्वीकार करके चतुर्थ श्रेणी की डिग्री ले सकते थे। मैंने इसे आमंत्रण के तौर पर लिया कि कम काम करो। मुझे इस बात पर गर्व नहीं है, बल्कि मैं तो अपने उस वक़्त के रवैये की बात कर रहा हूँ। इसे मेरे साथ के विद्यार्थियों ने कई बार साझा किया है। मेरी बीमारी के कारण यह सब बदल गया है। जब आप जल्दी मौत की आशंका का सामना कर रहे होते हैं, तब आपको

यह समझ में आ जाता है कि आपको ऐसी बहुत सी चीज़ें हैं, जो जीवित रहते हुए करनी हैं।

चूँकि मेहनत ज़्यादा की नहीं थी, इसलिए मैंने तय किया कि मैं उन सवालों को टालते हुए अंतिम परीक्षा पास करूँगा, जिनमें मेरे तथ्यात्मक ज्ञान की ज़रूरत होगी और इसकी बजाय मैं फ़िज़िक्स के सिद्धांतों पर फ़ोकस करूँगा, लेकिन परीक्षा के एक दिन पहले रातभर मैं सो नहीं सका और इस कारण मैं ठीक से परफ़ार्म नहीं कर सका। मैं प्रथम और द्वितीय श्रेणी की डिग्री के बीच सीमारेखा पर था। परीक्षकों ने मुझसे इंटरव्यू लेकर पूछा कि मुझे तय करना है कि मुझे क्या करना चाहिए। इंटरव्यू में उन्होंने मुझसे मेरी भविष्य की योजनाओं के बारे में पूछा। मैंने जवाब दिया कि मैं रिसर्च करना चाहता हूँ। यदि वे मुझे पहली श्रेणी देते हैं, तो मैं कैम्ब्रिज में जा सकता हूँ। यदि मुझे द्वितीय श्रेणी मिली, तो मुझे ऑक्सफोर्ड में ही रहना होगा। उन लोगों ने मुझे प्रथम श्रेणी दी।

मेरी अंतिम परीक्षा के बाद मुझे लंबा अवकाश मिला था। कॉलेज से मुझे छोटे-छोटे यात्रा अनुदान मिले थे। मुझे लगा कि मेरे पास अवसर है, इसलिए मैंने कहा कि मैं ईरान जाना चाहता हूँ। 1962 की ग्रीष्म ऋतु में मैं ट्रेन से इस्तांबुल रवाना हो गया, वहाँ से पूर्वी तुर्की में एर्ज़ुरम, फिर तबरीज़, तेहरान, इसफ़हान, शिराज़ और पर्सपोलिस गया, जो प्राचीन फ़ारसी शाहों की राजधानी थी। जब मैं घर लौट रहा था, तो मैं और यात्रा में मेरे साथी रिचर्ड चिन बोइन ज़ेहरा में भूकंप में फँस गए थे। वह भयानक भूकंप था, रिक्टर पैमाने पर 7.1 मापा गया था। इसमें 12,000 लोग मारे गए थे। मैं भी भूकंप के केंद्र के पास ही होता, लेकिन चूँकि मैं बीमार था और बस में था, तो समझ में नहीं आया। वहाँ सड़कें बहुत ख़राब थीं और लग रहा था कि बस बार-बार उछल रही है।

हम तब तक तबरीज़ में रहे, जब तक पेचिश की मेरी तकलीफ़ दूर नहीं हो गई। बस में मेरी एक पसली भी टूट गई थी। मैं सामने वाली सीट से टकरा कर दूसरी ओर गिर गया था। यह कैसे हुआ, मुझे आज तक समझ में

नहीं आया, क्योंकि हमें फ़ारसी नहीं आती थी। जब तक इस्तांबुल नहीं पहुँचे, तब तक समझ में नहीं आया कि क्या हो रहा था। मैंने माता-पिता को एक पोस्टकार्ड भेजा था, वे दस दिनों से बेतहाशा मेरा इंतज़ार कर रहे थे, क्योंकि जिस दिन उन्हें पता चला कि मैं तेहरान से निकल रहा हूँ, प्राकृतिक आपदा भी उसी दिन आई। भूकंप के बावजूद ईरान में गुज़ारे समय की कई अच्छी स्मृतियाँ हैं। विश्व के बारे में बहुत ज़्यादा जिज्ञासा किस तरह से परेशानी में डाल सकती है, यह पता चल गया था, लेकिन मेरे जीवन में यह एक ही मौक़ा था, जब ऐसा हुआ।

अक्टूबर 1962 को जब मैं कैम्ब्रिज के डिपार्टमेंट ऑफ़ एप्लाइड मैथमेटिक्स और थ्योरिटिकल फ़िज़िक्स विभाग में आया, तब बीस वर्ष का हो चुका था। मशहूर खगोल विद्धान फ्रेड होइल के साथ काम करने के लिए मैंने आवेदन किया। खगोल विद्धान मैंने इसलिए लिखा, क्योंकि तब तक ब्रह्मांड विज्ञान को वैधानिक मान्यता नहीं मिली थी, हालाँकि फ्रेड के पास काफ़ी विद्यार्थी पहले से थे, तो उन्होंने मुझे नहीं लिया, जिससे निराशा हुई। मुझे डेनिस सिआमा के साथ काम करना पड़ा, जिनका नाम मैंने नहीं सुना था, लेकिन अच्छा ही हुआ कि मैं फ्रेड का छात्र नहीं बना क्योंकि यदि ऐसा होता, तो मैं उनकी स्टेडी-स्टेट थ्योरी का बचाव करने में ही उलझ जाता, जो ब्रैक्ज़िट पर चर्चा करने से भी अधिक कठिन होता। मैंने जनरल रिलेटिविटी की पुरानी पाठ्यपुस्तकों को पढ़कर काम करना शुरू किया, और सबसे बड़े सवालों पर आ गया।

आप लोगों ने फ़िल्म में देखा होगा कि मेरी भूमिका निभा रहे ऐडी रेडमैन मेरे ख़ूबसूरत संस्करण हैं। ऑक्सफोर्ड में तीसरे वर्ष की पढ़ाई के दौरान मैंने अनुभव किया कि मैं स्थूल होता जा रहा था। एक-दो बार मैं गिरा भी, लेकिन समझ में नहीं आया कि कैसे, और तब मैंने यह भी ध्यान दिया कि मैं नाव का चप्पू भी नहीं चला पा रहा था। यह स्पष्ट हो चुका था कि कुछ गड़बड़ है। जब डॉक्टर ने मुझे बियर छोड़ने को कहा, तो मैं कुछ चिढ़ भी गया था।

जब मैं कैम्ब्रिज पहुँचा, उसके बाद की शीत ऋतु बहुत ही सर्द थी। क्रिसमस अवकाश पर मैं घर आया हुआ था। उस समय मेरी माँ ने मुझसे कहा कि सेंट एल्बंस झील में जमी बर्फ़ पर स्केटिंग कर आऊँ। मैं जानता था कि मैं यह कर नहीं सकूँगा। मैं वहाँ गिरा और उठ पाने में मुझे बहुत कष्ट हुआ। मेरी माँ समझ गई थी कि कुछ गड़बड़ है और वे मुझे डॉक्टर के पास लेकर गई।

लंदन के सेंट बॉर्थोलोम्यू अस्पताल में मैं कई हफ़्ते रहा और कई जाँचें हुईं। 1962 में जो जाँचें हुईं, वे अभी की जाँचों की तुलना में कुछ प्राचीन टाइप की थीं। मेरी एक भुजा की मांसपेशी का नमूना लिया गया। मुझमें इलेक्ट्रॉड्स लगाए गए और मेरे मेरूदंड में रेडियो ओपेक इंजेक्ट किया गया। मेरा बिस्तर थोड़ा झुका हुआ था। डॉक्टरों ने एक्सरे में पाया कि जो इंजेक्ट किया है, वह ऊपर-नीचे जा रहा है। उन लोगों ने मुझे नहीं बताया कि क्या गडबड़ी है, लेकिन मैं भाँप चुका था कि कुछ ज़्यादा ख़राब मामला है, इसलिए मैंने पूछना भी ठीक नहीं समझा। डॉक्टरों की बातचीत से मुझे यह समझ में आने लगा था कि यह 'जो' भी है, वह और बिगड़ने वाला है और मुझे विटामिन देने के अतिरिक्त कुछ भी नहीं किया जा सकता था। जिस डॉक्टर ने मेरे परीक्षण किए, उसने मुझसे पीछा छुड़ा लिया और मैंने फिर उसे कभी नहीं देखा।

कुछ समय बाद मुझे पता चल गया कि मेरी बीमारी एमियोट्रोफ़िक लैटरल स्क्लेरोसिस (एएलएस) है, जो एक प्रकार की मोटर न्यूरॉन बीमारी है, जिसमें दिमाग़ और मेरूदंड की नर्व की कोशिकाएँ शिथिल हो जाती हैं और फिर कड़क हो जाती हैं। मुझे यह भी समझ में आ चुका था कि इस बीमारी के रोगी धीरे-धीरे हिल-ढुल भी नहीं पाते हैं, धीरे-धीरे बोलना बंद होता है, फिर खाना और फिर साँस लेने में भी परेशानी होती है।

मेरी बीमारी तेज़ी से बढ़ रही थी। इस कारण मैं अवसाद में था और समझ में नहीं आ रहा था कि किस तरह से पी.एचडी की रिसर्च पर काम करता रहूँ। मुझे यह भी पता नहीं था कि मैं उसे कर पाने के लिए जीवित भी रहूँगा या नहीं, लेकिन फिर बीमारी की रफ़्तार कुछ कम हुई और मैं फिर

उत्साह के साथ अपना कार्य करने लगा। मेरी आशा शून्य हो चुकी थी, लेकिन हर नया दिन बोनस के समान लगता था और मेरे पास जो भी था, मैं उसकी प्रशंसा करने लगा था। जब तक जीवन है, तब तक आस है।

एक युवती जेन, जिससे मैं एक पार्टी में मिला था, वह इस बात के लिए पक्की थी कि हम मिलकर इस स्थिति से लड़ लेंगे। उसके विश्वास ने मुझे ढाँढस बँधाया। उससे सगाई के बाद मुझे और आत्मबल मिला और मैं यह जान गया था कि यदि मैंने विवाह किया, तो मुझे नौकरी करनी होगी और पी.एचडी पूरी करनी पड़ेगी। ये बड़े सवाल हमेशा मुझे शक्ति देते रहे। मैंने कड़ी मेहनत की और उसका ख़ूब आनंद उठाया।

अध्ययन के दौरान मैंने सहायता के लिए गोनविल ऐंड कैयस कॉलेज में रिसर्च फ़ैलोशिप का आवेदन दिया। मैं चकित रह गया कि मेरा चयन फ़ैलो के रूप में हो गया। उसके बाद से मैं कैयस का फ़ैलो रहा हूँ। यह फ़ैलोशिप मेरे जीवन में निर्णायक बिंदु था। इसका मतलब यह था कि मेरी बढ़ती अक्षमता के बावजूद मैं अपना शोध का कार्य जारी रख सकता था। इसका यह अर्थ भी था कि मैं और जेन विवाह कर सकते थे। हमने जुलाई 1965 में विवाह कर लिया। हमारा पहला बेटा रॉबर्ट, हमारी शादी के दो वर्ष बाद हुआ। दूसरी संतान लूसी तीन वर्ष बाद हुई। हमारी तीसरी संतान टिमोथी ने 1979 में जन्म लिया।

पिता के रूप में भी मैं हमेशा सवाल पूछने के महत्त्व को बच्चों के मन में बैठाने की कोशिश करता था। मेरे पुत्र टिम ने एक बार एक इंटरव्यू में प्रश्न पूछने के बारे में कहानी सुनाई। मुझे लगा कि उसकी चिंताएँ नादानी से भरी थीं। वह जानना चाहता था कि क्या छोटे-छोटे और भी ब्रह्मांड हैं। मैंने उससे कहा कि कभी भी नए विचार सामने लाने अथवा परिकल्पना करने में पीछे नहीं रहना। इस बात की चिंता मत करना कि विचार कितना मूर्खतापूर्ण (उसके शब्द, मेरे नहीं) लग रहा है।

1960 के दशक में ब्रह्मांड विज्ञान का बड़ा सवाल था कि क्या ब्रह्मांड की कभी कोई शुरुआत हुई थी? कई वैज्ञानिक इस विचार को ख़ारिज कर देते थे, क्योंकि उनका मत था कि इसके उद्भव का बिंदु वह होगा, जहाँ विज्ञान नहीं पहुँचा है। यह पता लगाने के लिए धर्म और ईश्वर के हाथ का सहारा लेना होगा कि किस तरह से ब्रह्मांड शुरू हुआ है। यह बहुत स्पष्ट बुनियादी प्रश्न था और यह वही था, जिस पर मैं अपनी पी.एचडी थीसिस पूरी करना चाहता था।

रोज़र पेनरोज़ ने दर्शाया था कि एक बार टूटता हुआ तारा यदि एक तय परिधि में घिर जाएगा, तो निश्चित रूप से सिंगुलरिटी उत्पन्न होगी। यह एक ऐसा बिंदु होगा, जहाँ अंतरिक्ष और समय ख़त्म हो जाएँगे। मैंने सोचा कि हम सभी जानते हैं कि कोई भी टूटते विशालकाय तारे को अपने ही गुरुत्व में गिरने से नहीं रोक सकता, जब तक कि वह अनंत घनत्व वाली सिंगुलरिटी को प्राप्त नहीं होता है। तब मुझे समझ में आया कि इसी प्रकार के तर्क ब्रह्मांड के विस्तार में भी लिए जा सकते हैं। इस मामले में मैं यह सिद्ध कर सकता हूँ कि जब अंतरिक्ष और समय की शुरुआत हुई थी, इसी प्रकार की सिंगुलरिटीज़ उत्पन्न हुई होगी।

1970 में मेरी बेटी लूसी के जन्म के बाद मेरी खोज के विजयी क्षण को मैंने प्राप्त कर लिया। मेरी अक्षमता की गति धीमी हो गई थी, एक शाम को जब मैं बिस्तर पर लेटा हुआ था, तब मेरी समझ में आया कि मैंने जो विशिष्ट प्रमेय (सिंगुलरिटी थ्योरम्स) के लिए केजुअल स्ट्रक्चर थ्योरी बनाई है, उसे मैं ब्लैक होल्स में लगा सकता हूँ। यदि जनरल रिलेटिविटी सही रही और ऊर्जा का घनत्व सकारात्मक रहा, तो सतह यानी ब्लैक होल की सीमा (इवेंट हराइज़न) में वह गुण होता है कि वह उस पर गिरने वाले पदार्थ या विकिरण के साथ हमेशा बढ़ती है। इसके अलावा यदि दो ब्लैक होल्स टकराते हैं और एक होते हैं, तो नए बनने वाले ब्लैक होल का इवेंट हराइज़न या उसकी सीमा मूल ब्लैक होल्स के इवेंट हराइज़न के क्षेत्रफल के योग से ज़्यादा होती है।

यह स्वर्णिम युग था, जिसमें हमने ब्लैक होल थ्योरी की कई बड़ी समस्याओं का हल खोज निकाला। यह सब तब हुआ, जब ब्लैक होल का कोई अवलोकन साक्ष्य नहीं था। वास्तव में हम सापेक्षता के सिद्धांत से इतने सफल हुए थे कि जॉर्ज एलिस के साथ हमारी पुस्तक *द लार्ज स्केल स्ट्रक्चर ऑफ़ स्पेस–टाइम* के प्रकाशन के बाद 1973 में मेरे पास कुछ करने को नहीं था। पेनरोज़ के साथ मेरे कार्य से यह पता चल गया था कि सिंगुलरिटीज़ पर जनरल रिलेटिविटी खंडित हो जाती है, तो हमारा अगला क़दम स्वाभाविक रूप से जनरल रिलेटिविटी यानी बहुत वृहद के सिद्धांत को क्वांटम यानी बहुत छोटे के सिद्धांत से जोड़ने का रह गया था। विशेष रूप से मैं चकित था कि क्या ब्रह्मांड की शुरुआत में अणु थे, जिनके नाभिक में छोटा सा शिशु अवस्था वाला ब्लैक होल रहा होगा? इस पर मेरी खोज ने ग्रेविटी और ऊष्मा के विज्ञान यानी थर्मोडाइनैमिक्स के बीच गहरे और स्पष्ट संबंधों को उजागर किया। इससे पिछले तीस वर्ष से चल रहा विरोधाभासी तर्क हल हो गया कि यह कैसे संभव है कि एक सिकुड़ते हुए ब्लैक होल से निकलने वाला विकिरण वे सारी सूचनाएँ ले आए, जिनसे ब्लैक होल निर्मित हुआ है? मैंने पाया कि ये सूचनाएँ ख़त्म या गुम नहीं होतीं, लेकिन उपयोगी तरह से प्राप्त भी नहीं होतीं। यह ठीक वैसा ही था कि विश्वकोश को जला दिया जाए, लेकिन धुआँ और राख को रख लिया जाए।

इसका जवाब देने के लिए मैंने क्वांटम फ़ील्ड्स या ब्लैक होल से बिखर जाने वाले पार्टिकलों का अध्ययन किया। मैं उम्मीद कर रहा था कि एक घटना की तरंग के एक भाग को अवशोषित कर लिया जाएगा और शेष भाग फैल जाएगा, लेकिन मैं तब ज़बरदस्त तरह से चकित रह गया, जब ब्लैक होल से ही उत्सर्जन होने लगा। पहले तो मुझे लगा कि मेरी गणना में कहीं कोई त्रुटि है, लेकिन जिस बात ने मुझे विश्वास दिलाया कि यही वास्तविकता है, वह बात थी उत्सर्जन। किसी ब्लैक होल के क्षितिज की उत्क्रम माप के साथ पहचान करने के लिए यह ज़रूरी था। यही उत्क्रम सिस्टम में गड़बड़ी का माप था, जिसे एक सरल फ़ॉर्मूले से बताया गया –

$$S = \frac{Akc^3}{4G\hbar}$$

यह उत्क्रम माप को क्षितिज के क्षेत्रफल के रूप में अभिव्यक्त करता है और प्रकृति के तीन मूल नियतांक बताता है – c, प्रकाश की गति, G, न्यूटन का गुरुत्वाकर्षण का नियतांक और $\hbar$, प्लैंक्स के नियतांक को बताता है। ब्लैक होल से होने वाले इस थर्मल विकिरण के उत्सर्जन को अब 'हॉकिंग रेडिएशन' के नाम से जाना जाता है और मुझे गर्व है कि मैंने इसे खोजा है।

1974 में मैं रॉयल सोसायटी का फ़ैलो चुन लिया गया। यह चुनाव मेरे विभाग के सदस्यों के लिए चकित करने वाला था, क्योंकि मैं बहुत युवा था और मात्र छोटा सा रिसर्च असिस्टेंट था। तीन वर्ष में ही मुझे प्रोफ़ेसर के रूप में पदोन्नत कर दिया गया। ब्लैक होल पर मेरे कार्य से मुझे इस बात की उम्मीद जगी कि हम हर चीज़ का सिद्धांत खोज सकते हैं, और उसके उत्तर की खोज ही मुझे चलाती रहती है।

उसी वर्ष मेरे मित्र किप थोर्न ने मुझे, मेरे परिवार और सापेक्षता पर काम कर रहे अन्य कई लोगों को कैलिफ़ोर्निया इंस्टीट्यूट ऑफ़ टेक्नोलॉजी (कॉलटेक) में आमंत्रित किया। आरंभ के चार वर्ष में मैं मैन्युअली चलने वाली व्हीलचेयर, साथ ही नीली इलेक्ट्रिक तिपहिया कार इस्तेमाल करता था, जो साइकिल की गति जितनी धीमी चलती थी और कई बार मैं इसमें अवैध रूप से दूसरों को भी बैठा लिया करता था। जब हम कैलिफ़ोर्निया पहुँचे, तो हमें कॉलटेक के उपनिवेशवाद के दौर के स्टाइल वाले घरों में ठहराया गया। यह परिसर के पास ही था, तब मैंने पहली बार पूरे समय इलेक्ट्रिक व्हीलचेयर का आनंद लिया। इससे मुझे काफ़ी आज़ादी महसूस हुई। यहाँ के भवन और फुटपाथ भी दिव्यांगों के लिए ब्रिटेन की तुलना में ज़्यादा आसान पहुँच में बने हुए हैं।

जब 1975 में हम कॉलटेक से लौटे, तो शुरू में मुझे कुछ बुरा लगा। अमेरिका में 'कर सकते हैं' वाला जज़्बा था, लेकिन ब्रिटेन में हर चीज़

संकीर्ण और प्रतिबंधित थी। उस समय का दृश्य भी कोई अच्छा नहीं था, पेड़ डच एल्म नाम की बीमारी से ख़त्म हो गए थे और देश हड़ताल के कारण पस्त था, फिर भी मेरे काम में सफलता से मुझे ख़ुशी हुई और 1979 में मैं ल्युकेसियन प्रोफ़ेसरशिप ऑफ़ मैथमेटिक्स के लिए चुन लिया गया। किसी समय में यह पद सर आइज़ैक न्यूटन और पॉल डिराक के पास था।

1970 के दशक में मैं ब्लैक होल्स पर काम कर रहा था, लेकिन एक राय के कारण मेरी रुचि ब्रह्मांड विज्ञान में फिर पैदा हो गई। इसके अनुसार शुरू में ब्रह्मांड में एक समय में तेज़ी से विस्तार हुआ था, जिसमें उसका आकार लगातार बढ़ता चला गया, ठीक वैसे ही, जैसे कि ब्रिटेन में ब्रैक्ज़िट वोट के बाद कीमतें बढ़ी थीं। मैंने ब्रह्मांड के जन्म के सिद्धांत पर जिम हार्टल के साथ भी काम किया था, जिसे हमने 'नो बाउंड्री' नाम दिया था।

1980 के दशक के आरंभ में मेरी सेहत और बिगड़ गई। मेरी कंठनाली कमज़ोर हो चुकी थी और खाना मेरे फेफड़े में जाने लगा था। 1985 में स्विट्ज़रलैंड के यूरोपीय परमाणु शोध संगठन, सीईआरएन की यात्रा के दौरान मुझे निमोनिया हो गया। यह जीवन को बदलने वाला पल था। मुझे ल्यूसर्न केंटोनल अस्पताल में भर्ती कराया गया और वेंटिलेटर पर रखा गया। डॉक्टरों ने जेन से कहा कि बीमारी इतनी बढ़ गई है कि कुछ भी नहीं किया जा सकता। वे मेरे प्राणांत के लिए वेंटिलेटर हटाना चाहते थे, लेकिन जेन ने इंकार कर दिया और एयर एम्बुलेंस से मुझे लेकर एडेनब्रुक्स अस्पताल, कैम्ब्रिज आ गई।

आप कल्पना कर सकते हैं कि यह कितना कठिन समय था, लेकिन मैं एडेनब्रुक्स के डॉक्टरों को धन्यवाद देता हूँ कि उन्होंने मेरी जान बचाने के लिए भरसक प्रयास किया और अंततः मुझे बचा लिया। मैं ठीक वैसा ही हो गया, जैसा स्विट्ज़रलैंड जाने के पहले था, फिर भी मेरी कंठनाली से खाना और लार फेफड़ों में ही जा रहे थे, तो उन्हें मेरी ट्रेकियोस्टोमी करनी पड़ी। आपमें से अधिकांश लोग जानते होंगे कि ट्रेकियोस्टोमी

के कारण आपकी वाकशक्ति ख़त्म हो जाती है। आपकी आवाज़ सबसे महत्त्वपूर्ण रहती है। यदि यह चली जाती है, जैसे कि मेरी ख़त्म हुई, तो लोग सोचते हैं कि आप मानसिक रूप से कमज़ोर हैं और आपसे उसी प्रकार बर्ताव करते हैं। ट्रेकियोस्टोमी के पहले मेरी आवाज़ ऐसी थी कि जो मुझे क़रीब से जानते हैं, वे ही समझ सकते थे कि मैं क्या बोल रहा हूँ। मेरे बच्चे इसे समझ पाते थे। ट्रेकियोस्टोमी के पश्चात स्थिति यह हो गई कि मैं संवाद करने के शब्द बोलने के लिए एक-एक अक्षर अपनी भौंह से तब अभिव्यक्त कर सकता था, जब कोई स्पेलिंग कार्ड पर सही अक्षर की ओर इशारा करता था।

सौभाग्य से कैलिफ़ोर्निया के कंप्यूटर विशेषज्ञ वॉल्ट वोल्टोज़ ने मेरी कठिनाइयों के बारे में सुना। उन्होंने मुझे एक कंप्यूटर प्रोग्राम भेजा, जिसे उन्होंने ख़ुद लिखा था, जिसे इक्वलाइज़र कहते थे। इससे मेरी व्हीलचेयर पर मेरे हाथ में एक स्विच से कंप्यूटर स्क्रीन पर मैन्यू सीरीज़ में से पूरे शब्द चुनने की सुविधा मिली। इसके बाद के वर्षों में यह सिस्टम विकसित होता गया। आज मैं एकेट नाम का प्रोग्राम उपयोग में लेता हूँ। इसे इंटेल ने विकसित किया है, जिसे मैं मेरे चश्मे में लगे छोटे से सेंसर से गालों की हलचल से नियंत्रित करता हूँ। इसमें मोबाइल फ़ोन है, जो मुझे इंटरनेट की सुविधा देता है। इससे मैं दावा कर सकता हूँ कि मैं दुनियाभर से सबसे अच्छे ढंग से जुड़ा हुआ हूँ। मेरे पास हालाँकि मूल स्पीच सिंथेसाइज़र भी है। ऐसा आंशिक रूप से इसलिए है, क्योंकि मैंने बेहतर वाक्यांशों वाले किसी अन्य स्पीच सिंथेसाइज़र के बारे में नहीं सुना और कुछ हद तक इसका उपयोग इसलिए करता हूँ, क्योंकि अमेरिकी उच्चारण के बाद भी मैं इसी आवाज़ को पहचानता हूँ।

1982 में सबसे पहले मेरे दिमाग़ में विचार आया कि मैं ब्रह्मांड के बारे में एक पुस्तक लिखूँ। यह बात मेरी पुस्तक 'नो-बाउंड्री' के कार्य के समय की है। मैंने सोचा कि अपने बढ़ते ख़र्च के चलते मैं किसी तरह से इस पुस्तक से अपने बच्चों के स्कूल के लिए कुछ मदद कर पाऊँगा, लेकिन

**जब आप बच्चे थे, तब आपके सपने
क्या थे, क्या वे सच हुए?**

मैं शुरू से ही महान वैज्ञानिक बनना चाहता था।
स्कूल में मैं बहुत अच्छा छात्र नहीं था और
क्लास में भी मुश्किल से आधों से आगे निकल पाता
था। मेरा काम बहुत ही ख़राब था और मेरी
हैंडराइटिंग भी अच्छी नहीं थी। स्कूल में मेरे
मित्र अच्छे थे। हम हर बात करते थे,
ख़ासतौर पर ब्रह्मांड की शुरुआत की। यही से मेरा
सपना शुरू हुआ और मैं बहुत भाग्यशाली हूँ
कि वह पूरा भी हुआ।

इसके पीछे प्रमुख कारण था कि मैं यह समझाना चाहता था कि मैं ब्रह्मांड को कितना समझ सका हूँ कि हम उस सिद्धांत के बिलकुल क़रीब हैं, जो ब्रह्मांड में व्याप्त हर चीज़ को विवरण से समझा सकेगा। केवल प्रश्न पूछ लेना और उत्तर ढूँढ लेना ही महत्त्वपूर्ण नहीं होता है,बल्कि एक वैज्ञानिक होने के नाते दुनिया को यह बताना मेरा दायित्व था कि हम क्या सीख रहे हैं।

ए ब्रीफ हिस्ट्री ऑफ़ टाइम सबसे पहले 1988 में अप्रैल फूल के दिन ही प्रकाशित हुई थी। यह पुस्तक वास्तव में *'फ्रॉम द बिग बेंग टू ब्लैक होल्स : ए शॉर्ट हिस्ट्री ऑफ़ टाइम'* के नाम से छपनी थी, लेकिन बाद में इसका शीर्षक छोटा कर 'ब्रीफ' किया गया और शेष इतिहास है।

मुझे इस बात की उम्मीद ही नहीं थी कि ए *ब्रीफ हिस्ट्री ऑफ़ टाइम* इतनी ज़्यादा पसंद की जाएगी। इसमें शक नहीं कि मेरी अक्षमताओं के बावजूद मैं कैसे एक सिद्धांतवादी भौतिकशास्त्री और बेस्टसेलिंग लेखक बनने में कामयाब रहा, इसकी मानव रुचि की कहानी ने भी बहुत ज़्यादा मदद की। भले ही सभी ने उसे पूरी नहीं पढ़ी हो या जो पढ़ा हो, वह सब समझ में नहीं आया हो, लेकिन वे हमारे अस्तित्व के बड़े सवालों में से एक को समझ गए होंगे और उन्हें यह विचार भी समझ आ गया होगा कि जिस ब्रह्मांड में हम रह रहे हैं, वह युक्तिसंगत सिद्धांतों के आधार पर चलता है, जो विज्ञान है, जिसे हम खोज सकते हैं और समझ सकते हैं।

मेरे साथ काम करने वालों के लिए मैं सिर्फ़ एक भौतिकशास्त्री हूँ, लेकिन आम लोगों के लिए मैं दुनिया का संभवतः सबसे ज़्यादा लोकप्रिय वैज्ञानिक बन गया। ऐसा आंशिक रूप से इसलिए है, क्योंकि आइंस्टाइन को छोड़ दिया जाए, तो वैज्ञानिक जाने-माने रॉक स्टार्स की तरह नहीं होते हैं और आंशिक रूप से इसलिए भी है, क्योंकि मैं दिव्यांग जीनियस की घिसी-पिटी छवि में सटीक बैठ रहा हूँ। मैं कोई विग लगाकर या गहरे रंग के गॉगल्स पहनकर अपनी पहचान छिपा नहीं सकता, मेरी व्हीलचेयर ही सब कह देती है। आपको लोग जानने लगें और आप आसानी से पहचाने जाएँ, इसके कुछ फ़ायदे हैं तो कुछ नुक़सान भी हैं। फ़ायदे की तुलना में नुक़सान अधिक हैं।

लोग मुझे देखकर ख़ुश होते हैं। मुझे सबसे ज़्यादा देखने वाले तब जमा हुए, जब मैंने लंदन में पैरालिंपिक खेलों का शुभारंभ किया।

·

मैंने इस पृथ्वी पर असाधारण जीवन जिया है। अपने दिमाग़ और भौतिकी के सिद्धांतों का उपयोग करते हुए पूरा ब्रह्मांड घूमा हूँ। मैं दूरस्थ आकाशगंगा तक गया, ब्लैक होल की यात्रा की और समय के आरंभ तक फिर से गया। पृथ्वी पर मैंने उतार-चढ़ाव, हलचल, शांति, सफलता और दुख आदि कई अनुभव किए हैं। मैं समृद्ध रहा हूँ और दरिद्र भी। मेरा शरीर चलता है, लेकिन अक्षम भी है। मेरी प्रशंसा और आलोचना दोनों हुई है, लेकिन उपेक्षा किसी ने नहीं की। मैं अत्यंत गौरवान्वित अनुभव करता हूँ कि मैं अपने काम के माध्यम से ब्रह्मांड के बारे में हमारी समझ विकसित करने में योगदान देने में समर्थ हो सका, लेकिन जिनसे मैं प्रेम करता हूँ और जो मुझसे प्रेम करते हैं, यदि वे नहीं होंगे, तो वास्तव में यह ब्रह्मांड खाली हो जाएगा। मेरे लिए इस सबका अद्भुत अहसास ख़त्म हो जाएगा।

और अंत में हम मानव, जो प्रकृति के मूल पार्टिकलों के समूह की रचना मात्र हैं, अब ब्रह्मांड और हमें संचालित करने वाले नियमों को समझने लगे हैं, यही बड़ी विजय है। इस खोज के प्रति मेरा उत्साह हमेशा रहा है, इन्हीं बड़े सवालों के प्रति मेरी उत्सुकता को मैं आपसे बाँटना चाहता हूँ।

मैं उम्मीद करता हूँ कि एक दिन हम इन सभी सवालों के जवाब जान लेंगे, लेकिन इस ग्रह पर अन्य चुनौतियाँ और अन्य बड़े सवाल भी हैं, जिनका जवाब दिया जाना है। इसके लिए ऐसी नई पीढ़ी की ज़रूरत होगी, जिसकी इसमें रुचि हो और वह जुटी भी रहे। यही नहीं, उसे विज्ञान की समझ भी हो। किस प्रकार से हम तेज़ी से बढ़ रही आबादी के लिए भोजन जुटा सकेंगे? किस तरह से साफ़ पानी प्रदान कर सकेंगे, अक्षय ऊर्जा का उत्पादन कर सकेंगे, कैसे बीमारी से रक्षा कर सकेंगे और बीमारी का इलाज कर सकेंगे

और कैसे वैश्विक जलवायु परिवर्तन की गति को धीमा कर सकेंगे? मुझे उम्मीद है कि विज्ञान और टेक्नोलॉजी से इसका जवाब ढूँढा जा सकता है, लेकिन इसके लिए लोगों में ज्ञान के साथ समझ विकसित करनी होगी, ताकि इन हलों को लागू किया जा सके। आइए, हम हर स्त्री और पुरुष को ऐसा अवसर देने के लिए संघर्ष करें, जिसमें वे स्वस्थ और सुरक्षित जीवन जिएँ, जो भरपूर अवसरों और प्रेम से परिपूर्ण हो। हम सभी समय के यात्री हैं, भविष्य के लिए एक साथ यात्रा कर रहे हैं, लेकिन हम सबको मिलकर काम करना होगा, ताकि भविष्य को ऐसा स्थान बना दें, जहाँ हम जाना चाहेंगे।

बहादुर, जिज्ञासु, दृढ़ बनिए और बाधाओं को पार कीजिए। यह लक्ष्य हासिल किया जा सकता है।

1

क्या भगवान है?

जो सवाल पहले धर्म के क्षेत्र में आते थे, विज्ञान ने तेज़ी से उनके जवाब देने शुरू कर दिए हैं। ऐसे सवाल, जिनमें हम पूछते हैं – हम यहाँ क्यों हैं, हम कहाँ से आए हैं? काफ़ी पहले धर्म ने इन सवालों के जवाब देने के प्रयास किए थे। बहुत पहले जवाब एक ही होता था : ईश्वर ने सब कुछ बनाया है। संसार ख़ौफ़नाक स्थान था, अतः वाइकिंग्स जैसे शक्तिशाली भी अलौकिक शक्तियों में विश्वास करते थे, ताकि बिजली कड़कना, तूफ़ान और ग्रहण जैसी प्राकृतिक घटनाओं को भी अर्थपूर्ण माना जा सके। आज विज्ञान ज़्यादा बेहद और दृढ़ जवाब देने को तैयार है, लेकिन लोग हमेशा धर्म से बँधे रहेंगे, क्योंकि यह सुखदायक लगता है और वे न तो विज्ञान पर विश्वास करते हैं, और न ही उसे समझते हैं।

कुछ वर्ष पूर्व, समाचार-पत्र *द टाइम्स* के प्रथम पृष्ठ की सुर्खियों में लिखा गया था, 'हॉकिंग : ईश्वर ने ब्रह्मांड नहीं बनाया'। आलेख सचित्र था। इसमें माइकल एंजेलो का बनाया एक चित्र था, जिसमें ईश्वर को गरजने वाला बताया गया था। इसमें मेरा चित्र भी था, जो दंभी दिखाई दे रहा था। उन्होंने इसे इस तरह से बनाया था कि यह हम दोनों के बीच द्वंद्व युद्ध लग रहा था, लेकिन मेरा ईश्वर से कोई वैर नहीं है। मैं ऐसा प्रभाव नहीं छोड़ना चाहता कि मेरा काम ईश्वर के अस्तित्व को सिद्ध करना या खंडित करना

है। मेरा काम हमारे चारों ओर के ब्रह्मांड को समझने के लिए युक्तिसंगत ढाँचे को खोजना है।

कई शताब्दियों तक यह माना जाता रहा था कि मेरे जैसे दिव्यांग लोग अभिशाप के कारण ऐसा जीवन जी रहे हैं, जो ईश्वर ने सज़ा के तौर पर दिया है। मैंने सोचा यह संभव है कि मैंने ऊपर किसी को दुखी किया होगा, लेकिन मैं अलग तरह से सोचने को प्राथमिकता देता हूँ कि हर चीज़ को प्रकृति के नियमों से अलग ढंग से समझाया जा सकता है। यदि आप विज्ञान में विश्वास करते हैं, जैसे मैं करता हूँ, तो आप मानते होंगे कि कुछ नियम ऐसे होते हैं, जिनका पालन सदैव होता है। यदि आप उसे ठीक मानते हैं, तो आप कह सकते हैं कि ये नियम ईश्वर के बनाए हुए हैं, लेकिन यह ईश्वर के अस्तिव की बजाय उनकी परिभाषा हुई। 300 ईसा पूर्व दार्शनिक अरिस्तखुॅस ग्रहण से बहुत प्रभावित थे, ख़ासतौर पर चंद्रग्रहण से। वे इतने साहसी थे कि उन्होंने उस समय यह सवाल उठा लिया था कि क्या वाकई इसके पीछे ईश्वर होते हैं। वास्तविक अर्थों में वे वैज्ञानिकों के मार्ग प्रदर्शक थे। उन्होंने स्वर्ग का गहन अध्ययन किया और साहसी निष्कर्ष पर पहुँचे कि ग्रहण पृथ्वी की छाया मात्र है, जो चंद्रमा पर पड़ती है। यह कोई ईश्वरीय घटना नहीं है। अपनी खोज के बाद, उन्मुक्त अनुभव करते हुए उन्होंने आसमान में जो हो रहा है, उसके रेखाचित्र बनाए। इन रेखाचित्रों ने सूर्य, पृथ्वी और चंद्रमा के बीच के वास्तविक संबंधों को प्रदर्शित कर दिया। वहाँ से वे और उल्लेखनीय निष्कर्ष पर पहुँच गए। उन्होंने तार्किक रूप से समझाया कि पृथ्वी ब्रह्मांड के मध्य में नहीं है, जैसा कि हर आदमी सोचता है। इसकी बजाय यह सूर्य की परिक्रमा करती है। वास्तव में इस व्यवस्था को समझना ही सारे ग्रहणों का वर्णन है। जब चंद्रमा की परछाई पृथ्वी पर पड़ती है, तो वह सूर्य ग्रहण होता है और जब पृथ्वी की परछाई चंद्रमा पर पड़ती है, तो वह चंद्र ग्रहण होता है, लेकिन अरिस्तखुॅस इसे और आगे तक ले गए। उन्होंने कहा कि तारे दरअसल स्वर्ग की धरती पर खनकते नहीं हैं, जैसा कि उनके समकालीन विश्वास करते थे। तारे अन्य सूर्य हैं, जैसे हमारा है, लेकिन ये बहुत ही दूर हैं। उस

वक़्त यह चौंकाने वाली जानकारी रही होगी। ब्रह्मांड एक मशीन है, जो कुछ सिद्धांतों या नियमों से चलती है। इन नियमों को इंसानी दिमाग़ समझ सकता है।

मेरा मानना है कि इस तरह के नियमों की खोज ही मानव के लिए बड़ी उपलब्धि थी। प्रकृति के ये नियम ही वास्तव में इस बात का जवाब देंगे कि क्या ब्रह्मांड को समझने के लिए हमें ईश्वर की ज़रूरत है। प्रकृति के नियम इस बात का विवरण हैं कि किस तरह से चीज़ें पहले काम करती थीं, वर्तमान में कर रही हैं और भविष्य में काम करेंगी। टेनिस में बॉल हमेशा ठीक वहीं जाती है, जहाँ ये नियम कहते हैं। ऐसे कई नियम हैं, जो यहाँ भी काम करते हैं। जो भी हो रहा है, ये नियम उसके संचालक होते हैं कि किस तरह से खिलाड़ी की मांसपेशियों ने काम करके शॉट मारा और उसमें कितनी ऊर्जा थी, किस प्रकार से यह घास पर काम करेगी, लेकिन इन नियमों के साथ वास्तव में महत्त्वपूर्ण यह है कि ये भौतिकी के नियम हैं और अपरिवर्तनीय हैं, साथ ही पूरे ब्रह्मांड में एक समान चलते हैं। ये महज़ बॉल उड़ाने में ही नहीं, बल्कि एक ग्रह और ब्रह्मांड की अन्य हर चीज़ को गति में लाने के लिए लागू होते हैं। मानव निर्मित नियमों के विपरीत प्रकृति के नियमों को तोड़ा नहीं जा सकता। इसीलिए वे बहुत शक्तिशाली होते हैं और जब इन्हें धार्मिक नज़रिये से देखा जाता है, तो ये विवादास्पद भी हो जाते हैं।

यदि आप यह स्वीकार करते हैं, जैसे मैं करता हूँ कि प्रकृति के नियम तय होते हैं, तब यह सवाल पूछने में ज़्यादा देर नहीं लगती कि इसमें ईश्वर की भूमिका कहाँ हैं? यही विज्ञान और धर्म के बीच में बड़ा विरोधाभास है। यद्यपि मेरे दृष्टिकोण ने अख़बारों में सुर्खियाँ बनाई हैं, लेकिन वास्तव में यह प्राचीन विवाद है। कोई ईश्वर को प्रकृति के नियमों की अभिव्यक्ति के रूप में परिभाषित कर सकता है, हालाँकि यह वह नहीं है, जो ईश्वर के बारे में अधिकांश लोग सोचते हैं। उनके अर्थ में ईश्वर एक मानव के समान है और जिसके साथ वे निजी संबंध रख सकते हैं। जब आप ब्रह्मांड के विशाल आकार की ओर देखते हैं, तो समझ में आता है कि मानव जीवन कितना

नगण्य और संयोगवश है। यह सबसे ज़्यादा अकल्पनीय लगता है।

मैंने 'ईश्वर' शब्द का उपयोग भाववाचक के रूप में किया है, जैसे प्रकृति के नियमों के लिए आइंस्टाइन ने किया था। इसलिए ईश्वर के दिमाग़ को समझने का अर्थ है प्रकृति के नियमों को समझना। मेरा अनुमान है कि इस शताब्दी के अंत तक हम ईश्वर के दिमाग़ को समझ जाएँगे।

एक बचा हुआ क्षेत्र है, जिस पर धर्म अब दावा कर सकता है। यह क्षेत्र है ब्रह्मांड की उत्पत्ति का, लेकिन यहाँ भी विज्ञान प्रगति कर रहा है और जल्द ही यह निश्चित जवाब प्रदान कर देगा कि ब्रह्मांड की शुरुआत कैसे हुई। मैंने एक पुस्तक प्रकाशित की थी, जिसमें पूछा था कि क्या ईश्वर ने ब्रह्मांड की रचना की है। उस पुस्तक ने हलचल मचा दी थी। लोगों को नाराज़गी हुई कि एक वैज्ञानिक को धर्म के मामले में कुछ भी कहने की ज़रूरत नहीं है। मेरी ऐसी कोई इच्छा नहीं है कि मैं लोगों से यह कहूँ कि तुम अमुक बात पर विश्वास करो, लेकिन क्या ईश्वर का अस्तित्व है, मेरे अनुसार विज्ञान के लिए यह एक जायज़ सवाल है। जो भी हो, लेकिन इससे ज़्यादा अहम, या इससे ज़्यादा बुनियादी रहस्य के बारे में कल्पना करना मुश्किल है कि आख़िर किसने यह ब्रह्मांड बनाया और कौन इसे नियंत्रित करता है।

मेरा सोचना है कि विज्ञान के नियमों के अनुसार ब्रह्मांड की उत्पत्ति एकदम से बिना किसी सहारे के स्वतः हो गई। विज्ञान में भी बुनियादी अनुमान वैज्ञानिक निश्चयवाद के ही होते हैं। विज्ञान के नियम से ब्रह्मांड विकसित होता गया। ये नियम या तो ईश्वर ने बनाए हैं या फिर उन्होंने नहीं बनाए हैं, लेकिन वे नियमों को तोड़ने के लिए हस्तक्षेप नहीं कर सकते। इससे ईश्वर को ब्रह्मांड की प्रारंभिक अवस्था का चयन करने की स्वतंत्रता मिलती है, लेकिन यहाँ भी कुछ नियम हैं। इसलिए ईश्वर के लिए कोई स्वतंत्रता नहीं है।

ब्रह्मांड की जटिलता और विविधता के बावजूद इसे बनाने के लिए आपको तीन चीज़ों की ज़रूरत होगी। आइए कल्पना करते हैं कि हम कॉस्मिक कुकबुक की तर्ज़ पर उनकी सूची बना सकें। आख़िर ये तीन चीज़ें हैं क्या,

जो हमें ब्रह्मांड बनाने के लिए चाहिए? पहला है पदार्थ, – जिसका द्रव्यमान है। पदार्थ हमारे आस-पास भी हैं, पैरों के नीचे मैदान में हैं और बाहरी अंतरिक्ष में भी हैं। धूल, चट्टान, बर्फ, तरल पदार्थ, गैस के विशालकाय बादल हैं। तारों की महाकाय कुंडलियाँ हैं, जिनमें प्रत्येक में अरबों सूर्य विद्यमान हैं, जो अतुल्य सीमा तक फैले हैं।

ऊर्जा, दूसरी चीज़ है, जिसकी ज़रूरत आपको होगी। भले ही आपने कभी उसके बारे में सोचा नहीं हो, लेकिन हम सब जानते हैं कि ऊर्जा क्या होती है। इससे हर दिन हमारा परिचय होता रहता है। सूर्य की ओर देखेंगे, तो आपकी शक्ल पर इसका असर दिखने लगेगा। 930 लाख मील की दूरी पर जो तारा है, उसकी ऊर्जा आप महसूस कर रहे होते हैं। ऊर्जा ब्रह्मांड में फैलकर उन प्रक्रियाओं को चलाती है, जो इसे गतिशील और अनंत रूप से बदलता हुआ स्थान बनाती हैं।

अतः हमारे पास पदार्थ है और हमारे पास ऊर्जा है। तीसरी चीज़ जो ब्रह्मांड बनाने के लिए ज़रूरी है, वह है अंतरिक्ष। बहुत वृहद अंतरिक्ष। आप ब्रह्मांड को सुंदर, बहुत अच्छा और हिंसक कह सकते हैं, लेकिन एक चीज़ नहीं कह सकते कि ब्रह्मांड सिकुड़ा हुआ है। जहाँ भी हम देखते हैं अंतरिक्ष दिखता है, ज़्यादा अंतरिक्ष और ज़्यादा अंतरिक्ष। सभी दिशाओं में विस्तारित। इतना कि आपका सिर घूम जाए, तो यह पदार्थ, ऊर्जा और अंतरिक्ष कहाँ से आए? बीसवीं सदी तक हमारे पास इसका कोई जवाब नहीं था।

यह जवाब मिला एक व्यक्ति की अंतर्दृष्टि से, जिन्हें अब तक का सबसे ज़्यादा महान वैज्ञानिक कहा जा सकता है। उनका नाम था ऐल्बर्ट आइंस्टाइन। बड़े दुख की बात है कि मैं उनसे मिल नहीं पाया। जब उन्होंने देह त्यागी, तब मैं महज़ तेरह वर्ष का था। आइंस्टाइन ने जो पता लगाया, वह बहुत ही असाधारण था : ब्रह्मांड को बनाने में लगने वाली दो चीज़ें पदार्थ और ऊर्जा एक ही चीज़ हैं। वे एक ही सिक्के के दो पहलू जैसी हैं। उनका प्रसिद्ध समीकरण $E = mc^2$ का अर्थ है कि पदार्थ को भी एक प्रकार की ऊर्जा या इसका उलटा माना जाए। इसलिए तीन चीज़ों की बजाय, हम कह सकते हैं

कि ब्रह्मांड के लिए दो ही चीज़ें ज़रूरी हैं, ऊर्जा और अंतरिक्ष, तो यह सारी ऊर्जा और अंतरिक्ष कहाँ से आते हैं? वैज्ञानिकों द्वारा कई वर्षों के अनुसंधान के बाद यह सामने आया कि अंतरिक्ष और ऊर्जा एक घटना के परिप्रेक्ष्य में स्वतः उपजे थे, जिसे हम बिग बैंग कहते हैं।

जिस समय बिग बैंग की घटना हुई, उस वक़्त सारे ब्रह्मांड की रचना हुई, इसका अपना अंतरिक्ष था। विस्फोट से पहले यह गुब्बारे की भाँति फूलता गया, तो फिर इतनी ऊर्जा और अंतरिक्ष कहाँ से आए? ऊर्जा से भरा हुआ ब्रह्मांड, अंतरिक्ष का इतना ज़बरदस्त विस्तार, इसके भीतर की हर चीज़ कैसे बिना किसी चीज़ के प्रकट हुई?

कुछ लोगों के लिए इसके पीछे ईश्वर का हाथ हो सकता है। उनकी राय में ईश्वर ने ऊर्जा और अंतरिक्ष बनाए हैं। बिग बैंग इस सृजन की घटना थी, लेकिन विज्ञान अलग बात कहता है। स्वयं को संकट में डालने के ख़तरे के बावजूद मेरा मानना है कि हम इस प्राकृतिक घटना के बारे में ज़्यादा समझ विकसित कर सकते हैं, जिसने वाइकिंग्स को भी भयाक्रांत दिया था। हम आइंस्टाइन द्वारा खोजे गए ऊर्जा और पदार्थ के संतुलन से आगे भी जा सकते हैं। हम प्रकृति के नियमों का इस्तेमाल करते हुए ब्रह्मांड के शुरू होने को समझ सकते हैं और पता लगा सकते हैं कि क्या इसे समझाने के लिए ईश्वर के अस्तित्व का ही एक मार्ग रह जाता है।

दूसरे विश्वयुद्ध के बाद मैं इंग्लैंड में पला-बढ़ा। यह दौर ख़र्चों में कटौती करके रहने का था। हमें कहा गया था कि बिना कुछ दिए, तुम्हें कुछ नहीं मिलेगा, लेकिन जीवनभर काम करने के बाद मैं सोचता हूँ कि आपको पूरा ब्रह्मांड मुफ़्त में मिल सकता है।

बिग बैंग के मध्य में यह गहरा रहस्य है कि किस तरह से सुंदर बहुत बड़ा ब्रह्मांड, जिसमें अंतरिक्ष और ऊर्जा है, बिना किसी चीज़ के प्राप्त हो सकता है। हमारे ब्रह्मांड का राज़ एक विचित्र तथ्य में निहित है। भौतिकी के सिद्धांत किसी चीज़ के अस्तित्व की माँग करते हैं, जिसे 'निगेटिव एनर्जी' (नकारात्मक ऊर्जा) कहा जाता है।

इस विचित्र, लेकिन अत्यंत महत्त्वपूर्ण अवधारणा को समझाने के लिए मैं एक सरल उपमा दे रहा हूँ। कल्पना कीजिए एक व्यक्ति एक समतल ज़मीन पर पहाड़ खड़ा करना चाहता है। मानो यह पहाड़ ब्रह्मांड का प्रतिनिधित्व करता है। इस पहाड़ को बनाने के लिए उसने ज़मीन खोदी और उस मिट्टी से पहाड़ बनाते गया, लेकिन वास्तव में देखा जाए तो वह केवल पहाड़ ही नहीं बना रहा है, वह एक खाई भी बनाते जा रहा है। जो मूर्तरूप में पहाड़ का नकारात्मक संस्करण है। जो मिट्टी पहले उस खाई में थी, अब वह पहाड़ बन चुकी है, इस तरह से पूरा संतुलन हो गया है। यही सिद्धांत है, जो ब्रह्मांड के शुरू होने में निहित है।

जब बिग बैंग से बड़े पैमाने पर सकारात्मक ऊर्जा निकली, तो इसके साथ ही उसी मात्रा में नकारात्मक ऊर्जा भी निकली। इस प्रकार से सकारात्मक और नकारात्मक मिलकर शून्य हो जाते हैं। यह प्रकृति का एक और नियम है।

तो यह नकारात्मक ऊर्जा आज कहाँ है? यह हमारी कॉस्मिक कुकबुक के तीसरे अवयव में है : वह अंतरिक्ष में है। यह सुनने में अजीब लग सकता है, लेकिन गुरुत्वाकर्षण और गति संबंधी प्रकृति के नियमों के अनुसार अंतरिक्ष अपने आप में ही नकारात्मक ऊर्जा का विशालकाय भंडार है, जो यह सुनिश्चित करने के लिए पर्याप्त है कि सभी शून्य हो जाता है। गुरुत्वाकर्षण और गति संबंधी प्रकृति के नियम विज्ञान में सबसे पुराने माने जाते हैं।

मैं यह स्वीकार करता हूँ कि जब तक आप में गणितीय कौशल नहीं है, यह समझना मुश्किल है, लेकिन यह सच है। अरबों-अरबों आकाशगंगाओं का अंतहीन जाल है। इसमें प्रत्येक आकाशगंगा एक दूसरे को गुरुत्व बल से खींच रही है और यह जाल एक महाकाय भंडारण उपकरण की तरह काम करता है। ब्रह्मांड मानो एक बहुत बड़ी बैटरी है, जिसमें नकारात्मक ऊर्जा को संचित किया गया है। इसका सकारात्मक पहलू पदार्थ और ऊर्जा हैं, जिन्हें हम पहाड़ के रूप में देखते हैं। जो मिट्टी निकालकर खाई बनी है, वह नकारात्मक पहलू है, जो पूरे अंतरिक्ष में फैला है।

यदि ईश्वर है, तो उसकी खोज में इसका क्या अर्थ है? इसका अर्थ है कि यदि ब्रह्मांड कुछ नहीं देता है, तो फिर ईश्वर को इसे बनाने की ज़रूरत ही नहीं है। ब्रह्मांड मुफ़्त लंच के समान है।

चूँकि हम जानते हैं कि सकारात्मक और नकारात्मक मिलकर शून्य हो जाता है, तो हमें इस बात का पता लगाने की ज़रूरत है कि आख़िर यह सब कैसे हुआ, या फिर मैं साहस के साथ कहता हूँ कि किसने यह प्रक्रिया शुरू की। किस कारण से ब्रह्मांड की रचना स्वतः हो गई। प्रारंभ में यह चक्कर में डालने वाली समस्या लगती है, क्योंकि कुछ भी हो, हमारे दैनिक जीवन में चीज़ें अप्रत्याशित रूप से अस्तित्व में नहीं आतीं। जब आपको एक कप कॉफ़ी पीने की इच्छा हो, तो चुटकी बजाकर नहीं पी सकते। आपको यह बनानी पड़ेगी। पहले कॉफ़ी बीन्स, पानी, कुछ दूध और शकर लगेगी, लेकिन कॉफ़ी के कप में दूध के पार्टिकलों के माध्यम से यात्रा करें। परमाणविक स्तर और उससे भी नीचे और छोटे पार्टिकलों तक पहुँच जाएँ और आप ऐसी दुनिया में पहुँच जाएँगे, जहाँ जैसे जादू करके कुछ नहीं से कुछ निकालना संभव है। कम से कम कुछ समय के लिए यह संभव है। ऐसा इसलिए होता है, क्योंकि इस पैमाने पर प्रोटोन्स जैसे पार्टिकल प्रकृति के उन नियमों के अनुसार बर्ताव करते हैं, जिन्हें हम क्वांटम मेकैनिक्स कहते हैं। और वे वास्तव में एकदम प्रकट होते हैं, कुछ देर रहते हैं और फिर ग़ायब हो जाते हैं, फिर कहीं और प्रकट हो जाते हैं।

जैसा कि हम जानते हैं कि ब्रह्मांड पहले कभी बहुत छोटा था – मानो प्रोटोन से भी छोटा था। इसका अर्थ है कि कुछ तो है, जो उल्लेखनीय है। इसका अर्थ यह हुआ कि ब्रह्मांड अपने आप में अपने विस्तार और जटिलता के साथ प्रकृति के नियमों का उल्लंघन किए बिना अस्तित्व में उभर गया है। उस क्षण में बड़े पैमाने पर ऊर्जा निकली, क्योंकि अंतरिक्ष अपने आप विस्तारित हो रहा था। इस क्षण में ऐसे स्थान की ज़रूरत थी, जहाँ समूची नकारात्मक ऊर्जा संचित हो सके, ताकि संतुलन बना रहे, लेकिन फिर भी महत्त्वपूर्ण प्रश्न उभरता है कि क्या ईश्वर ने क्वांटम के नियम बनाए हैं,

जिसके कारण बिग बैंग हुआ? सार में कहें तो क्या हमें बिग बैंग को बैंग करने में ईश्वर की ज़रूरत है? किसी की आस्था को ठेस पहुँचाने की मेरी कोई इच्छा नहीं है, लेकिन मेरा मानना है कि ईश्वरीय रचयिता की बजाए विज्ञान में ज़्यादा अच्छा विवरण है।

हमारे हर दिन के अनुभव हमें सोचने पर मजबूर करते हैं कि जो भी हो रहा है, वह किसी कारण से हो रहा है, जो कभी पहले उभरा होगा, इसलिए हमारे लिए स्वाभाविक है कि हम सोचें वह ईश्वर होगा - उन्हीं ने इसे बनाया होगा और तभी ब्रह्मांड अस्तित्व में आया, लेकिन जब हम ब्रह्मांड की समग्रता की बात करते हैं, तो ऐसा ज़रूरी नहीं है। मैं इसे समझाता हूँ। कल्पना कीजिए कि एक नदी पहाड़ से नीचे की ओर बह रही है। नदी को किसने बनाया? कह सकते हैं कि पहाड़ों पर वर्षा के कारण बनी हो, लेकिन फिर बारिश होने का क्या कारण है? एक अच्छा जवाब सूर्य की गर्मी हो सकता है, जिसने समंदर के पानी को भाप में बदल दिया और आकाश में बादल बनाए। यह ठीक है, तो फिर सूर्य में प्रकाश कैसे आया? यदि हम और भीतर जाएँ तो विलय की प्रक्रिया पाते हैं, जिसमें हाइड्रोजन के परमाणु हिलियम बनाने के लिए मिल जाते हैं, जिससे बहुत ऊर्जा बनती है। यहाँ तक ठीक है, तो फिर हाइड्रोजन कहाँ से आई? जवाब है : बिग बैंग, लेकिन यहाँ पर एक अहम बात है। प्रकृति के नियम खुद बताते हैं कि न केवल ब्रह्मांड बिना किसी सहायता जैसे प्रोटोन के अस्तित्व में आ सकता था और उसे किसी ऊर्जा की ज़रूरत नहीं थी, लेकिन यह भी संभव है कि बिग बैंग के पीछे भी कोई कारण नहीं रहा हो। कुछ भी नहीं।

इसका विवरण फिर से आइंस्टाइन के सिद्धांत में है। साथ ही उनके गहरे ज्ञान में निहित है कि किस तरह से अंतरिक्ष और समय ब्रह्मांड में बुनियादी रूप से एक दूसरे से संबंधित हैं। जैसे ही बिग बैंग हुआ होगा, कुछ बहुत ही अनोखी घटना हुई होगी। समय शुरू हुआ होगा।

दिमाग़ को झंकृत करने वाले इस विचार को समझने के लिए कल्पना करें कि ब्लैक होल अंतरिक्ष में उड़ रहा है। एक विशिष्ट ब्लैक होल एक तारा

आपकी समझ में ब्रह्मांड की शुरुआत और उसके अंत में
ईश्वर का अस्तित्व किस तरह से है? यदि ईश्वर होता और
आपके पास उनसे मिलने का अवसर होता,
तो आप क्या पूछते?

सवाल यह है कि 'जिस तरह से ब्रह्मांड बना है, क्या वह
तरीक़ा ईश्वर ने चुना है, जिसे कुछ
कारणों से हम समझ नहीं सकते हैं या फिर विज्ञान के
किसी नियम से यह तय हुआ है।' मैं दूसरी
राय पर विश्वास करता हूँ। यदि आपको
सही लगता है, तो आप विज्ञान के नियमों को 'ईश्वर'
कह सकते हैं, लेकिन यह आपका
निजी ईश्वर नहीं होगा, जिससे आप मिलेंगे और अपने
सवाल रखेंगे। यदि ऐसा ईश्वर
होता, तो मैंने उनसे यह पूछा होता कि क्या वे समझते
हैं कि इलेवन डायमेंशनों की
एम-थ्योरी से ज़्यादा कठिन कुछ है।

है, जो इतना विशालकाय है कि वह अपने आप में ही टूट गया है। वह इतना अति विशालकाय है कि उसके गुरुत्व बल से प्रकाश भी नहीं बच सकता, इसी कारण से वह पूरी तरह से काला है। उसके गुरुत्वाकर्षण बल का खिंचाव इतना शक्तिशाली है कि वह न केवल प्रकाश, बल्कि समय को भी विकृत कर सकता है। यह कैसे होता है, इसे समझने के लिए कल्पना कीजिए कि एक दीवार घड़ी उसमें समा रही है। जैसे ही घड़ी ब्लैक होल के पास तथा ज़्यादा पास आती जाती है, वह धीमी और धीमी होती जाती है। समय अपने आप धीमा होता चला जाता है। अब कल्पना कीजिए कि जैसे ही घड़ी उस ब्लैक होल में समा जाती है, तो बहुत अधिक गुरुत्व बल का प्रतिरोध करती है और वह वास्तव में बंद हो जाती है। यह इसलिए बन्द नहीं होती, क्योंकि वह टूट जाती है, बल्कि इसलिए बंद होती है, क्योंकि ब्लैक होल में समय का अस्तित्व ही नहीं होता। यही ब्रह्मांड की उत्पत्ति के समय हुआ होगा।

पिछले सौ वर्षों में हमने कई तरह की सफलताएँ ब्रह्मांड को समझने में अर्जित की हैं। हम उन नियमों को जानते हैं, जिनसे सब कुछ संचालित होता है। हम सिर्फ़ सबसे ज़्यादा विषम परिस्थितियों जैसे ब्रह्मांड या ब्लैक की शुरुआत के बारे में नहीं जानते। ब्रह्मांड के शुरू होने की अवधि में समय ने जो भूमिका निभाई, उसे लेकर मेरा मानना है कि यही महान रचयिता को हटाने और यह उजागर करने की कुंजी है कि ब्रह्मांड स्वतः कैसे खड़ा हो गया।

जैसे ही हम समय में बिग बैंग के क्षण की तरफ़ यात्रा करने लगते हैं, तो ब्रह्मांड तब तक छोटा, छोटा और छोटा होता चला जाता है, जब तक कि यह इस बिंदु पर नहीं आ जाता, जहाँ पूरा ब्रह्मांड ही अंतरिक्ष होता है, जो अत्यंत सूक्ष्म होता है, अत्यंत सूक्ष्म घना ब्लैक होल। और जिस तरह से आज के ब्लैक होल आकाश में तैर रहे हैं, उस तरह प्रकृति के नियम कुछ बेहद असाधारण बातों का निर्धारण करते हैं। वे हमें बताते हैं कि यहाँ भी समय अपने आप रुक जाना चाहिए। बिग बैंग के पहले का समय नहीं होगा, क्योंकि उसके पहले समय का अस्तित्व ही नहीं था। हमने ऐसा कुछ ढूँढ

लिया है, जिसका कोई कारण नहीं है, क्योंकि वहाँ समय के रहने का कोई कारण या हेतु ही नहीं था। मेरे लिए इसका अर्थ यह है कि किसी रचयिता की कोई संभावना नहीं है, क्योंकि रचयिता के पास समय नहीं था कि वह अस्तित्व में रहे।

लोगों को बड़े सवालों के जवाब चाहिए, जैसे हम यहाँ क्यों हैं। वे यह उम्मीद नहीं करते कि जवाब इतने आसान होंगे, इसलिए वे थोड़ा संघर्ष करने को तैयार हैं। जब लोग मुझसे पूछते हैं कि क्या ईश्वर ने ब्रह्मांड बनाया, तो मैं उनसे कहता हूँ कि यह सवाल ही अपने आप में कोई अर्थ नहीं रखता। बिग बैंग के पहले समय था ही नहीं, इसलिए ईश्वर के पास समय नहीं था कि वे ब्रह्मांड की रचना करते। यह ठीक वैसा ही है कि पृथ्वी के किनारे की दिशा पूछी जा रही हो – पृथ्वी गोलाकार है और उसका कोई किनारा नहीं है, तो इसके लिए प्रयास करना व्यर्थ ही है।

क्या मेरी कोई आस्था है? हम सभी जो चाहते हैं, उसमें विश्वास करने के लिए आज़ाद हैं। यह मेरा दृष्टिकोण है कि सरल वर्णन यह है कि कोई ईश्वर नहीं है। किसी ने भी ब्रह्मांड की रचना नहीं की और कोई भी हमारा भाग्य तय नहीं करता। यह मुझे एक वास्तविकता की ओर ले जाता है : किसी तरह का कोई स्वर्ग नहीं है और मृत्यु के बाद कोई जीवन नहीं है। मैं सोचता हूँ कि मृत्यु के बाद जीवन के बारे में विश्वास महत्त्वाकांक्षी विचार है। इसके लिए कोई साक्ष्य नहीं, जिस पर विश्वास कर सकें। और विज्ञान में यह सब नकार दिया जाता है। मैं सोचता हूँ कि जब हम मृत्यु को प्राप्त होते हैं, तो हम धूल में समा जाते हैं, लेकिन एक अर्थ में हम जीते हैं। हम अपने प्रभाव में जीते हैं और अपने जीन्स में जीते हैं, जो हम अपनी संतानों को देते हैं। हमारे पास यही एक जीवन होता है, जिसकी हम सराहना कर सकते हैं कि वह ब्रह्मांड की श्रेष्ठ कृति है और उसके लिए मैं बहुत कृतज्ञ हूँ।

2

यह सब कैसे शुरू हुआ?

हेमलेट ने कहा था कि "मैं बहुत तुच्छ होकर स्वयं को अनंत अंतरिक्ष का राजा मान सकता हूँ।" मेरा मानना है कि उनके कहने का तात्पर्य यह था कि हम मानवों की शारीरिक सीमा बहुत ही सीमित होती है, ख़ासतौर पर मेरे मामले में, लेकिन हमारा दिमाग़ पूरे ब्रह्मांड को खंगाल सकता है। और इतने साहस से वहाँ तक जा सकता है, जहाँ *स्टार ट्रैक* भी जाने में संकोच कर जाए। क्या ब्रह्मांड वास्तव में अनंत है या फिर सिर्फ़ बहुत विशालकाय? क्या इसकी कोई शुरुआत है? क्या हमेशा यह बना रहेगा या लंबे समय तक? किस तरह से हमारे सीमित दिमाग़ इस अनंत ब्रह्मांड को समझ सकेंगे? क्या हमारा मिथ्याभिमान तो नहीं कि हम ऐसा प्रयास भी कर सकेंगे?

ईश्वर से मानव के उपयोग के लिए आग चुराने वाले प्रोमेथियस के भाग्य जैसा जोखिम लेकर हम ऐसा कर सकते हैं। मेरा विश्वास है कि हम भी ब्रह्मांड को समझने का प्रयास कर सकते हैं और हमें ऐसा करना चाहिए। प्रोमेथियस का दंड था कि उसे अनंतकाल तक चट्टान से ज़ंजीर द्वारा बाँध दिया गया था, हालाँकि बाद में ख़ुशी की बात यह रही कि उसे हरक्यूलिस ने मुक्त करा लिया था। हमने पहले ही अंतरिक्ष को समझ लेने में उल्लेखनीय प्रगति कर ली है, लेकिन अभी हमारे पास उसका पूरा विवरण नहीं है। मैं सोचता हूँ कि हम उससे अधिक दूर भी नहीं हैं।

मध्य अफ्रीका के बॉशहॉन्गो लोगों के अनुसार शुरुआत में सिर्फ़ अंधेरा, पानी और महान ईश्वर बुम्बा था। एक दिन बुम्बा को पेट में दर्द हुआ, वमन (उल्टी) हुई और सूर्य बाहर निकल गया। सूर्य ने कुछ पानी सुखा दिया, तो धरती बन गई, फिर भी दर्द रहा। बुम्बा ने फिर उल्टी की, तो चाँद निकला, तारे आए और कुछ जानवर, जैसे तेंदुआ, मगरमच्छ, कछुआ और अंत में मानव आया।

कई अन्य के समान ही सृष्टि से जुड़े ये मिथक उन प्रश्नों का जवाब देते हैं, जो हम पूछते हैं। हम यहाँ क्यों हैं? हम कहाँ से आए हैं? सामान्य रूप से यह जवाब दिया जाता है कि मानव दूसरों की तुलना में बाद में आया है। यह स्वाभाविक है, क्योंकि मानव जाति अपना ज्ञान व तकनीक उन्नत करने में लगी थी। इसलिए यह इतनी पुरानी भी नहीं है, अन्यथा इसने बहुत ज़्यादा प्रगति कर ली होती। उदाहरण के लिए बिशप अशर के अनुसार बुक ऑफ़ जेनेसिस में समय के शुरू होने का दिन 22 अक्टूबर 4004 ईसा पूर्व संध्या 6 बजे माना गया था। दूसरी ओर हमारे आस-पास की भौतिकी, जैसे पर्वत और नदी मानव जीवन में बहुत ही कम बदलते हैं। इसीलिए इन्हें सतत पृष्ठभूमि माना जाता रहा है। या तो खाली ज़मीन के रूप में इनका अस्तित्व हमेशा से रहा है या फिर ये तब बने, जब मानव अस्तित्व में आया।

हर कोई इस विचार से ख़ुश नहीं है कि ब्रह्मांड की भी शुरुआत हुई होगी। उदाहरण के लिए यूनानी दार्शनिकों में से सबसे ज़्यादा ख्याति प्राप्त अरस्तू की राय में ब्रह्मांड हमेशा से रहा है। यदि कुछ अनंतकाल से है, तो यह कुछ बनाए हुए से ज़्यादा बेहतर रहेगा। उनके मुताबिक़ हमारे प्रगति करने का कारण बाढ़ या अन्य प्राकृतिक आपदाएँ हैं, जिनके कारण सभ्यता शुरू से खड़ी करनी होती है। ब्रह्मांड अनंतकाल से है, इस धारणा में विश्वास करने के पीछे यह इच्छ छिपी थी कि किसी दिव्य हस्तक्षेप के कारण ब्रह्मांड नहीं रचा गया है। उसके विपरीत, जो लोग यह मानते हैं कि ब्रह्मांड की भी शुरुआत हुई है, ईश्वर की उपस्थिति के लिए वे इसे तर्क

के रूप में प्रयोग करते हैं। वे ईश्वर को प्रथम कारण या ब्रह्मांड की शुरुआत के लिए प्रमुख मानते हैं।

यदि कोई मानता है कि ब्रह्मांड की शुरुआत हुई है, तो बहुत स्वाभाविक सवाल आता है, "इसकी शुरुआत के पहले क्या हुआ था"? दुनिया बनाने से पहले ईश्वर क्या कर रहे थे? क्या इस तरह के सवाल उठाने वालों के लिए वे नरक बना रहे थे?' जर्मन दार्शनिक इम्मानुएल कांट के लिए यह मुख्य चिंता का विषय था कि ब्रह्मांड की उत्पत्ति हुई थी या नहीं। उनकी राय थी कि दोनों तरफ़ कुछ तार्किक विरोधाभास या अंजन थे। यदि ब्रह्मांड की शुरुआत हुई है, तो प्रारंभ होने से पहले यह अनंत समय तक क्यों रुका रहा? उन्होंने इसे थीसिस कहा। दूसरी ओर यदि ब्रह्मांड हमेशा से है, तो वर्तमान में आने तक उसे इतना वक़्त क्यों लगा? इसे उन्होंने इसका विपरीत पक्ष बताया। कांट के दोनों पहलू दूसरों की तरह इस अवधारणा पर आधारित थे कि समय शाश्वत है। कहने का तात्पर्य यह है कि यह अनंत भूत से अनंत भविष्य तक उस ब्रह्मांड से स्वतंत्र रूप से गया, जो अस्तित्व में रहा भी हो सकता है और नहीं भी।

आज भी यही दृश्य कई वैज्ञानिकों के दिमाग़ में है, हालाँकि 1915 में आइंस्टाइन ने सापेक्षता के क्रांतिकारी सिद्धांत को सामने रखा था। इसमें ब्रह्मांड और समय न तो पूरी तरह से पूर्ण थे और न ही किसी घटना की पृष्ठभूमि पर टिके थे। इसकी बजाय ब्रह्मांड में पदार्थ और ऊर्जा द्वारा गति की स्थिति में इन्होंने आकार लिया था। इन्हें ब्रह्मांड के भीतर ही परिभाषित किया गया था। इसलिए ब्रह्मांड के पहले के समय की चर्चा करना बेकार है। यह ठीक वैसा ही है कि दक्षिणी ध्रुव पर पूछें कि यहाँ दक्षिण कहाँ है। इसे परिभाषित नहीं किया जाता।

आइंस्टाइन के सिद्धांत ने यद्यपि समय और अंतरिक्ष को एकीकृत कर दिया था, लेकिन इसने हमें अंतरिक्ष के बारे में ज़्यादा नहीं बताया। अंतरिक्ष के बारे में जो स्वाभाविक है कि वह चला जा रहा है, बस चलते जा रहा है। हम ब्रह्मांड को ईंट की किसी दीवार के अंत के रूप में नहीं

मान सकते, फिर भी ऐसा क्यों नहीं है, इसका कोई तार्किक कारण नहीं है, लेकिन आधुनिक उपकरण जैसे हबल स्पेस टेलिस्कोप हमें अंतरिक्ष की गहन जानकारी देते हैं। हम देखते हैं कि अरबों आकाशगंगाएँ, विभिन्न आकारों और रंगों में हैं। हमारे जैसी महाकाय अंडाकार और घुमावदार आकाशगंगाएँ हैं। प्रत्येक आकाशगंगा में अरबों तारे हैं, उनमें से कुछ के आस-पास ग्रह हैं। हमारी आकाशगंगा हमारी नज़र को कुछ दिशाओं में बाधित कर देती है, लेकिन इसके अलावा आकाशगंगाएँ पूरे अंतरिक्ष में समान रूप से बिखरी हुई हैं, जिनमें कुछ स्थानीय स्तर पर सघन हैं, तो कुछ खाली और खोखली हैं। ऐसा प्रतीत होता है कि आकाशगंगा का घनत्व बहुत अधिक दूरी पर घट जाता है, लेकिन ऐसा उनके बहुत दूर और धुँधला या अस्पष्ट होने के कारण संभव है। हम कह सकते हैं कि अंतरिक्ष में ब्रह्मांड शाश्वत है और वैसा ही है, इससे कोई अंतर नहीं पड़ता कि वह कितनी दूर है।

हालाँकि ब्रह्मांड अंतरिक्ष में हर कोण से समान ही लगता है, लेकिन समय के साथ वह निश्चित रूप से बदल रहा है। पिछली शताब्दी के शुरुआती वर्षों तक यह समझ में नहीं आया था। तब तक यह माना जाता रहा कि ब्रह्मांड समय में आवश्यक रूप से अचर है। यह अनंत अवधि से इसमें हो सकता है, लेकिन इससे हम बेतुके निष्कर्ष निकालने लगेंगे। यदि तारे अनंत अवधि से विकिरण छोड़ रहे हैं, तो अपने स्वयं के तापमान तक पहुँचते हुए उन्होंने ब्रह्मांड को बहुत गर्म कर दिया होता। यहाँ तक कि रात को भी आसमान में उतना ही प्रकाश होता, जितना सूर्य के रहने पर रहता है, क्योंकि इस दृश्य की प्रत्येक अवस्था या तो तारों पर समाप्त होती या फिर धूल के बादलों पर, जो तारों की ऊष्मा के समान ही गर्म हो जाते। इसलिए हम सबने जो अवलोकन किया है, वह बहुत महत्त्वपूर्ण है कि रात में आकाश काला है। यह बताता है कि जिस स्थिति में हम देख पा रहे हैं, ब्रह्मांड वैसा हमेशा से नहीं था। कुछ तो ऐसा हुआ होगा, जिसने तारों को एक निश्चित समय पहले बनाया होगा, अन्यथा बहुत दूर के तारों के प्रकाश के पास इतना समय नहीं

होता कि वह हम तक पहुँच सके। यही हमें समझाता है कि रात में आकाश हर दिशा में चमकता क्यों नहीं है।

यदि तारे वहाँ हमेशा से हैं, तो क्यों वे कुछ अरब वर्ष पहले अचानक से प्रकाश देने लगे? ऐसी कौन सी घड़ी थी, जिसने उनसे कहा कि यह चमकने का समय है? इसी से इम्मानुएल कांट जैसे दार्शनिक असमंजस में पड़ गए और कहने लगे कि ब्रह्मांड तो हमेशा से रहा है, लेकिन अधिकांश लोगों के लिए यह विचार सही था कि ब्रह्मांड की रचना की गई है, कुछ हज़ार वर्षों पहले बिशप अशर ने जैसा बताया था और अभी भी है, हालाँकि इस विचार में विसंगतियाँ तब उभर कर सामने आईं, जब 1920 में माउंट विलसन पर सौ इंच वाले टेलिस्कोप से अवलोकन किया गया। सबसे पहले एडविन हबल ने प्रकाश के बहुत सारे धुँधले या अस्पष्ट निशान देखे, जिन्हें निहारिका कहा गया, जो वास्तव में अन्य आकाशगंगाएँ थीं, जो हमारे सूर्य की तरह बहुत सारे तारों का एकीकरण थीं, लेकिन वे बहुत दूर थीं। इसी कारण से वे बहुत छोटी और धुँधली या अस्पष्ट दिख रही थीं, दूरी इतनी अधिक थी कि उनका प्रकाश हम तक पहुँचने में लाखों या अरबों वर्ष ले लेता। इससे यह संकेत मिलता है कि ब्रह्मांड की शुरुआत कुछ हज़ार वर्षों पहले नहीं हुई है।

लेकिन दूसरी बात जो हबल ने खोजी, वह भी उल्लेखनीय थी। अन्य आकाशगंगा से प्रकाश का विश्लेषण करके हबल ने यह भी माप लिया कि ये हमारे पास आ रही हैं अथवा दूर जा रही हैं। उनके आश्चर्य का ठिकाना नहीं रहा, जब उन्होंने पाया कि वे हमारे पास से बहुत दूर जा रही हैं। इसके अलावा वे जैसे-जैसे हमसे दूर जा रही थीं, वैसे-वैसे वे तेज़ गति बनाती जा रही थीं। दूसरे अर्थों में ब्रह्मांड विस्तारित हो रहा है, आकाशगंगाएँ एक-दूसरे से दूर जाती जा रही हैं।

ब्रह्मांड के विस्तारित होने की खोज बीसवीं सदी की महानतम बौद्धिक क्रांतियों में से एक थी। यह एक आश्चर्य के रूप में सामने आई और इसने ब्रह्मांड की शुरुआत की बहस को पूरी तरह से बदलकर रख दिया।

यदि आकाशगंगाएँ दूर जा रही हैं, तो इसका मतलब है कि पहले वे पास रही होंगी। विस्तार की वर्तमान दर के हिसाब से अनुमान लगा सकते हैं कि 10 से 15 अरब वर्ष पहले वे बहुत पास रही होंगी, तो ऐसा लगता है कि ब्रह्मांड तब शुरू हुआ होगा, जब सभी चीज़ें एक साथ अंतरिक्ष में रही होंगी।

लेकिन अधिकतर वैज्ञानिक इस बात से ख़ुश नहीं थे कि ब्रह्मांड की कोई शुरुआत हुई है, क्योंकि इसका तात्पर्य यह निकलता था कि भौतिकशास्त्र विफल हो गया था। कोई किसी बाहरी एजेंसी को बुलाकर यह निर्धारित करने को कहेगा कि ब्रह्मांड कैसे शुरू हुआ। कोई अपनी सुविधा के लिए उसे ईश्वर कह सकता है। इसलिए उन्होंने इन सिद्धांतों को आगे बढ़ाया कि वर्तमान में ब्रह्मांड का विस्तार हो रहा है, लेकिन उसकी कोई शुरुआत नहीं हुई। इसमें से एक सिद्धांत स्टेडी-स्टेट थ्योरी है, जिसे हर्मन बॉन्डी, थॉमस गोल्ड और फ्रेड हॉयल ने 1948 में प्रतिपादित किया था।

स्टेडी-स्टेट थ्योरी में आकाशगंगाएँ एक-दूसरे से दूर जा रही हैं, तो नई आकाशगंगाएँ पदार्थ से बनेंगी, जो अंतरिक्ष में लगातार बनता रहता है। ब्रह्मांड हमेशा से रहा होगा और हमेशा एक समान ही दिखाई देता रहा होगा। इस आख़िरी बात में निश्चित भविष्यवाणी का विशेष गुण था और इसका परीक्षण अवलोकन करके किया जा सकता था। कैम्ब्रिज के रेडियो खगोल समूह ने मार्टिन राइल की अगुवाई में 1960 के दशक में रेडियो तरंगों के कमज़ोर स्रोतों का सर्वे किया। ये समान रूप से आकाश में बिखरे हुए थे, जो बताते थे कि ज़्यादा से ज़्यादा स्रोत हमारी आकाशगंगा के बाहर हैं। जो कमज़ोर स्रोत हैं, वे तो औसतन काफ़ी दूर हैं।

स्टेडी-स्टेट थ्योरी ने स्रोतों की संख्या और उनकी ताक़त के संबंधों का खुलासा किया, लेकिन देखने पर जितने धुँधले स्रोत बताए गए थे, उससे अधिक मिले, जिससे संकेत मिलता है कि स्रोतों का घनत्व पहले कहीं अधिक रहा होगा। यह स्टेडी स्टेट थ्योरी के बुनियादी अनुमान के एकदम विपरीत था कि हर चीज़ समय में अचर रही है। इस और कुछ अन्य कारणों से स्टेडी स्टेट थ्योरी को त्याग दिया गया।

यह सब कैसे शुरू हुआ?

ब्रह्मांड की कोई शुरुआत है, इस सवाल को टालने का एक और प्रयास हुआ। इसमें सुझाया गया कि पहले संकुचन का दौर था, लेकिन घूमने और अनियमितताओं के कारण पदार्थ एक ही स्थान पर नहीं गिरता था। इसकी बजाय पदार्थ के विभिन्न हिस्से एक दूसरे के बिना अधूरे रहते थे और ब्रह्मांड फिर विस्तारित होता था तथा घनत्व हमेशा सीमित ही रहता था। दो रूसी इवगेनी लिफ़शिट्ज़ और आईज़ैक खलातनिकोव ने यह सिद्ध करने का दावा किया था कि घनत्व तयशुदा रहते हुए संकुचन जब बिना समानता के होगा, तो यह टकराकर लौटेगा भी। यह नतीजा मार्क्सवादी-लेनिनवादी द्वंद्वात्मक पदार्थवाद के अनुकूल भी था, क्योंकि इसने ब्रह्मांड की रचना के जटिल प्रश्न को टाल दिया था। इसलिए सोवियत वैज्ञानिकों के लिए यह आलेख आस्था के रूप में ढल गया।

मैंने उसी समय ब्रह्मांड विज्ञान में अपना शोध शुरू किया था, जब लिफ़शिट्ज़ और खलातनिकोव ने अपना निष्कर्ष प्रकाशित किया था। उनका कहना था कि ब्रह्मांड की कोई शुरुआत नहीं हुई है। मैंने माना कि यह बहुत ही महत्त्वपूर्ण सवाल है, लेकिन मैं उन दोनों द्वारा उपयोग में लाए गए तर्कों को स्वीकार नहीं कर पा रहा था।

हम इस विचार के अभ्यस्त हैं कि घटनाएँ पूर्व की घटनाओं के कारण होती हैं, जो बदले में उनसे भी पहले हुई घटनाओं के कारण हुई होती हैं। इस तरह से एक श्रंखला है, जो पीछे की ओर खींचकर ले जाती है, लेकिन यदि मानें कि इस श्रंखला की कोई शुरुआत है, तो सोचेंगे कि ऐसी पहले कोई घटना तो हुई होगी। वह घटना कैसे हुई? यह सवाल था, जिसका कई वैज्ञानिक जवाब नहीं देना चाहते थे। वे उसे टाल रहे थे। या तो वे रूसियों द्वारा लिए गए निष्कर्ष के समान का दावा करते और स्टेडी स्टेट थ्योरी के वैज्ञानिकों के समान कह रहे थे कि ब्रह्मांड की कोई शुरुआत नहीं है या फिर कहते थे कि ब्रह्मांड की शुरुआत का सवाल विज्ञान की परिधि में ही नहीं है, यह मेटाफिज़िक्स (तत्वमीमांसा) या फिर धर्म का प्रश्न है। मेरी सोच यह थी कि एक असली वैज्ञानिक को इनका सहारा नहीं लेना चाहिए।

यदि विज्ञान के नियम ब्रह्मांड में ही शिथिल या निलंबित मान लिए जाते हैं, तो क्या वे अन्य समय में भी विफल नहीं हो सकते? यदि कोई नियम कुछ समय के लिए ही टिका रहे, तो वह नियम होता ही नहीं है। मेरा मानना था कि हमें विज्ञान की बुनियाद पर ब्रह्मांड की शुरुआत को समझना चाहिए। चाहे यह कार्य हमारी शक्तियों के बाहर का हो, लेकिन हमें प्रयास तो करना ही चाहिए।

रोज़र पेनरोज़ और मैंने ज्यामिति के प्रमेय की मदद से यह बताया कि यदि आइंस्टाइन का सापेक्षता का सिद्धांत सही है और कुछ शर्तों को पूरा किया जाता है, तो ब्रह्मांड की शुरुआत तो हुई होगी। गणितीय प्रमेय के अनुसार इस पर तर्क करना कठिन है, इसलिए अंत में लिफ़शिट्ज और खलातनिकोव ने माना कि ब्रह्मांड की शुरुआत तो हुई होगी, हालाँकि ब्रह्मांड की शुरुआत के विचार का कम्युनिस्ट विचारधारा वाले लोगों ने स्वागत नहीं किया था। उनकी विचारधारा को भौतिक विज्ञान की राह में अवरोध की अनुमति नहीं थी, क्योंकि भौतिकशास्त्र की ज़रूरत बम के लिए थी, इसलिए महत्त्वपूर्ण यह था कि वह चलती रहे, हालाँकि सोवियत विचारधारा ने जीवविज्ञान की प्रगति में अड़ंगा डाला। जनेटिक्स का जो सत्य था, उसे उन्होंने स्वीकार ही नहीं किया।

यद्यपि रोज़र पेनरोज़ और मैंने प्रमेय से यह सिद्ध करके बताया कि ब्रह्मांड की शुरुआत तो हुई होगी, लेकिन इन प्रमेयों ने इसके शुरू होने की प्रकृति के बारे में ज़्यादा जानकारी नहीं दी। इन्होंने संकेत दिया कि ब्रह्मांड बिग बैंग में शुरू हुआ था, जो ऐसा बिंदु था, जहाँ पर समूचा ब्रह्मांड और हर चीज़ सिकुड़ी हुई थी, जिसका घनत्व अनंत था, यानी अंतरिक्ष समय की सिंगुलरिटी। इस मोड़ पर आइंस्टाइन का सापेक्षता सिद्धांत चरमरा जाता। ब्रह्मांड की शुरुआत कैसे हुई, इसके तरीक़े की भविष्यवाणी को करने में कोई इसका उपयोग नहीं कर सकता। इसलिए विकल्प यह बचा कि ब्रह्मांड की शुरुआत का मामला विज्ञान की परिधि से बाहर है।

अक्टूबर 1965 में अवलोकन साक्ष्य के आधार पर इस बात की पुष्टि हो सकी कि ब्रह्मांड की शुरुआत बहुत घनी रही थी। इसके कुछ माह पहले सिंगुलरिटी पर मेरी खोज के पहले निष्कर्ष सामने आए थे कि पूरे अंतरिक्ष में धुँधली माइक्रोवेव्ज़ हैं। ये माइक्रोवेव्ज़ वैसी ही हैं, जैसी आपके माइक्रोवेव ओवन में रहती हैं, लेकिन बहुत कम शक्तिशाली हैं। ये आपके पिज़्ज़ा को गर्म करेंगी, तो उन्हें माइनस 270.4 डिग्री सेल्सियस पर जमा देंगी। यह तो पिज़्ज़ा को डिफ्रॉस्ट करने के लिए भी ठीक नहीं है, पकाने की बात ही छोड़ दीजिए। आप स्वयं इन माइक्रोवेव्ज़ को महसूस कर सकते हैं। जिन लोगों को एनालॉग टीवी की याद है, उन्होंने इन माइक्रोवेव्ज़ को निश्चित रूप से देखा होगा। यदि आपने टेलीविज़न को किसी खाली चैनल पर लगाया हो, तो स्क्रीन पर पीछे की ओर आपने कुछ पार्टिकल देखे होंगे, जो इन्हीं माइक्रोवेव्ज़ के कारण बनते हैं। इस पृष्ठभूमि की केवल एक ही तर्कसंगत व्याख्या हो सकती है कि यह विकिरण है, जो पहले की गर्म और घनत्व वाली स्थिति से निकला है। जैसे ही ब्रह्मांड फैला, वैसे ही यह विकिरण उस वक़्त तक ठंडा पड़ता रहा हो, जब तक कि यह धुँधला न हो गया, जैसा कि आज हम देखते हैं।

ब्रह्मांड की शुरुआत किसी सिंगुलरिटी के कारण हुई होगी, यह ऐसा विचार नहीं था, जिससे मैं या कई अन्य लोग खुश थे। कारण यह है कि आइंस्टाइन का सापेक्षता का सिद्धांत बिग बैंग के नज़दीक चरमरा जाता है, जबकि उसे उत्कृष्ट सिद्धांत कहा जाता है। इसमें निःसंदेह यह अनुमान लगा लिया जाता है कि प्रत्येक पार्टिकल की एक सुपरिभाषित स्थिति और गति थी। सहज बोध से भी यह स्पष्ट नज़र आती है। कथित रूप से उत्कृष्ट ऐसे सिद्धांत में यदि किसी को ब्रह्मांड में किसी समय सभी पार्टिकलों की स्थितियाँ और गति ज्ञात हैं, तो वह यह भी गणना कर सकता है कि किसी अन्य समय में उनकी स्थितियाँ और गति क्या होंगी। मामला चाहे भूतकाल का हो या भविष्य का। 20वीं सदी के आरंभ में हालाँकि वैज्ञानिकों को यह पता चल गया था कि वे सटीक गणना नहीं कर सकते थे कि छोटी दूरियों

में भी क्या होने वाला है। इसका मतलब यह नहीं था कि उन्हें बेहतर सिद्धांतों की ज़रूरत थी। दरअसल, प्रकृति में अनियमितता और अनिश्चितता का एक निश्चित स्तर प्रतीत होता है, जिसे हटाया नहीं जा सकता, चाहे सिद्धांत कितने ही अच्छे क्यों न हों। जर्मन वैज्ञानिक वर्नर हेज़नबर्ग द्वारा 1927 में प्रतिपादित अनसर्टेनिटी के सिद्धांत (अनिश्चितता) में इसका उल्लेख है। कोई भी पार्टिकल की स्थिति और गति के बारे में सटीक गणना नहीं कर सकता। यदि हम उसकी स्थिति के बारे में ज़्यादा सटीक गणना करने जाते हैं, तो हम उसकी गति के बारे में आकलन नहीं कर पाते हैं और इसी प्रकार से यदि गति की गणना करते हैं, तो स्थिति का भान नहीं कर सकते।

आइंस्टाइन ने इस विचार पर कड़ी आपत्ति की थी कि ब्रह्मांड संयोगवश संचालित होता है। उनकी भावना उनके इस कथन से समझी जा सकती है कि "ईश्वर पासे नहीं फेंकता है।" लेकिन सारे साक्ष्य यह कहते हैं कि ईश्वर जुआरी है। पूरा ब्रह्मांड एक बड़ा केसिनो है और जिसमें पासे उस चकरी में रहते हैं, जिसे बार-बार घुमाया जाता है। हर बार जब पासे फेंके जाते हैं या चरखी घुमाई जाती है, तो केसिनो मालिक रकम हारने का जोखिम उठाता है, लेकिन ज़्यादा दाँव लगाने पर औसत सामने निकल कर आता है और केसिनो मालिक यह सुनिश्चित करता है कि औसत उसके हित में हो। इसी कारण केसिनो मालिक बहुत अमीर होता है। उनसे जीतने के लिए आपके पास केवल एक ही चीज़ रहती है कि अपनी सारी रकम कुछ ही पासों के फेंके जाने या चकरी के घूमने पर दाँव पर लगा दें।

ब्रह्मांड के साथ भी ऐसा ही है। ब्रह्मांड जब बड़ा होता है, तो उससे बड़ी संख्या में परिणाम निकलते हैं। तब जो औसत परिणाम आते हैं, उनकी भविष्यवाणी की जा सकती है, लेकिन जब बिग बैंग के पास ब्रह्मांड बहुत छोटा होता है, तब बहुत ही छोटे पासे रहते हैं और अनसर्टेनिटी का सिद्धांत बहुत महत्त्वपूर्ण हो जाता है। इसीलिए ब्रह्मांड की शुरुआत को समझने के लिए अनसर्टेनिटी सिद्धांत को सापेक्षता के सिद्धांत में शामिल करना ज़रूरी है। कम से कम तीस वर्ष से सैद्धांतिक भौतिकी के लिए यह बड़ी चुनौती बना

हुआ है, हालाँकि हम अभी तक इसे हल नहीं कर सके हैं, लेकिन फिर भी हमने काफ़ी प्रगति की है।

मान लीजिए कि हम भविष्य का अनुमान लगाने की कोशिश कर रहे हैं, क्योंकि हम किसी पार्टिकल की स्थिति और गति के संयोजन को कुछ हद तक जानते हैं, लेकिन हम पार्टिकलों की स्थिति और गति की सटीक भविष्यवाणी नहीं कर सकते। गति और स्थिति के विशेष संयोजन के लिए हम केवल अनुमान ही लगा सकते हैं। इस तरह ब्रह्मांड के ख़ास भविष्य के लिए निश्चित संभावना है, लेकिन क्या हम इसी तरह से जो बीत चुका है, उसे समझने का प्रयास कर सकते हैं।

अवलोकनों की प्रकृति को देखते हुए हम अभी सिर्फ़ इतना कर सकते हैं कि ब्रह्मांड के किसी ख़ास इतिहास का अनुमान लगा लें। ब्रह्मांड के कई संभावित इतिहास और कहानियाँ होंगी। प्रत्येक के साथ उसकी अपनी संभाव्यता होगी। ब्रह्मांड के इतिहास में यह भी हो सकता है कि इंग्लैंड फिर से विश्वकप जीत गया है। यद्यपि हो सकता है इसके आसार कम हों। ब्रह्मांड के कई इतिहास हैं, यह विचार वैज्ञानिक कल्पना के समान लगता है, लेकिन यह अब विज्ञान में तथ्य का रूप ले चुका है। यह रिचर्ड फ़ेनमैन के कारण हुआ। वे प्रतिष्ठित कैलिफ़ोर्निया इंस्टीट्यूट ऑफ़ टेक्नोलॉजी में काम करते थे और सड़क किनारे बॉन्गो ड्रम्स बजाया करते थे। प्रत्येक संभावित इतिहास के लिए चीज़ें कैसे काम करती हैं, इसे समझने का नज़रिया फ़ेनमैन ने बनाया था। उनका विचार था कि प्रत्येक संभावित इतिहास को संभाव्यता प्रदान की जाए, फिर इसी विचार को भविष्यवाणी करने के लिए प्रयोग किया जाए। भविष्यवाणी करने के लिए यह शानदार ढंग से काम करता है, तो हम मानते हैं कि यह पुराने ज़माने के अनुमानों के लिए भी काम कर सकेगा।

वैज्ञानिक अब आइंस्टाइन के जनरल रिलेटिविटी के सिद्धांत और फ़ेनमैन के अनेक इतिहासों के विचार को एकीकृत सिद्धांत के तौर पर विकसित करने पर काम कर रहे हैं। एकीकृत सिद्धांत ब्रह्मांड में जो कुछ भी घटित होता है, उसकी व्याख्या कर सकेगा। यदि हम एक अवधि में ब्रह्मांड

की स्थिति जानते हैं, तो यह एकीकृत सिद्धांत हमें यह गणना करने में मदद करेगा कि ब्रह्मांड कैसे विकसित होगा, लेकिन यह एकीकृत सिद्धांत हमें यह नहीं बताएगा कि ब्रह्मांड कैसे शुरू हुआ या उसकी आरंभिक अवस्था क्या थी। इसके लिए हमें कुछ अलग करना होगा। हमें ज़रूरत होगी बाउंड्री कंडीशंस की, ऐसी बातें जो हमें बताएँगी कि ब्रह्मांड की सरहदों पर क्या-क्या होता है, जो समय और अंतरिक्ष के छोर हैं, लेकिन यदि ब्रह्मांड का शुरुआती छोर अंतरिक्ष और समय के सामान्य बिंदु पर ही है, तो हम और पीछे जा सकते हैं, यानी ब्रह्मांड से भी परे और दावा कर सकते हैं कि यह ब्रह्मांड का हिस्सा है। दूसरी ओर यदि ब्रह्मांड की सरहद ऊपर-नीचे या दांतेदार है, जहाँ अंतरिक्ष और समय सिकुड़े हैं और घनत्व अनंत है, तो फिर अंतिम छोर या बाउंड्री कंडीशंस को अर्थपूर्ण तरीक़े से परिभाषित करना मुश्किल होगा। अतः यह स्पष्ट नहीं है कि कैसी बाउंड्री कंडीशंस ज़रूरी हैं। किसी एक बाउंड्री कंडीशंस की बजाय किसी दूसरी को चुनने के लिए कोई तार्किक आधार नहीं है।

सांता बारबरा में यूनिवर्सिटी ऑफ़ कैलिफ़ोर्निया के जिम हार्टल और मैंने मिलकर हालाँकि यह पाया कि एक तीसरी संभावना भी है। यह भी हो सकता है कि अंतरिक्ष और समय में ब्रह्मांड की कोई सीमा ही न हो। पहली ही नज़र में यह ज्यामितीय प्रमेयों के सीधे विरोधाभास में दिखाई देता है, जिसका उल्लेख मैंने पहले किया था। ये दर्शाते हैं कि ब्रह्मांड की शुरुआत हुई होगी, उसकी एक निश्चित अवधि में कोई सीमा होगी, हालाँकि फ़ेनमैन की तकनीकों को गणितीय रूप से परिभाषित करने के लिए गणित के जानकारों ने एक अवधारणा विकसित की, जिसे इमैज़नरी टाइम (काल्पनिक समय) कहा गया। इसका वास्तविक समय, जिसका हम अनुभव करते हैं, उससे लेना-देना नहीं हैं। यह एक गणितीय तरकीब है, ताकि गणना की जा सके और इसे वास्तविक समय के स्थान पर रखा गया है, जिसे हम अनुभव करते हैं। हमारा विचार यह था कि काल्पनिक समय में कोई सीमा नहीं थी। हमने बाउंड्री कंडीशन्स की खोज के प्रयास को बंद कर दिया। इसे हम नो-बाउंड्री प्रस्ताव कहते हैं।

यह सब कैसे शुरू हुआ?

यदि ब्रह्मांड की बाउंड्री कंडीशन ऐसी है कि काल्पनिक समय में उसकी कोई सीमा नहीं है, तो फिर यह नहीं मान सकते कि इसका इतिहास एक ही होगा। काल्पनिक समय में कई इतिहास होंगे और उनमें से हरेक वास्तविक समय में कोई इतिहास निर्धारित करेगा। ब्रह्मांड के समस्त संभावित इतिहासों में से हम कौनसा ख़ास इतिहास चुनते हैं, जिसमें हम रह रहे हैं?

इन समस्त संभावित ब्रह्मांडीय इतिहासों में से एक बात जो हम तत्काल देख पाते हैं, वह यह है कि इनमें से कई सिद्धांत आकाशगंगाओं और तारों के बनने की कड़ी के साथ तालमेल नहीं करते, जबकि यह हमारे स्वयं के विकास के साथ आवश्यक रूप से रहना चाहिए। आकाशगंगाओं और तारों के बिना बौद्धिक लोगों यानी मानव के विकसित होने की बात की जा सकती है, लेकिन यह असंभव प्रतीत होता है। हम जिस रूप में हैं, उसमें यह सवाल उठ सकता है कि 'ब्रह्मांड ऐसा क्यों है, जैसा प्रतीत हो रहा है?' लेकिन यह एक तरह से उस इतिहास को रोकना है, जिसमें हम रह रहे हैं। इसके मायने यह है कि आकाशगंगा और तारे उन इतिहासों का एक छोटा-सा हिस्सा हैं। यह उस बात का उदाहरण है, जिसे एंथ्रोपिक सिद्धांत कहा जाता है। एंथ्रोपिक सिद्धांत के अनुसार ब्रह्मांड कम या ज़्यादा ऐसा ही होगा, जैसा हम देखते हैं, क्योंकि यदि यह अलग होता, तो यहाँ कोई नहीं होता, जो इसका अवलोकन करता।

अनेक वैज्ञानिक एंथ्रोपिक सिद्धांत को पसंद नहीं करते, क्योंकि इसमें भविष्यवाणी करने की ज़्यादा सामर्थ्य नहीं है। यह सिर्फ़ हाथ हिलाने से थोड़ा ज़्यादा भर है, लेकिन एंथ्रोपिक सिद्धांत को सटीक सूत्रीकरण प्रदान किया जा सकता है, जो ब्रह्मांड की शुरुआत के प्रश्न को हल करने के लिए ज़रूरी है। पूर्ण एकीकृत सिद्धांत के लिए सबसे अच्छी एम-थ्योरी है, जो हमें ब्रह्मांड के अनेक इतिहासों के बारे में जानकारी देती है। इसमें से अनेक इतिहास एक बौद्धिक जीवन के विकास के लिहाज़ से सही नहीं हैं। या तो वे खाली हैं या फिर बेहद छोटे हैं या फिर उनमें इतने घुमाव है, या फिर वे किसी रूप में ग़लत हैं। रिचर्ड फ़ेनमैन के अनेक इतिहासों के विचार के अनुसार इन निर्जन इतिहासों में उच्च्व स्तर की संभाव्यता हो सकती है।

हम वास्तव में इस बात की ओर ध्यान नहीं देते कि ऐसे कितने इतिहास होंगे, जिनमें बौद्धिक जीवन नहीं होगा। हमारी रुचि इतिहास के उन खंडों में ही है, जिनमें बौद्धिक जीवन का विकास होता है। यह ज़रूरी नहीं कि यह बौद्धिक जीवन मानव जैसा ही हो। जंगली मानव भी अच्छा हो सकता है। सच तो यह है कि वे बेहतर हो सकते हैं। मानव जाति के बौद्धिक बर्ताव का रिकॉर्ड अच्छा नहीं रहा है।

एंथ्रोपिक सिद्धांत की शक्ति के उदाहरण के तौर पर अंतरिक्ष में दिशाओं की संख्या पर विचार करें। यह सामान्य अनुभव का विषय है कि हम तीन आयाम वाले अंतरिक्ष में रहते हैं। कहने का तात्पर्य हम अंतरिक्ष में किसी बिंदु का तीन संख्याओं से प्रतिनिधित्व कर सकते हैं। एक अक्षांश, दूसरा देशांतर और तीसरा समुद्री सतह से ऊँचाई, लेकिन अंतरिक्ष तीन आयाम में ही क्यों हैं? यह दो या चार में क्यों नहीं है, या फिर किसी और संख्या के आयाम में क्यों नहीं है, जैसा कि विज्ञान की कल्पना में होता है। यहाँ तक कि एम-थ्योरी में दस आयामों का उल्लेख है (जैसा कि समय के एक आयाम का सिद्धांत भी है), लेकिन यह माना जाता है कि दस आकाशीय दिशाएँ घुमावदार होकर बहुत छोटी हो गई हैं और तीन दिशाएँ बड़ी हैं और सपाट हैं। यह स्ट्रॉ से पीने के समान है। एक स्ट्रॉ की सतह दो आयामी होती है, हालाँकि एक दिशा घूमकर एक छोटा-सा वृत्त बनाती है, इसलिए दूर से देखने पर स्ट्रॉ एक आयामी रेखा के जैसा लगने लगता है।

हम उस इतिहास में क्यों नहीं रहते, जिसमें आठ आयाम घूमकर छोटे हो जाते हैं, केवल दो आयाम ही नज़र आ पाते हैं? दो आयामी पशु के लिए आहार पचा पाना कठिन होगा। यदि उसकी आँतें दाईं ओर होंगी, जैसी हमारी हैं, तो इससे पशु दो भागों में बँट जाएगा और वह निरीह जीव टुकड़े-टुकड़े हो जाएगा। इसलिए दो सपाट दिशाएँ उस किसी भी चीज़ के लिए पर्याप्त नहीं हैं, जो बौद्धिक जीवन की तरह जटिल हैं। अंतरिक्ष के तीन आयामों में कुछ विशेष है। इन तीन आयामों में तारों के चारों ओर ग्रहों के स्थिर परिक्रमा कक्ष हो सकते हैं। यही गुरुत्वाकर्षण की परिणति है, जो इनवर्स

स्क्वेयर (व्युत्क्रम वर्ग) सिद्धांत का पालन कर रहा है। इस सिद्धांत को 1665 में रॉबर्ट हुक ने खोजा था और इसी को आइज़ैक न्यूटन ने विस्तारित किया है। किसी विशेष दूरी से दो पदार्थों के बीच गुरुत्वाकर्षण के बारे में सोचिए। यदि दूरी को दोगुना कर दिया जाता है, तो उन दोनों के बीच का बल आधा रह जाएगा, यदि दूरी को तीन गुना कर दिया जाता है, तो उनके बीच के बल को 9 से विभाजित किया जा सकता है, यदि चार गुना दूरी हो, तो बल में 16 से भाग दिया जा सकता है और यह इस तरह से चल सकता है। इससे ग्रहों के परिक्रमा कक्ष स्थिर रहते हैं। अब हम चार आयामी अंतरिक्ष के बारे में सोचते हैं। इनका गुरुत्वाकर्षण इनवर्स क्यूब सिद्धांत (व्युत्क्रम घन) का पालन करेगा। यदि दो पदार्थों के बीच में दूरी दोगुना है, तो उनके बीच के गुरुत्वाकर्षण बल को आठ से विभाजित करना होगा, तीन गुना होने पर सत्ताइस और चार गुना होने पर चौसठ से। इनवर्स क्यूब सिद्धांत में यह बदलाव ग्रहों को अपने-अपने सूर्य के पास कक्षा में स्थिर रहने से रोकते हैं। ये या तो अपने सूर्य में गिर सकते हैं या फिर किसी बाह्य अंधकार और ठंडे वातावरण में स्वयं को बचा सकते हैं। इसी प्रकार से परमाणु में इलेक्ट्रॉन्स की कक्षाएँ भी स्थिर नहीं रह पाएँगी, इसलिए पदार्थ को जिस रूप में हम जानते हैं, वह नहीं रह सकेंगे। कई इतिहास के विचार को देखेंगे, तो इसमें कई सपाट दिशाएँ दिखेंगी, केवल तीन आयामी सपाट दिशा वाले सिद्धांत में ही बौद्धिक जीवन रह सकता है। इसी तरह के इतिहासों में प्रश्न पूछे जा सकेंगे कि "अंतरिक्ष में तीन आयाम ही क्यों हैं?"

ब्रह्मांड की एक उल्लेखनीय विशेषता उसकी माइक्रोवेव पृष्ठभूमि से जुड़ी है, जिसकी खोज अर्नो पेनज़ियास और रॉबर्ट विल्सन ने की थी। यह एक तरह से उस वक़्त का जीवाश्म रिकॉर्ड है, जब ब्रह्मांड को बने बहुत कम समय हुआ था। यह पृष्ठभूमि एक जैसी है, चाहे आप किसी भी दिशा से देखें। विभिन्न दिशाओं के बीच अंतर 100,000 के एक भाग के जितना है। ये अंतर आश्चर्यजनक रूप से मामूली हैं और इसको समझाना ज़रूरी है। आमतौर पर इसके बारे में जो स्वीकार किया जा चुका है, वह यह है कि

बिग बैंग से पहले क्या आया?

नो बाउंड्री प्रस्ताव के अनुसार बिग बैंग के पहले
क्या, आया यह पूछना अर्थहीन है। ठीक वैसे
ही जैसे दक्षिण ध्रुव पर खड़े होकर
दक्षिण के बारे में पूछना–
क्योंकि इसमें समय की उपलब्धता नहीं थी।
समय की अवधारणा केवल हमारे
ब्रह्मांड में ही है।

ब्रह्मांड की शुरुआत में बहुत ही सहजता थी, लेकिन इसमें तेज़ी से कम से कम अरबों अरब अरब बार बदलाव होते चले गए। इस प्रक्रिया को इन्फ़्लेशन (स्फीति या प्रसार) कहते हैं। मूल्यों में वृद्धि हमें परेशान करती है, इसके विपरीत इस इन्फ़्लेशन में ब्रह्मांड के लिए ज़्यादा फ़ायदा था। यदि ऐसा होता, तो माइक्रोवेव विकिरण हर दिशा में एक समान होते। तो फिर यह छोटी-छोटी असंगति या अंतर कहाँ से आया?

1982 के आरंभ में मैंने एक शोध-पत्र में बताया था कि ये अंतर प्रसार की अवधि के दौरान परिमाण या मात्रा में उतार-चढ़ाव के कारण हुए थे। अनसर्टेनिटी के सिद्धांत के परिणाम के तौर पर मात्रा में उतार-चढ़ाव होता है। इसके साथ ही ये उतार-चढ़ाव हमारे ब्रह्मांड, आकाशगंगाओं, तारों और हमारी संरचना के बीज के रूप में विद्यमान हैं। यह विचार उसी तंत्र पर आधारित है, जो ब्लैक होल क्षितिज से हॉकिंग रेडिएशन कहलाता है। इसका अनुमान मैंने एक दशक पहले ही बता दिया था। फ़र्क़ इतना है कि अब यह ब्रह्मांडीय क्षितिज से आता है। यह वही सतह है, जिसने ब्रह्मांड को भागों में बाँटा है, जिसमें से कुछ हम देख सकते हैं और कुछ भाग नहीं देख सकते। हमने उस ग्रीष्म ऋतु में कैम्ब्रिज में एक कार्यशाला का आयोजन किया, जिसमें क्षेत्र के सभी विशेषज्ञ आए। कई अन्य विशेषज्ञों ने भी अंतिम जवाब तक पहुँचने में योगदान दिया। इस आयोजन में हमने प्रसार, आकाशगंगा को बनाने में सहायक घनत्व में उतार-चढ़ाव और हमारे अस्तित्व में आने के चित्रों को पेश किया। कोबे उपग्रह ने 1993 में माइक्रोवेव अंतरिक्ष में उतार-चढ़ाव की खोज की थी। उसके दस वर्ष पहले हमने यह बता दिया था, इसलिए सिद्धांत प्रयोग से कहीं आगे था।

अगले दस वर्ष बाद ब्रह्मांड विज्ञान एक सटीक विज्ञान बन गया। 2003 में डब्ल्यूएमएपी उपग्रह से प्राप्त नतीजों से यह पुख्ता हो गया। डब्ल्यूएमएपी ने ब्रह्मांड के माइक्रोवेव अंतरिक्ष के तापमान का एक शानदार मैप बनाया, साथ ही ब्रह्मांड की वर्तमान आयु के सौवें हिस्से का चित्र भी दिया था। जो अनियमितताएँ आप देखते हैं, उनका अनुमान प्रसार से लगाया जा सकता है।

इनके मायने ये हैं कि ब्रह्मांड के कुछ क्षेत्र का घनत्व अन्य से अधिक है। इन क्षेत्रों में अतिरिक्त घनत्व के गुरुत्वाकर्षण बल से उस क्षेत्र का विस्तार धीमा पड़ जाता है और ऐसे में ही वे समाप्त होकर आकाशगंगाएँ और तारा बन जाते हैं। इसलिए माइक्रोवेव अंतरिक्ष के मैप को ध्यान से देखिए। यह ब्रह्मांड की सारी संरचनाओं का ब्लूप्रिंट है। हम ब्रह्मांड में बहुत पहले हुए मात्रात्मक उतार-चढ़ाव के उत्पाद हैं। ईश्वर पासे नहीं फेंकता है।

डब्ल्यूएमएपी से आगे आज प्लैंक उपग्रह है। इसमें ब्रह्मांड का हाई रिज़ॉल्यूशन मैप है। प्लैंक गंभीरता से हमारे सिद्धांतों का परीक्षण कर रहा है और यहाँ तक कि प्रसार के दौरान अनुमानित गुरुत्वाकर्षण तरंगों को अंकित भी कर लेता है। यह पूरे अंतरिक्ष में लिखी गई क्वांटम ग्रेविटी होगी।

ब्रह्मांड और भी हो सकते हैं। एम-थ्योरी का अनुमान है कि अनेक विभिन्न संभावित इतिहासों के मुताबिक कई बड़े ब्रह्मांड बिना किसी के सहारे के बने हैं। हरेक ब्रह्मांड के अनेक संभावित इतिहास हैं और आज की अवस्था में आने से पहले कई संभावित अवस्थाएँ रही हैं और भविष्य में भी रहेंगी। इनमें से अधिकांश अवस्थाएँ उस ब्रह्मांड से अलग होंगी, जिसे हम देखते हैं।

अभी भी इस बात की आशा है कि हम जिनेवा के सीईआरएन में एलएचसी पार्टिकल एक्सीलरेटर द, लार्ज हैड्रान कोलाइडर में एम-थ्योरी के लिए पहला साक्ष्य देख सकेंगे। एम-थ्योरी के नज़रिये से देखें, तो यह केवल कम ऊर्जाओं का परीक्षण करता है, लेकिन हो सकता है कि सौभाग्य से हम बुनियादी सिद्धांत के कमज़ोर सिग्नल भी देख सकें, जैसे सुपरसिमिट्री। मेरा मानना है कि ज्ञात पार्टिकलों के लिए सुपरसिमिट्रिक पार्टनर्स की खोज ब्रह्मांड के प्रति हमारी समझ में क्रांति ला देगी।

2012 में हिग्स पार्टिकल की खोज जिनेवा के सीईआरएन में एलएचसी ने ही की थी। यह 21वीं सदी में नए एलिमेन्ट्री पार्टिकल की पहली खोज थी। अभी भी आशा है कि एलएचसी सुपरसिमिट्री की खोज करेगा, लेकिन यदि एलएचसी नए एलिमेन्ट्री पार्टिकल्स की खोज नहीं भी करता है, तो

सुपरसिमिट्री एक्सीलरेटरस् की अगली पीढ़ी में मिलेगा, जिसकी योजना वर्तमान में बनाई जा रही है।

हॉट बिग बैंग में ब्रह्मांड की शुरुआत एम-थ्योरी, हमारे विचार एवं अंतरिक्ष-समय और पदार्थ के परीक्षण के लिए उच्च ऊर्जा की सर्वश्रेष्ठ प्रयोगशाला है। विभिन्न सिद्धांतों ने ब्रह्मांड की वर्तमान संरचना में कई छाप छोड़ी है, इसलिए खगोल भौतिकी डाटा हमें प्रकृति के समस्त बलों के एकीकरण के बारे में संकेत दे सकता है, तो हो सकता है कि अन्य ब्रह्मांड भी हों, लेकिन दुर्भाग्य से हम उन्हें खोज नहीं सकेंगे।

हमने ब्रह्मांड की शुरुआत के बारे में कुछ देखा है, लेकिन ये दो बड़े प्रश्न खड़े होते हैं। क्या ब्रह्मांड समाप्त होगा? क्या ब्रह्मांड अनोखा है?

तब ब्रह्मांड के समस्त संभावित इतिहासों के भविष्य का व्यवहार क्या होगा? कई संभावनाएँ दिखती हैं, जो बौद्धिक जीव के अनुरूप हैं। यह इस बात पर निर्भर करेगा कि ब्रह्मांड में पदार्थ की मात्रा कितनी है। यदि एक निश्चित मात्रा से अधिक पदार्थ है, तो आकाशगंगाओं के बीच में गुरुत्वाकर्षण बल विस्तार की गति कम कर देगा।

आख़िरकार, वे एक दूसरे पर गिरने लगेंगी और एक बिग क्रंच (ब्रह्मांड के संकुचन की स्थिति, जिसमें घनत्व और तापमान बहुत अधिक होता है, जो बिग बैंग की अवस्था के विपरीत है) के रूप में सामने आएँगी। यह वास्तविक समय में ब्रह्मांड के इतिहास का अंत होगा। जब मैं सुदूर पूर्व में था, तो मुझसे कहा गया था कि मैं बिग क्रंच का उल्लेख न करूँ, क्योंकि इसका असर बाज़ार पर पड़ेगा, लेकिन बाज़ार गिर गए। इसलिए यह बात किसी तरह बाहर निकल आई। ब्रिटेन में लोग इस बात से चिंतित नहीं हैं कि ब्रह्मांड भविष्य में 20 अरब साल बाद समाप्त हो जाएगा। आप उसके पहले भरपूर खा सकते हैं, पी सकते हैं और खुशियाँ मना सकते हैं।

यदि ब्रह्मांड का घनत्व एक अहम मूल्य से नीचे है, तो आकाशगंगाओं को हमेशा उड़ने से रोकने के लिए गुरुत्वाकर्षण बल भी कम होगा। सभी

तारे जल जाएँगे और ब्रह्मांड खाली और खाली एवं ठंडे से ठंडा हो जाएगा। इसलिए चीज़ों का अंत होगा, लेकिन कम नाटकीय तरीक़े से। फिर भी अभी हमारे पास अरबों वर्ष हाथ में हैं।

इसके जवाब में मैंने हमारे ब्रह्मांड की उत्पत्ति, उसके भविष्य और उसकी प्रकृति के बारे में समझाने का प्रयत्न किया है। ब्रह्मांड पहले छोटा और घना था, इसलिए यह तो छिलका उतारने के समान था, जिससे मैंने शुरू किया है। इस छिलके के भीतर फल में यह भी छिपा है कि वास्तविक समय में क्या होता है। इसलिए हेमलेट सही था। वह कहता था कि हमें खोल में रखा जा सकता है, लेकिन हम स्वयं को अनंत अंतरिक्ष का राजा मानते हैं।

3

ब्रह्मांड में क्या कोई दूसरा बौद्धिक जीवन भी है?

मैं यह थोड़ा क़यास लगाना चाहता हूँ कि ब्रह्मांड में जीवन का विकास कैसे हुआ, ख़ासतौर पर बौद्धिक जीवन का विकास। मैं ख़ासतौर पर इसमें मानव जाति को शामिल करना चाहता हूँ, हालाँकि मानव जाति का बर्ताव पूरे इतिहास में बहुत अच्छा नहीं रहा है और तमाम प्रजातियों के अस्तित्व की सहायता के लिए उसने कुछ नहीं किया। मैं दो सवालों पर चर्चा करना चाहूँगा। पहला, ब्रह्मांड में अभी अन्य कहीं जीवन की क्या संभाव्यता है? और दूसरा, भविष्य में जीवन किस तरह से विकसित हो सकेगा?

यह सामान्य अनुभव का विषय है कि समय के साथ चीज़ें अपेक्षाकृत ज़्यादा अव्यवस्थित एवं अस्त-व्यस्त हो जाती हैं। इस दृष्टिकोण का भी एक सिद्धांत है, जिसे तथाकथित रूप से सेकंड लॉ ऑफ़ थर्मोडाइनैमिक्स कहते हैं। यह सिद्धांत बताता है कि ब्रह्मांड की समूची अव्यवस्था या एंट्रॉपी (उत्क्रम माप) समय के साथ बढ़ती चली जाती है, हालाँकि सिद्धांत केवल अव्यवस्था की मात्रा की बात करता है। किसी एक पदार्थ में व्यवस्था बढ़ सकती है, बशर्ते उसके आस-पास *अव्यवस्था* उससे कहीं ज़्यादा मात्रा में बढ़ी हो।

जीवों के साथ ऐसा ही होता है। हम जीवन को व्यवस्थित तंत्र के तौर पर परिभाषित कर सकते हैं, जो अव्यवस्था के ख़िलाफ़ निरंतर चलता रहता है और फिर अपना कुछ नया बना सकता है, यानी वह अपने ही जैसा एक

स्वतंत्र व्यवस्थित तंत्र बना सकता है। इन चीज़ों को करने के लिए तंत्र को ऊर्जा के व्यवस्थित स्वरूप, जैसे खाना, सूर्य का प्रकाश या फिर बिजली को अव्यवस्थित ऊर्जा में तब्दील करना होता है, जो ऊष्मा दे सके। इस प्रकार तंत्र सभी अव्यवस्थित चीज़ों की ज़रूरत को पूरा कर सकता है, जबकि इसी अवधि में वह ख़ुद के भीतर और उससे जुड़े परिणामों के भीतर व्यवस्था बढ़ाने की प्रक्रिया में रहता है। यह ठीक वैसे ही लग रहा है, जैसा कि किसी घर में पति-पत्नी रहते हैं और हर नया शिशु होने पर घर अस्त-व्यस्त हो जाता है।

आपके और मेरे जैसे जीवों के पास आमतौर पर दो तत्व रहते हैं, इसमें से एक तो कुछ निर्देश रहते हैं, जो बताते हैं कि तंत्र किस तरह से चलेगा और किस तरह से स्वयं को बढ़ाता रहेगा और दूसरा उसकी यांत्रिकी, जो निर्देशों को वहन करती है। जीवविज्ञान में ये दो अंग जीन्स और मेटाबोलिज़्म कहे जाते हैं, लेकिन यह उल्लेख करना उपयुक्त होगा कि इनका जैविक होना ज़रूरी नहीं। उदाहरण के लिए कंप्यूटर वायरस एक प्रोग्राम है, जो अपने आपको कॉपी करके बढ़ाता रहता है और अन्य कंप्यूटरों में उसे ट्रांसफर कर देता है। मैंने जीवों के तंत्र की जो परिभाषा दी है, उसमें यह सटीक लगता है। ठीक किसी जैविक वायरस के समान, यह कुछ सीमा तक उसका विखंडित स्वरूप है, क्योंकि इसमें केवल निर्देश या जीन्स हैं और स्वयं का मेटाबोलिज़्म नहीं है। इसकी बजाय वह होस्ट कंप्यूटर या कोशिकाओं के मेटाबोलिज़्म को रिप्रोग्राम करता है। कुछ लोगों ने सवाल किया कि क्या वायरस को जीव मानना चाहिए, क्योंकि ये परजीवी हैं और होस्ट में ये स्वतंत्र रूप से नहीं ठहर सकते, लेकिन जीवन के अन्य स्वरूप भी परजीवी हैं, जो अपने अस्तित्व के लिए जीवन के दूसरे स्वरूपों पर निर्भर करते हैं। इनमें हमारा जीवन भी शामिल है। मेरी राय में कंप्यूटर वायरस को जीवन का स्वरूप मानना चाहिए। शायद यह मानव प्रकृति के बारे में कुछ कहता है कि यही जीवन का एक स्वरूप है, जिसे हमने बनाया है, लेकिन वह पूरी तरह से विध्वंसक है। अपनी ही प्रतिछाया में एक और जीवन की रचना के बारे में सोचिए, मैं बाद में जीवन के इलेक्ट्रॉनिक स्वरूप पर बात करूँगा।

हम आमतौर पर 'जीवन' के बारे में सोचते हैं कि यह कार्बन एटम्स की चेन पर आधारित है, जिसमें कुछ अन्य परमाणु हैं, जैसे नाइट्रोजन और फ़ॉस्फ़ोरस। कोई भी यह अनुमान लगा सकता है कि कुछ अन्य रासायनिक आधारों पर जीवन हो सकता है, जैसे सिलिकॉन आदि, लेकिन अपने समृद्ध रसायन के कारण कार्बन ज़्यादा अनुकूल कारक दिखाई देता है। कार्बन परमाणु में जो तत्व होते हैं, उनके साथ वे तभी अस्तित्व में रह सकते हैं, जब फिजिकल कॉन्सटेन्ट्स जैसे क्यूसीडी स्केल, इलेक्ट्रिक चार्ज और यहाँ तक कि अंतरिक्ष-समय के आयाम का सही समायोजन हो। यदि इन कॉन्सटेन्ट्स की मात्राएँ भिन्न होंगी, तो कार्बन परमाणु का नाभिक स्थिर नहीं होगा या फिर नाभिक में ही इलेक्ट्रॉन्स टूट जाएँगे। पहली नज़र में देखने पर यह लगता है कि ब्रह्मांड का संयोजन बहुत सुंदरता से किया गया है। संभवतः यह साक्ष्य है कि ब्रह्मांड को विशेष रूप से मानव जाति की उत्पत्ति के लिए सजाया गया है, हालाँकि इस तरह के तर्क के प्रति सावधानी बरतनी चाहिए, क्योंकि एंथ्रोपिक सिद्धांत कहता है कि ब्रह्मांड के प्रति सिद्धांत हमारे अस्तित्व के अनुकूल होने चाहिए। यह अपने आप में ही साबित करता है कि यदि ब्रह्मांड जीवन के अनुकूल नहीं होता, तो हम यह नहीं कह रहे होते कि यह बेहद सुंदरता से संयोजित है। कोई भी या तो स्ट्रॉन्ग एंथ्रोपिक सिद्धांत या फिर वीक एंथ्रोपिक सिद्धांत को तर्क के रूप में पेश कर सकता है। स्ट्रॉन्ग एंथ्रोपिक सिद्धांत के लिए यह मानना होगा कि कई या अनेक ब्रह्मांड होंगे, जिसमें फिजिकल कॉन्सटेंट्स के भिन्न परिमाण या मात्राएँ होंगी। छोटी संख्या में इन मात्राओं में कार्बन परमाणु, जैसी चीज़ें होंगी, जो जीवन तंत्र के लिए बिल्डिंग ब्लॉक्स के रूप में काम करती हैं। चूँकि हम इन्हीं में से एक ब्रह्मांड में रहते हैं, तो हमें ब्रह्मांड के इतने सुव्यवस्थित होने पर अचरज नहीं करना चाहिए। यदि वह नहीं होते, तो हम नहीं होते। एंथ्रोपिक सिद्धांत के स्ट्रॉन्ग स्वरूप को संतोषप्रद नहीं माना जा सकता, क्योंकि अन्य ब्रह्मांडों के अस्तित्व या उनके संचालन के लिए कोई क्या तर्क या अर्थ बता सकता है? और यदि ये हमारे अपने ब्रह्मांड से अलग हैं, तो उनमें जो होता है, उससे हमारा ब्रह्मांड कैसे प्रभावित होगा? इसकी बजाय मैं वीक एंथ्रोपिक सिद्धांत को चुनना

पसंद करूँगा। इसमें मैं फिजिकल कॉन्सटेंट्स की मात्राएँ ले लूँगा, लेकिन मैं यह देखूँगा कि इस तथ्य से क्या निष्कर्ष निकाले जा सकते हैं कि ब्रह्मांड के इतिहास में इस स्थिति पर जीवन का अस्तित्व है।

जब 13.8 अरब साल पहले बिग बैंग में ब्रह्मांड की शुरुआत हुई, तो कोई कार्बन नहीं था। यह इतना गर्म था कि सारे पदार्थ प्रोटोन और न्यूट्रॉन जैसे पार्टिकलों के रूप में रहे होंगे। आरंभ में एक जितनी संख्या में ही प्रोटोन और न्यूट्रॉन रहे होंगे, हालाँकि जैसे ही ब्रह्मांड फैला होगा, यह ठंडा हुआ होगा। बिग बैंग की घटना के एक मिनट बाद तापमान घटकर एक अरब डिग्री हो गया होगा, यानी सूरज के तापमान से सौ गुना। इस तापमान पर न्यूट्रॉन विघटित होकर ज़्यादा प्रोटोन में तब्दील होना शुरू कर देते हैं।

यदि यही सब कुछ हुआ होता, तो ब्रह्मांड के सभी पदार्थ सामान्य तत्व हाइड्रोजन के रूप में आ गए होते, जिसके नाभिक में एक ही प्रोटोन रहता है, हालाँकि कुछ न्यूट्रॉन प्रोटोन से टकराए और एक दूसरे से चिपक कर अगला सामान्य साधारण तत्व हीलियम बनाया, जिसके नाभिक में दो प्रोटोन और दो न्यूट्रॉन होते हैं, लेकिन कोई भी भारी तत्व जैसे कार्बन या ऑक्सीजन ब्रह्मांड के आरंभ में नहीं बने होंगे। यह कल्पना करना भी कठिन है कि कोई भी हाइड्रोजन और हीलियम के दम पर जीवित चीज़ें बना सकता है। कुल मिलाकर, ब्रह्मांड आरंभ में बहुत दूर और इतना गर्म था कि परमाणु एक होकर अणु नहीं बना सकते थे।

ब्रह्मांड लगातार फैलता गया और ठंडा होता चला गया, लेकिन कुछ इलाक़ों में दूसरों की तुलना में अधिक घनत्व और गुरुत्व बल के कारण उन इलाक़ों के पदार्थों ने इसके फैलाव को धीमा कर दिया और धीरे-धीरे यह रुक गया। इसकी बजाय वे बिग बैंग की घटना के दो अरब वर्ष बाद आकाशगंगाएँ और तारे बनाने के लिए टूटे। पहले के कुछ तारे हमारे सूर्य के मुक़ाबले ज़्यादा शक्तिशाली अथवा महाकाय रहे होंगे। वे सूरज से अधिक गर्म रहे होंगे और उन्होंने वास्तविक हाइड्रोजन और हीलियम को जला दिया होगा, जिससे अन्य भारी तत्व जैसे कार्बन, ऑक्सीजन और लोहा बने। यह कुछ सैकड़ों

लाख वर्षों में ही हुआ होगा। इसके बाद कुछ तारे फटकर सुपरनोव (तारे जब फटते हैं, तो इसमें असीमित प्रकाश उठता है, इस प्रक्रिया को सुपरनोवा कहते हैं) में तब्दील हुए और भारी तत्वों को फिर अंतरिक्ष में फैला दिया, ताकि वे बाद की पीढ़ी के तारों के लिए कच्ची सामग्रियाँ बना सकें।

दूसरे तारे हमसे इतनी दूर हैं कि हम देख भी नहीं सकते कि क्या उनके आस-पास कुछ ग्रह हैं, जो उनके चारों ओर चक्कर लगा रहे हैं, हालाँकि ऐसी दो तकनीक हैं, जो हमें यह पता लगाने में मदद करती हैं कि तारों के पास कितने ग्रह हैं। पहली तो यह कि तारों को देखा जाता है कि उसमें से जो प्रकाश आ रहा है, वह निरंतर है या नहीं। यदि कोई ग्रह तारे के सामने आ रहा है, तो उसका प्रकाश धुँधला हो जाता है। यदि यह नियमित रूप से होता है, तो इसके मायने हैं कि ग्रह की कक्षा बार-बार तारे के सामने आ जाती है। दूसरी तकनीक तारे की अवस्थिति को सटीक रूप से मापने की है। यदि कोई ग्रह तारे के चक्कर लगा रहा है, तो यह तारे की अवस्थिति में हल्का सा कंपन करने लगेगा। इसे देखा जा सकता है और यदि कंपन बार-बार होता है, तो अनुमानित तौर पर माना जाता है कि यह तारे की कक्षा में किसी ग्रह के कारण हो रहा है। इन तरीक़ों को बीस वर्ष पहले अपनाया जाता था और अब तक दूर के तारों की कक्षा में घूम रहे हज़ारों ग्रहों का पता लगाया जा चुका है। यह अनुमान है कि हर पाँच में से एक तारे में पृथ्वी के समान ग्रह हैं, जो तारे से एक तय दूरी पर कक्षा में घूम रहे हैं। हमारा सौर तंत्र साढ़े चार अरब वर्ष पूर्व बना है, या फिर बिग बैंग की घटना के 9 अरब वर्ष बाद यह बना। यह पूर्व के तारों के अवशेष से निकली दूषित गैस से बना है। पृथ्वी भारी तत्वों से बनी है, जिसमें कार्बन और ऑक्सीजन हैं। किसी तरह इसमें से कुछ परमाणु डीएनए के अणु के स्वरूप में संयोजित हो गए। यह प्रसिद्ध वैज्ञानिक फ्रांसिस क्रिक और जेम्स वॉटसन ने 1950 के दशक में खोजा था, जिसे डबल हेलिक्स कहते हैं। कैम्ब्रिज स्थित न्यू म्यूज़ियम स्थल की एक झोपड़ी में इसकी खोज की गई। हेलिक्स में दो चेनों को मिलाने से न्यूक्लिक एसिड की जोड़ियाँ बनती हैं।

चार तरह के न्यूक्लिक एसिड्स होते हैं – एडेनाइन, साइटोसाइन, गुएनाइन और थाइमिन। एक चेन में एडेनाइन का मेल हमेशा थाइमिन से होता है और गुएनाइन का साइटोसाइन से। अतः किसी एक चेन में न्यूक्लिक एसिड का सिलसिला, एकदम अनोखा होता है, जो दूसरी चेन का पूरक होता है। दो चेन तब अलग हो सकती हैं और प्रत्येक इस तरह से कार्य करती है, ताकि अन्य चेन बनाई जा सकें। इस तरह डीएनए अणु से जनेटिक सूचना को फिर प्राप्त अथवा पैदा किया जा सकता है, जो उनके न्यूक्लिक एसिड्स के क्रम में (सीक्वेंस) कूटबद्ध होती है। इसी सीक्वेंस के खंडों को प्रोटीन और अन्य केमिकल बनाने में प्रयोग किया जा सकता है, जिसमें निर्देश होते हैं, जिसकी कोडिंग सीक्वेंस में होती है। साथ ही डीएनए के लिए कच्ची सामग्री मिलती है, ताकि वह फिर से ख़ुद को बना सके।

जैसा कि मैंने पहले कहा था कि हम नहीं जानते किस तरह से डीएनए अणु सबसे पहले दिखाई दिए। डीएनए अणु के बेतरतीब या बिना क्रम के उभरने की संभावनाएँ बहुत ही कम हैं। कतिपय लोगों का मानना है कि पृथ्वी पर जीवन कहीं अन्य से आया। उदाहरण के लिए मंगल की चट्टानों से गिरते टुकड़ों पर जीवन यहाँ आया, जबकि ग्रह अस्थिर थे और आकाशगंगा के पास घूम रहे ग्रहों में जीवन के बीज मौजूद थे, हालाँकि यह असंभव लगता है कि अंतरिक्ष में विकिरण के बीच डीएनए लंबे समय तक अस्तित्व में रहे होंगे।

यदि किसी ग्रह पर जीवन के आसार बेहद असंभव होते हैं, तो कोई भी यह उम्मीद कर सकता है कि इसमें लंबा समय लगेगा। ज़्यादा सटीक तो यह है कि कोई भी यही क्यास लगाएगा कि जीवन बहुत ही देर से शुरू होगा। सूर्य के धरती को ढक लेने से पहले हम जैसे बुद्धि वाले जीवों का विकास हो जाएगा। जिस समय अवधि में यह घटित हो सकता है, वह सूर्य की जीवनावधि होती है, जो क़रीब दस अरब वर्ष होती है। इस अवधि में जीवन का बौद्धिक स्वरूप अंतरिक्ष यात्रा में महारत हासिल कर सकता है, ताकि वह किसी दूसरे तारे पर बच कर भाग सके। यदि बचने का कोई रास्ता नहीं है, तो धरती पर विनाश तय है।

ब्रह्मांड में क्या कोई दूसरा बौद्धिक जीवन भी है?

जीवाश्म साक्ष्य बताते हैं कि पृथ्वी पर साढ़े तीन अरब वर्ष पहले जीवन था। पृथ्वी के बनने के 50 करोड़ वर्षों बाद ही यह हुआ होगा। जब पृथ्वी स्थिर और इतनी ठंडी हो गई होगी कि जीवन विकसित हो सके, तभी यह हुआ होगा, लेकिन ब्रह्मांड में जीवन को पनपने में सात अरब वर्ष लगे होंगे। और जीवन की शुरुआत के बारे में पूछने वाले हम जैसे लोगों के विकसित होने में और समय लगेगा। यदि किसी ग्रह पर जीवन के विकास की संभावना बहुत कम है, तो यह पृथ्वी पर कैसे विकसित हुआ और वह भी उपलब्ध अवधि के 1/14वें भाग में?

पृथ्वी पर जीवन के जल्द शुरू होने से लगता है कि अनुकूल स्थितियों में जीवन का उद्भव स्वाभाविक ढंग से होता है। हो सकता है कि किसी सरल प्रारूप से डीएनए बना हो। एक बार डीएनए बन जाने के बाद वह इतना सफल रहा हो कि उसने अपने पुराने स्वरूप को पूरी तरह से बदल दिया। हम नहीं जानते कि ये आरंभिक स्वरूप क्या थे, लेकिन एक संभावना है, आरएनए की।

आरएनए, डीएनए जैसा ही होता है, लेकिन यह ज़्यादा सरल होता है और डबल-हेलिक्स संरचना इसमें नहीं होती है। आरएनए की कम लंबाइयाँ अपने आप को डीएनए की तरह प्रजनित कर सकती हैं और धीरे-धीरे डीएनए बन सकती हैं। हम प्रयोगशाला में निर्जीव पदार्थों से न्यूक्लिक एसिड्स नहीं बना सकते। आरएनए की तो बात ही छोड़ दीजिए, लेकिन 50 करोड़ वर्ष पूर्व, जब सागरों ने पृथ्वी का अधिकांश भाग घेरा हुआ था, तब संयोग से आरएनए बनने के आसार लगते हैं।

डीएनए ने जब स्वयं की फिर उत्पत्ति की होगी, तो उसमें कुछ क्रम रहित त्रुटियाँ रही होंगी। इसमें से कई नुक़सानदायक रही होंगी और कुछ ख़त्म हो गई होंगी। कुछ डीएनए निष्क्रिय या उदासीन रहे होंगे और इन्होंने जीन की कार्यप्रणाली को प्रभावित नहीं किया होगा। जहाँ तक कुछ त्रुटियों की बात है, तो ये कुछ प्रजातियों के जीवित रहने के लिए अनुकूल रही होंगी। इन्हें डार्विनियन नेचुरल सिलेक्शन ने चुना होगा।

शुरू में जैविक विकास की प्रक्रिया बहुत ही धीमी थी। प्रारंभिक कोशिकाओं के बहु-कोशिकाओं वाले जीवों के रूप में विकसित होने में क़रीब ढाई अरब वर्ष लगे होंगे, लेकिन इसमें से कुछ को मछली के रूप में विकसित होने में अगले एक अरब वर्ष से कम का समय लगा और कुछ मछलियाँ स्तनधारी जीवों में तब्दील हो गईं। विकास इसके बाद तेज़ी से हुआ होगा। इसके बाद क़रीब 10 करोड़ वर्षों में प्रारंभिक स्तनधारी जीवों से हम जैसे मनुष्य बने होंगे। इसका कारण यह है कि प्रारंभिक स्तनधारियों के पास हमारे जैसे अनिवार्य अंग पहले से ही थे। प्रारंभिक स्तनधारियों के मानव के रूप में विकसित होने के लिए सिर्फ़ यह ज़रूरी था कि उनका स्वरूप परिष्कृत हो।

लेकिन मानव जाति का विकास निर्णायक स्थिति में आ चुका था, जो तुलनात्मक रूप से डीएनए के विकास के बराबर अहम था। यह भाषा का विकास था, ख़ासतौर पर लिखी जाने वाली भाषा। इसका मतलब था कि वंशानुगत डीएनए के अलावा भी सूचना को पीढ़ी दर पीढ़ी आगे भेजा जा सकता था। दस हज़ार वर्षों के इतिहास में मनुष्य के डीएनए में कुछ बदलाव भी आया, जो जैविक विकास के कारण संभव हुआ, लेकिन पीढ़ी दर पीढ़ी जो ज्ञान प्रदान किया गया, वह तीव्रता से बढ़ता चला गया। मैंने अपने लंबे कॅरियर में बतौर एक वैज्ञानिक ब्रह्मांड के बारे में जो कुछ भी जाना, उसका थोड़ा अंश आप लोगों को बताने के लिए किताबें लिखीं और इस तरह से मैं ज्ञान को अपने दिमाग़ से पन्नों पर उतारता रहा हूँ, ताकि आप उसे पढ़ सकें।

एक मनुष्य के अंडाणु या वीर्य में मौजूद डीएनए में 3 अरब जोड़ी न्यूक्लिक एसिड्स होते हैं, हालाँकि इसमें से जारी होने वाली अधिकांश सूचनाएँ व्यर्थ या निष्क्रिय होती हैं। इसलिए हमारे जीन्स में जो उपयोगी सूचनाएँ होती हैं, वे एक हज़ार लाख बिट्स के बराबर होती हैं। सूचना का एक अंश किसी सवाल के हाँ या न के बराबर होता है। इसके उलट देखें तो एक पेपरबैक नॉवेल में बीस लाख से अधिक सूचना के अंश हो सकते हैं। इसलिए एक मानव *हैरी पॉटर* की 50 पुस्तक के बराबर हो सकता है। कोई बड़ी राष्ट्रीय लाइब्रेरी, जिसमें 50 लाख पुस्तकें होंगी, उसमें दस ट्रिलियन

बिट्स जितनी सूचनाएँ होंगी। पुस्तकों में जो जितनी मात्रा में जानकारी दी हुई है या इंटरनेट से ली गई हो, वह डीएनए के मुक़ाबले 1,00,000 गुना अधिक होती है।

ज़्यादा अहम बात यह है कि पुस्तकों में जो जानकारियाँ होती हैं, वे बदली जा सकती हैं या तेज़ी से अपडेट होती है। वानरों की प्राचीन अवस्था से विकसित होने में हमें कई लाख वर्ष लगे हैं, लेकिन इसी अवधि में हमारे डीएनए संभवतः कुछ लाख बिट्स ही बदल पाए हैं। इसलिए मानव में जैविक विकास की दर एक बिट हर वर्ष की है। इसके विपरीत हर वर्ष अँग्रेज़ी की 50,000 पुस्तकें छपती हैं, जो सूचनाओं के सौ अरब बिट्स समेटे होती हैं। यह सही है कि इसमें से अधिकांश सूचनाएँ बेकार होती हैं, उनका जीवन के किसी भी रूप से कोई लेना-देना नहीं होता है। इसके बावजूद कौन सी उपयोगी सूचनाएँ काम की हैं, वे अरबों नहीं, तो लाखों हो सकती हैं, जो डीएनए से ज़्यादा होती हैं।

इसके मायने ये हैं कि हम विकास के नए दौर में प्रवेश कर चुके हैं। पहले क्रमरहित बदलाव से प्राकृतिक चयन के आधार पर विकास हुआ। डार्विनियन का यह चरण साढ़े तीन अरब वर्ष चलता रहा और इससे हम निर्मित हुए, ऐसे लोग, जिन्होंने भाषा का विकास सूचनाओं के आदान-प्रदान के लिए किया, लेकिन पिछले 10,000 वर्ष में हम बाह्य प्रसार की अवस्था में हैं। इसमें सूचनाओं के *आंतरिक* रिकॉर्ड, जिसे हम डीएनए में आने वाली पीढ़ी को देते चले गए, उसमें कुछ बदलाव आया है, लेकिन *बाह्य* रिकॉर्ड-जो पुस्तकों और भंडारण के अन्य स्थायी स्वरूपों में है, वह तेज़ी से बढ़ा है।

कुछ लोग 'विकास' शब्द का इस्तेमाल केवल भीतरी अनुवांशिक सामग्री के प्रसार के लिए ही करेंगे और बाहरी रिकॉर्ड जैसे पुस्तक आदि में इसे लागू करने पर आपत्ति कर सकते हैं, परंतु मेरा मानना है कि यह बहुत ही संकीर्ण सोच होगी। हम अपने जीन्स से कहीं अधिक हैं। भले ही हम गुफा में रहे अपने आदिमानव पूर्वजों से ज़्यादा मज़बूत या अंतनिर्हित रूप से ज़्यादा बुद्धिमान तो नहीं हैं, लेकिन उनसे हमें अलग करता है ज्ञान, जिसे हमने

यदि पृथ्वी के अलावा भी कहीं पर बौद्धिक
जीवन है, तो क्या वह हमारे जैसा ही होगा
या फिर कुछ अलग होगा?

क्या पृथ्वी पर कोई बौद्धिक जीवन है ?
लेकिन वास्तव में यदि कहीं और ऐसा जीवन है, तो वह
बहुत ही दूर होगा, अन्यथा वह
अभी तक पृथ्वी पर आ चुका होता। मेरा मानना है कि
यदि हमारे पास कोई आया होता,
तो हमें पता चलता। मुझे लगता है कि
यह फ़िल्म 'इंडिपेंडेंस डे' की
तरह होगा।

पिछले 10,000 वर्षों में प्राप्त किया है और ख़ासतौर पर पिछले 300 वर्ष में। मेरा मानना है कि डीएनए के साथ बाह्य सूचनाओं को भी मानव के विकास में शामिल करना व्यापक नज़रिया होगा।

बाह्य प्रसार के विकास में लगने वाला समय सूचनाओं के संग्रह में लगने वाले समय के बराबर होता है। यह पहले सैकड़ों और हज़ारों वर्ष रहा करता था, लेकिन अब यह अवधि घट कर 50 वर्ष या और कम रह गई है। दूसरी ओर जिस दिमाग़ से हम सूचनाओं को प्रोसेस कर पाते हैं, वह डार्विनियन की काल अवधि में विकसित हुआ है, जो लाखों वर्ष चली। यहीं से समस्याओं की शुरुआत हुई। बताया जाता है कि 18वीं सदी में एक व्यक्ति हुआ था, जिसने हर लिखित पुस्तक को पढ़ा था, लेकिन आज यदि कोई व्यक्ति एक पुस्तक भी प्रतिदिन पढ़ता है, तो कई हज़ार वर्ष उसे नैशनल लाइब्रेरी में रखी पुस्तकों को पढ़ने में लग जाएँगे। और तब तक कुछ और नई पुस्तकें लिख गई होंगी।

इसका अर्थ यह हुआ कि कोई भी व्यक्ति मानवीय ज्ञान के एक छोटे से हिस्से से ज़्यादा की महारत हासिल नहीं कर सकता। लोगों को अभी बहुत सारी छोटी-छोटी चीज़ों और क्षेत्रों में विशेषज्ञता हासिल करनी होगी। भविष्य में भी यह सबसे बड़ी बाधा होगी। निश्चित तौर पर 300 वर्ष में ज्ञान प्राप्ति के विकास की जो दर रही है, उसको हम बनाए नहीं रख सकते। भविष्य की पीढ़ियों के लिए और अधिक बाधाएँ, सीमाबंधन और जोखिम रहेंगे, क्योंकि आज भी हमारी प्रकृति या सहजज्ञान और आक्रोश गुफा में रहने वाले आदिमानव की तरह हैं। अन्य लोगों को गुलाम बना लेने या उनकी हत्याएँ कर देने, उनकी महिलाओं और खाने को छीन लेने के रूप में आक्रामकता आज तक अस्तित्व लाभ के तौर पर हमारे साथ रही है, लेकिन अब यह पूरी मानव जाति और पृथ्वी पर जीवन को नष्ट कर सकती है। परमाणु युद्ध अपने आप में सबसे बड़ा तात्कालिक ख़तरा है, लेकिन कुछ अन्य जैसे जनेटिकली इंजीनियर्ड वायरस भी हैं, या फिर ग्रीनहाउस का प्रभाव, जो अस्थिर हो चला है।

हम ज़्यादा बुद्धिमान या बेहतर स्वभाव के हो सकें, इसके लिए डार्विनियन विकास के लिए रुकने का समय नहीं है। अब हम स्वयं द्वारा डिज़ाइन किए गए विकास के नए दौर की ओर बढ़ चले हैं, जिसमें हम डीएनए में बदलाव और सुधार करने में सक्षम हो सकेंगे। अब हमने डीएनए को मैप कर लिया है, जिसका अर्थ है कि हमने 'जीवन की पुस्तक' पढ़ ली है। इसलिए हम उसमें सुधार करना शुरू कर सकते हैं। पहले ये परिवर्तन हमारी अनुवांशिक ख़ामियों को दूर करेंगे - जैसे सिस्टिक फ़ाइब्रोसिस और मस्कुलर डिस्ट्रॉफी, जो किसी एक जीन्स द्वारा नियंत्रित होती हैं। इनका पता लगाना बहुत आसान है और इनमें सुधार भी कर सकते हैं। अन्य गुणों, जैसे बुद्धिमत्ता को संभवतः कई जीन्स नियंत्रित करते हैं और इसे ढूँढना भी बहुत मुश्किल है, साथ ही इनके बीच में जो संबंध है, उसे निकालना भी जटिल है, फिर भी मुझे पक्का विश्वास है कि इस सदी में लोग यह पता लगा लेंगे कि बुद्धिमत्ता और आक्रामक प्रवृत्ति को किस तरह से सुधारा जाए।

मानवों द्वारा जनेटिक इंजीनियरिंग के ख़िलाफ़ भी कानून बनाए जा सकते हैं, लेकिन फिर भी कुछ लोग मानवीय गुणों को बदलने में अपनी रुचि को रोक नहीं सकते हैं। इसमें वे स्मृति का आकार बढ़ा सकते हैं, बीमारियों को रोक सकते हैं और जीवनकाल बढ़ा सकते हैं। एक बार इस तरह का सुपरमानव बन जाए, तो जिन लोगों में यह सुधार नहीं हुआ होगा, उनके साथ बहुत राजनीतिक समस्याएँ हो सकती हैं, क्योंकि वे उस सुपरमानव से प्रतिस्पर्धा नहीं कर सकेंगे। या तो वे मर जाएँगे या फिर महत्त्वहीन हो जाएँगे। इसकी बजाय ख़ुद को डिज़ाइन करने वाली नस्ल में हमेशा होड़ रहेगी, जो ख़ुद को सुधारते जा रहे हैं और वह भी बहुत तेज़ गति से।

यदि मानव जाति ख़ुद को फिर डिज़ाइन करने में सफल हो जाती है, ताकि स्वयं के विनाश का जोखिम कम या ख़त्म हो सके, तो मानव जाति तेज़ी से फैलेगी। यह अन्य ग्रहों और तारों पर भी उपनिवेश बना सकती है, हालाँकि लंबी दूरी तक अंतरिक्ष यात्रा पर जाना रसायन आधारित जीवन स्वरूपों के लिए मुश्किल होगा - जैसे हम, जो डीएनए पर आधारित हैं,

क्योंकि इस तरह के जीवों का जीवनकाल सुदूर अंतरिक्ष तक जाने के यात्रा समय की तुलना में कम होता है। रिलेटिविटी के सिद्धांत के अनुसार प्रकाश से ज़्यादा तीव्र गति से कोई भी यात्रा नहीं कर सकता। इसलिए सबसे निकट के तारे तक आने-जाने में हमें आठ वर्ष लग सकते हैं और आकाशगंगा के मध्य तक पहुँचने में 50,000 वर्ष लग सकते हैं। विज्ञान की काल्पनिक कथाओं में अंतरिक्ष को विकृत करके और अतिरिक्त गति से यात्रा करने के जरिए इस समस्या का हल प्रदर्शित किया जाता है। मैं नहीं समझता कि इस तरह की कोई संभावना होगी। चाहे जीव कितना बुद्धिमान हो चुका हो, इससे अंतर नहीं पड़ता। रिलेटिविटी के सिद्धांत में कहा गया है कि यदि कोई प्रकाश से भी तीव्र गति से जा सकता है, तो वह समय में पीछे भी चल सकता है और यह समस्या खड़ी कर सकता है, क्योंकि लोग अपनी पिछली ज़िंदगी में जा सकते हैं और अपना भूतकाल बदल सकते हैं। कोई यह भी आशा कर सकता है कि वह भविष्य के बहुत सारे पर्यटक देखे, जो हमारी निराली और पुरातनपंथी तरीक़े से जीवन जीने की शैली को देखने के जिज्ञासु हों।

यह भी संभव हो सकता है कि लोग जनेटिक इंजीनियरिंग के जरिए डीएनए का गठन इस तरह से करें कि वे अनिश्चितकाल तक जीते रहें अथवा कम से कम 1,00,000 वर्ष तक, लेकिन जो आसान तरीक़ा अभी भी हमारी क्षमता में है, वह वहाँ पर मशीनों को भेजने का है। इन्हें ऐसा डिज़ाइन किया जा सकता है कि वे तारों के बीच यात्रा कर सकें। जब वे किसी नए तारे पर पहुँचें तो वे एक अनुकूल ग्रह पर उतर सकें। वहाँ पदार्थ का खनन करके अन्य मशीनें बना सकें, जिन्हें कुछ और तारों तक भेजा जा सके। ये मशीनें जीवन का नया स्वरूप होंगी, जो मेक्रोमॉलिक्यूल की बजाय मैकेनिकल या इलेक्ट्रॉनिक कंपोनेंट्स पर आधारित होंगी। ये डीएनए आधारित जीवन को धीरे-धीरे बदल सकेंगी, ठीक वैसे ही जैसे डीएनए ने जीवन के पूर्व स्वरूप को बदल दिया होगा।

इस बात की क्या संभावनाएँ हैं कि हम किसी आकाशगंगा की तलाश में जाएँगे, तो हमारा सामना जीवन के किसी एलियन स्वरूप से होगा? यदि पृथ्वी पर जीवन के शुरू होने की कालगणना का तर्क सही है, तो कई अन्य तारों के ग्रहों पर भी जीवन हो सकते हैं। इसमें से तो कुछ तारे पृथ्वी के बनने से पाँच अरब वर्ष पूर्व बने होंगे, तो फिर आकाशगंगा खुद के बनाए जीवन के यांत्रिक और जैविक स्वरूपों से भरी क्यों नहीं है? किसी ने अभी तक पृथ्वी का दौरा क्यों नहीं किया या कहीं और उपनिवेश क्यों नहीं बनाया? मैं इन सुझावों को नहीं मानता, जो कहते हैं कि यूएफ़ओ में बाहरी अंतरिक्ष में कुछ लोग होते हैं। जैसा कि मेरा सोचना है कि एलियन्स द्वारा कहीं की यात्रा बहुत स्पष्ट होगी और संभवतः कहीं ज़्यादा अप्रिय भी।

तो फिर कोई हम तक क्यों नहीं आया? हो सकता है कि वहाँ जीवन स्वाभाविक रूप से उभरने की संभावना इतनी कम हो कि पृथ्वी ही आकाशगंगा या अवलोकन योग्य ब्रह्मांड का एकमात्र ग्रह हो, जहाँ पर जीवन है। एक और संभावना यह भी है कि पहले कभी स्वयं को प्रजनित या पैदा करने का तंत्र हो, जैसे कोशिकाएँ आदि, लेकिन जीवन के इन तमाम स्वरूपों में बौद्धिकता विकसित नहीं हुई हो। हम यह सोचने के आदी हो चुके हैं कि बौद्धिक जीवन विकास का अनिवार्य परिणाम है, लेकिन यदि यह नहीं होगा, तो क्या होगा? एंथ्रोपिक सिद्धांत हमें इस तरह के तर्कों के प्रति सचेत करता है। यह बहुत अधिक संभव है कि विकास एक क्रमरहित प्रक्रिया हो, जिसमें बौद्धिकता बड़ी संख्या में संभावित परिणामों में से मात्र एक परिणाम हो।

यह स्पष्ट नहीं है कि बौद्धिकता में लंबे समय तक अस्तित्व में बने रहने का गुण होता है या नहीं। बैक्टीरिया या अन्य एक कोशिका वाले जीव पृथ्वी पर बने रह सकते हैं, भले ही पृथ्वी पर अन्य जीवन समाप्त हो जाए। विकास के क्रम को देखें, तो कदाचित लगता है कि बौद्धिकता पृथ्वी पर जीवन का एक असंभव विकास थी। बौद्धिक जीवन के लिए अनिवार्यता एक कोशिका से बहुकोशिकाओं वाले जीवों तक विकास की है और इस तरह जीव

को बनने में ढाई अरब वर्ष लग गए। सूर्य के विस्फोट से पहले जो कुल उपलब्ध समय है, यह उसका एक अच्छा ख़ासा अंश है। इसलिए यह उस परिकल्पना के अनुरूप है कि जीवन में बौद्धिकता को विकसित करने की संभाव्यता कम है। इस स्थिति में हम आकाशगंगा में जीवन के अन्य स्वरूपों की आशा तो कर सकते हैं, लेकिन इस बात की संभावना नहीं है कि हम बौद्धिक जीवन ढूँढ पाएँगे।

एक अन्य संभावना भी होती है, जिसमें जीवन बौद्धिकता के स्तर तक विकसित होने में विफल रहता है। यह तब होता है, जब कोई क्षुद्रग्रह या पुच्छल तारा किसी ग्रह से टकराता है। 1994 में हमने पुच्छल तारे शूमैकर-लेवी का जूपिटर से टकराव देखा था। तब श्रृंखलाबद्ध तरह से आग के विशालकाय गोले निकले थे। यह माना जाता है कि 6 करोड़ 60 लाख वर्ष पूर्व कोई छोटी चीज़ पृथ्वी से टकराई होगी, तभी डायनासोर लुप्त हुए होंगे। कुछ बहुत छोटे प्रारंभिक स्तनधारी जीव रह गए होंगे, लेकिन मानव के समान कुछ भी जो बड़ा था, वह समाप्त हो गया होगा। यह कहना कठिन है कि ये टकराव कितनी बार होते हैं, लेकिन अनुमान है कि औसतन हर 2 करोड़ वर्ष में ऐसा होता है। यदि यह आँकड़ा दुरुस्त है, तो इसका अर्थ यह है कि पृथ्वी पर बौद्धिक जीवन संयोग से ही विकसित हुआ है, क्योंकि पिछले 6 करोड़ 60 लाख वर्ष में ऐसा कोई बड़ा टकराव नहीं हुआ है। आकाशगंगा में अन्य ग्रहों में जहाँ जीवन का विकास हुआ है, वहाँ हो सकता है कि टकराव मुक्त की अवधि इतनी लंबी नहीं रही हो कि बौद्धिक जीवों का विकास हो सके।

तीसरी संभावना यह होती है कि जीवन के अस्तित्व में आने और उसके बौद्धिक जीवों के रूप में विकसित होने की पर्याप्त संभाव्यता रहती है, लेकिन पूरा तंत्र गड़बड़ा जाता है और बौद्धिक जीवन खुद को ही नष्ट कर लेता है। यह बहुत अधिक निराशा वाला निष्कर्ष होगा, लेकिन मैं उम्मीद करता हूँ कि यही सच नहीं है।

मैं चौथी संभावना को प्राथमिकता देता हूँ : बौद्धिक जीवन के अन्य स्वरूप भी होंगे, लेकिन हमने उन पर ध्यान ही नहीं दिया। 2015 में 'ब्रेक्थ्रू

लिसन इनिशियेटिव्ज़' के लांच में मैं शामिल हुआ था। ब्रैक्थ्रू लिसन में रेडियो तरंगों के जरिए ढूँढते हैं कि किसी अन्य ग्रह पर बौद्धिक जीवन तो नहीं है। इसमें अत्याधुनिक सुविधाएँ हैं और रेडियो टेलिस्कोप अवधि पर हज़ारों घंटे काम कर सकते हैं। पृथ्वी से अलग भी कहीं सभ्यता है, यह पता लगाने के लिए यह अब तक का सबसे बड़ा वैज्ञानिक शोध प्रोग्राम है। ब्रैक्थ्रू मैसेज एक अंतरराष्ट्रीय स्पर्धा है, जिसमें ऐसे मैसेज बनाए जाते हैं, जो उन्नत सभ्यता द्वारा पढ़े जा सकें, लेकिन जब तक हम इसे और विकसित नहीं कर लेते, तब तक इस मामले में प्रति उत्तर के प्रति हमें सावधान रहने की ज़रूरत है। वर्तमान हालात में ज़्यादा उन्नत सभ्यता से मिलना ऐसा लगता है, मानो अमेरिका की मूल आबादी कोलंबस से मिल रही हो – और मैं नहीं मानता कि उन्होंने ऐसा सोचा होगा कि वे इसके लिए बेहतर स्थिति में हैं।

4

क्या हम भविष्य का पूर्वानुमान लगा सकते हैं?

ऐसा लगता है कि प्राचीनकाल में दुनिया बहुत ही अनियंत्रित रही होगी। बाढ़, प्लेग, भूकंप और ज्वालामुखी जैसी आपदाएँ बिना किसी चेतावनी या विशेष कारण से आती होंगी। आदिम लोग इन प्राकृतिक घटनाओं को देवताओं और देवियों का प्रकोप और श्राप मानते थे, जो उनके अनुसार ऐसा स्वेच्छाचारी और सनकी व्यवहार करते थे। वे क्या करेंगे, इसका अनुमान लगाने का कोई तरीक़ा ही नहीं था। उनकी कृपा पाने का एक ही तरीक़ा था कि देवी-देवताओं के समक्ष उपहार चढ़ाएँ या उनके अनुरूप आचरण करें। अभी भी अनेक लोग आंशिक रूप से इस तरह के विश्वास पाले हैं और क़िस्मत के साथ सौदेबाज़ी करते रहते हैं। किसी कोर्स में उन्हें ए-ग्रेड मिल जाए या वे ड्राइविंग टेस्ट में पास हो जाएँ, इसके लिए वे बेहतर बर्ताव करने या ज़्यादा दयालु बनने की पेशकश करते हैं।

हालाँकि धीरे-धीरे लोगों ने प्रकृति के बर्ताव की नियमितताओं को देखा होगा। ये नियमितताएँ आकाश में खगोलीय पिंडों की हलचल में सबसे स्पष्ट दिखाई देती थीं। इसलिए खगोलशास्त्र सबसे पहला विज्ञान था, जो विकसित हुआ। क़रीब 300 वर्ष पूर्व न्यूटन द्वारा दिए गए एक गणितीय उपाय से इसे ठोस आधार मिला। आज भी हम आकाशीय चीज़ों की हलचल के लिए गुरुत्वाकर्षण के नियम को ही उपयोग में लाते हैं। खगोलशास्त्र के

उदाहरणों के अनुकरण में पाया गया कि अन्य प्राकृतिक घटनाएँ भी एक निश्चित वैज्ञानिक सिद्धांत का पालन करती हैं। इससे वैज्ञानिक निर्धारणवाद के विचार को आधार मिला। सबसे पहले फ्रांस के वैज्ञानिक पियरे-सिमोन लैप्लस ने सार्वजनिक रूप से इसे ज़ाहिर किया। मैं लैप्लस के वास्तविक शब्द आपको बताना चाहता हूँ, लेकिन लैप्लस अपने कथन में प्राउस्ट (फ्रांसीसी उपन्यासकार) की तरह थे। उन्होंने लंबी और जटिल बात कही थी, जिसे मैं संक्षिप्त में समझाने का प्रयत्न कर रहा हूँ। उन्होंने जो कहा था, वह इस तरह था – "यदि एक कालखंड में हम ब्रह्मांड के सभी पार्टिकलों की स्थिति और गति जान सकते हैं, तो फिर हम किसी भी अवधि में यानी भविष्य और भूत दोनों में इनकी गणना करके इनके बर्ताव को समझ सकते हैं।" यहाँ एक शंकास्पद कहानी है कि जब लैप्लस से नेपोलियन ने पूछा था कि इस तंत्र में ईश्वर किस तरह से उपयुक्त है? लैप्लस ने जवाब दिया, "सर, मुझे उस परिकल्पना की ज़रूरत नहीं है।" मैं नहीं समझता कि लैप्लस ने यह दावा किया होगा कि ईश्वर नहीं है। इसका आशय यह था कि ईश्वर विज्ञान के नियमों में हस्तक्षेप नहीं करता। हर वैज्ञानिक को इसी तरह बात करनी चाहिए। कोई वैज्ञानिक सिद्धांत सिर्फ़ तभी वैज्ञानिक सिद्धांत नहीं हो सकता, जब अलौकिक शक्ति तय करे कि चीज़ें संचालित होती रहें और वह उसमें दखल न दे।

कहने का आशय यह है कि ब्रह्मांड की किसी एक समय की अवस्था उसकी सभी अन्य काल अवधियों की अवस्था को तय करती है। लैप्लस के समय से ही यह हमेशा विज्ञान का केंद्रीय तत्व रहा है। यह कहता है कि हम कम से कम सैद्धांतिक रूप से भविष्यवाणी कर सकते हैं। भले ही व्यवहार में भविष्य का अनुमान लगाने की हमारी सामर्थ्य जटिल समीकरणों के कारण कम है और साथ ही उसमें उथल-पुथल बहुत है। जिन लोगों ने '*जुरासिक पार्क*' देखी है, वे समझ सकते हैं कि एक मामूली गड़बड़ के कारण किसी और स्थान पर कितना बड़ा परिवर्तन हो सकता है। एक तितली का ऑस्ट्रेलिया में पंख फड़फड़ाना न्यू यॉर्क के सेंट्रल पार्क में बारिश का कारण

हो सकता है। यह गड़बड़ है। इसे बदला नहीं जा सकता। अगली बार जब तितली पंख फड़फड़ाती है, तो कुछ अन्य चीज़ें हो सकती हैं, जो मौसम को भी प्रभावित कर सकती हैं। यह गड़बड़ का तत्व ही है, जिस कारण से मौसम की भविष्यवाणियाँ विश्वसनीय नहीं होती हैं।

इन व्यावहारिक परेशानियों के बावजूद पूरी 19वीं सदी में वैज्ञानिक निर्धारणवाद का सिद्धांत आधिकारिक रूप से छाया रहा, हालाँकि बीसवीं सदी में दो बातें हुईं, जिन्होंने दर्शाया कि भविष्य के पूर्ण पूर्वानुमान के लैप्लस के दृष्टिकोण को साकार नहीं किया जा सकता। इनमें से पहली जो बात थी, उसे क्वांटम मेकैनिक्स कहा गया। इसे जर्मन के भौतिकशास्त्री मैक्स प्लैंक ने 1900 में पेश किया। इसे विरोधाभास को हल करने के लिए एक ख़ास परिकल्पना के रूप में लाया गया था। लैप्लस का अनुसरण करते हुए उन्नीसवीं सदी में बताया गया कि कोई गर्म पदार्थ, जैसे धातु का तप्त लाल टुकड़ा, विकिरण छोड़ता है। रेडियो तरंगों, इंफ्रा-रेड, दृश्यमान प्रकाश, पराबैंगनी, एक्स-रे और गामा तरंगों में समान दर से इसकी ऊर्जा नष्ट होगी। इसका मतलब सिर्फ़ इतना ही नहीं है कि हम सब त्वचा के कैंसर से मर जाएँगे, बल्कि यह भी है कि ब्रह्मांड में सभी चीज़ें इसी तापमान पर आ जाएँगी, जैसा कि वास्तव में है नहीं।

हालाँकि प्लैंक ने बताया कि यदि कोई यह विचार त्याग दे कि विकिरण की मात्रा एक समान हो सकती है, तो इस आपदा से बचा जा सकता है। साथ ही उन्होंने कहा कि इसके बावजूद विकिरण तो है, वह पैकेट्स या विभिन्न मात्राओं के आकार में आ सकता है। इसे ऐसे भी कहा जा सकता है कि हम सुपरमार्केट से खुली शकर नहीं ख़रीद सकते, क्योंकि वह किलोग्राम में ही आएगी। पैकेट्स और क्वांटा में ऊर्जा, इंफ्रा-रेड और दृश्यमान प्रकाश की तुलना में पराबैंगनी और एक्स-रे में अधिक मिलेगी। इसका अर्थ यह है कि जब तक कोई पिंड सूर्य के समान बहुत गर्म नहीं है, तो उसमें परा-बैंगनी या एक्स-रे के लिए एक क्वांटम तक की ऊर्जा देने पर्याप्त क्षमता नहीं होगी। इसी कारण से एक कप कॉफ़ी से हमें सनबर्न नहीं होता।

प्लैंक ने क्वांटा के विचार को मात्र गणितीय तरकीब बताया है और कहा कि इसकी कोई भौतिक सच्चाई नहीं है, भले ही उसका कोई अर्थ हो, हालाँकि भौतिकशास्त्री अन्य तरीक़े भी ढूँढने लगे, जिसे वेरिएबल के मुक़ाबले मात्रा के संदर्भ में समझाया जा सके, जो अलग हों या जिनकी क्वांटिसाइज़्ड वैल्यू हो। उदाहरण के लिए छोटे पार्टिकलों का बर्ताव वैसा ही रहता है, मानो कोई छोटा सा टॉप किसी धुरी पर घूम रहा हो, लेकिन उस घूर्णन की कोई वैल्यू नहीं होगी। इसे किसी बुनियादी इकाई के बहुभाग में होना चाहिए, क्योंकि यह इकाई बहुत छोटी होती है। किसी ने ध्यान नहीं दिया होगा कि सामान्य लट्टू लगातार घूर्णन की प्रक्रिया में रहने की बजाय गति के क्रम में धीमा और असतत हो जाता है, लेकिन परमाणु के आकार के लट्टू के लिए घूर्णन की असतत प्रकृति बहुत अहम होती है।

कुछ समय पहले ही लोगों को समझ में आया कि क्वांटम बर्ताव का निर्धारणवाद पर क्या प्रभाव पड़ता है। यह 1927 तक नहीं था, तब एक अन्य जर्मन भौतिकशास्त्री वर्नर हेज़नबर्ग ने बताया कि आप किसी भी पार्टिकल की स्थिति और गति का आकलन एक साथ नहीं कर सकते। पार्टिकल कहाँ है, यह देखने के लिए उस पर प्रकाश डालना होगा, लेकिन प्लैंक के कार्य के अनुसार कोई भी जितना चाहे, उतना प्रकाश नहीं ले सकता। कम से कम एक क्वांटम तो लेना ही होगा। इससे पार्टिकल अस्त-व्यस्त हो जाएगा और अपनी गति इस तरह से बदल देगा, जिसका अनुमान भी नहीं लगाया जा सकता। पार्टिकल की स्थिति को सही तरह से जानने के लिए आपको कम वेवलेंथ का प्रकाश उपयोग में लाना होगा, जैसे पराबैंगनी, एक्स-रे या गामा रे, लेकिन प्लैंक के ही सिद्धांत के अनुसार प्रकाश के इस स्वरूप की मात्रा में दृश्यमान प्रकाश की तुलना में अधिक ऊर्जा हो सकती है। इससे पार्टिकल की गति और ज़्यादा गड़बड़ा सकती है। यह किसी तरह से कुछ प्राप्त करने की स्थिति नहीं है। जैसे ही आप ज़्यादा सटीक तरह से पार्टिकल की स्थिति पता करने लगते हैं, उतना ही उसकी गति को पता करने से दूर हो जाते हैं और इसी प्रकार से गति को पता करने के पीछे जाने पर स्थिति का पता नहीं

चल पाता है। इनका समावेश अनसर्टेनिटी सिद्धांत में है, जिसे हेज़नबर्ग ने प्रतिपादित किया था। किसी पार्टिकल की स्थिति में अनिश्चितता उस पार्टिकल की गति की अनिश्चितता के समय को तय करती है, जो हमेशा एक मात्रा से ज़्यादा होती है। इसे प्लैंक कॉन्सटेंट कहा जाता है, जिसे पार्टिकल के द्रव्यमान के दोगुने से विभक्त किया जाता है।

लैप्लस के वैज्ञानिक निर्धारणवाद के सिद्धांत में यह बात है कि ब्रह्मांड में एक ही तात्कालिक समय में पार्टिकलों की स्थिति और गति का पता लगाया जा सकता है। हेज़नबग के अनसर्टेनिटी सिद्धांत में इसे गंभीर रूप से कमज़ोर कर दिया गया। जब वर्तमान समय में पार्टिकलों की स्थिति और गति का पता नहीं लगाया जा सकता, तो कोई भविष्य कैसे बता सकता है? इससे फ़र्क़ नहीं पड़ता है कि आपका कंप्यूटर कितना पावरफुल है, लेकिन यदि आप उसमें ख़राब डाटा डालेंगे, तो ख़राब भविष्यवाणी ही मिलेगी।

प्रकृति के क्रमरहित होने के कारण आइंस्टाइन अत्यंत दुखी थे। उनका प्रसिद्ध कथन था- "ईश्वर पासे नहीं फेंकता है।" इसमें उनके विचारों का सार दिखाई देता है। ऐसा प्रतीत होता है कि वे यह अनुभव करते थे कि अनिश्चितता महज़ अस्थायी थी और अंतर्निहित वास्तविकता ऐसी थी, जिसमें पार्टिकलों की स्थिति और गति सुपरिभाषित रही होंगी। और वे निर्धारणात्मक नियम के तहत लैप्लस के सिद्धांत की आत्मा के अनुरूप विकसित होंगे। इस वास्तविकता के बारे में ईश्वर को पता हो सकता है, लेकिन डार्क ग्लास के माध्यम के अलावा प्रकाश की मात्रात्मक प्रकृति हमें उसे देखने नहीं देगी।

आइंस्टाइन के विचार को अब हिडन वेरिएबल थ्योरी कहा जाता है, क्योंकि हिडन वेरिएबल थ्योरीज़ ही सबसे स्पष्ट तरीक़ा है, जिससे अनसर्टेनिटी सिद्धांत को भौतिकशास्त्र में शामिल किया जा सकता है। इसमें ब्रह्मांड का मानसिक चित्र तैयार होता है, जिसकी कल्पना कई वैज्ञानिक और विज्ञान के विशेषज्ञों ने की थी, लेकिन ये हिडन वेरिएबल थ्योरीज़ ग़लत हैं। ब्रिटेन के भौतिकशास्त्री जॉन बेल ने एक प्रायोगिक परीक्षण को ईजाद किया, जो हिडन वेरिएबल थ्योरीज़ को ग़लत ठहरा सकता है। जब यह परीक्षण किया

ब्रह्मांड को संचालित करने वाले सिद्धांत क्या
हमें सटीक भविष्यवाणी करने देंगे कि
भविष्य में क्या होने वाला है?

इसका संक्षिप्त उत्तर है नहीं और हाँ।
सैद्धांतिक रूप से ये नियम हमें भविष्य का अनुमान
निकालने की अनुमति देते हैं, लेकिन व्यवहार में
गणनाएँ बहुत कठिन होती हैं।

गया, तो हिडन वेरिएबल के लिए परिणाम असंगत रहे। अतः ऐसा लगता है कि ईश्वर भी अनसर्टेनिटी सिद्धांत से संबद्ध है और पार्टिकल की स्थिति तथा गति को जान नहीं सकता है। सारे साक्ष्य बताते हैं कि ईश्वर एक पक्के जुआरी हैं, जो हर संभावित अवसर पर पासे फेंकते हैं।

उन्नीसवीं सदी के निर्धारणवाद के सिद्धांत में सुधार करने के लिए अन्य वैज्ञानिक आइंस्टाइन के मुक़ाबले ज़्यादा तत्पर रहे। क्वांटम मेकैनिक्स के नए सिद्धांत को हेज़नबर्ग, ऑस्ट्रिया के इरविन श्रोडिंगर और ब्रिटेन के भौतिकशास्त्री पॉल डिराक ने सामने रखा था। डिराक कैम्ब्रिज में मेरे पूर्ववर्ती रहे हैं, लेकिन वे ल्युकेसियन प्रोफ़ेसर के तौर पर थे। क्वांटम मेकैनिक्स हालाँकि 70 वर्षों से है, लेकिन जो लोग इसका उपयोग गणना के लिए करते हैं, उनके द्वारा भी अभी तक इसे न तो समझा गया है और न ही इसे सराहा गया है, फिर भी इसकी चिंता सभी को होनी चाहिए, क्योंकि यह भौतिक ब्रह्मांड के परंपरागत दृश्य और वास्तविकता से बहुत अलग है। क्वांटम मैकेनिक्स में पार्टिकलों की स्थिति और गति परिभाषित नहीं होती है। इसकी बजाय इनका प्रतिनिधित्व वेव फ़ंक्शन के माध्यम से होता है। अंतरिक्ष में हर बिंदु पर एक अंक होता है। इस वेव फ़ंक्शन का आकार हमें इस बात का संकेत दे देता है कि पार्टिकल किस अवस्था में मिलने वाला है। एक बिंदु से दूसरे बिंदु तक वेव फ़ंक्शन के बदलने की दर पार्टिकल की गति को बता देती है। किसी भी छोटे क्षेत्र में वेव फ़ंक्शन बहुत मज़बूती से असर दिखा सकता है। इसका मतलब यह है कि इस स्थिति में अनसर्टेनिटी कम रहेगी, लेकिन शिखर पर जाकर वेव फ़ंक्शन तेज़ी से बदलता है, एक ओर ऊपर और दूसरी ओर नीचे। ऐसे में गति में अनसर्टेनिटी अधिक हो जाएगी। इसी प्रकार से वहाँ वेव फ़ंक्शंस होंगे, जहाँ पार्टिकल की गति में अनसर्टेनिटी कम होगी, लेकिन उसकी स्थिति में अनसर्टेनिटी ज़्यादा होगी।

वेव फ़ंक्शन में वह सब होता है, जिससे पार्टिकल की स्थिति और गति के बारे में जाना जा सकता है। यदि आप किसी समय वेव फ़ंक्शन को समझ गए हैं, तो किसी अन्य समय में उसकी वैल्यू निर्धारित की जा सकती है। इसे

श्रोडिंगर समीकरण के आधार पर जाना जा सकता है। अतः एक बार फिर निर्धारणवाद परिदृश्य में आता है, लेकिन यह वैसा निर्धारणवाद नहीं है, जैसा कि लैप्लस ने बताया था। पार्टिकलों की स्थिति और गति का पूर्वानुमान लगाने की बजाय हम सिर्फ़ वेव फ़ंक्शन का पूर्वानुमान लगा सकते हैं। उन्नीसवीं सदी के परंपरागत नज़रिये के हिसाब से हम आधी ही भविष्यवाणी कर सकते हैं।

जब भी हम स्थिति और गति का पूर्वानुमान लगाने की कोशिश करते हैं, यद्यपि तब क्वांटम मैकेनिक्स से असर्टेनिटी उत्पन्न होती है, लेकिन फिर भी यह हमें निश्चितता से स्थिति और गति के एक संयोजन का पूर्वानुमान लगाने की अनुमति देता है, हालाँकि हाल ही में जो घटित हुआ है, उससे इतनी निश्चितता मिलना भी संभव नहीं लगता। गुरुत्वाकर्षण अंतरिक्ष और समय को इतना अधिक विकृत कर देता है कि अंतरिक्ष के ऐसे कई क्षेत्र होंगे, जिन्हें हम देख नहीं सकते हैं, जिससे समस्या पैदा होती है।

इस तरह के क्षेत्र ब्लैक होल्स के भीतरी भाग होते हैं। इसका मतलब है कि हम सैद्धांतिक रूप से भी किसी ब्लैक होल के भीतर के पार्टिकलों को देख नहीं सकते हैं। इसलिए हम उनकी स्थितियों और वेगों को नाप भी नहीं सकते। तब एक मुद्दा आता है कि क्या यह क्वांटम मैकेनिक्स में पाई जाने वाली अनिश्चितता के अलावा भी अनिश्चतता पैदा करता है।

संक्षेप में यही कहा जा सकता है कि जो नियम लैप्लस ने रखा, उसके हिसाब से यदि कोई एक समय में पार्टिकलों की स्थिति और गति जानता है, तो उनकी स्थिति भविष्य में कैसी होगी, यह जाना जा सकता है। इस नज़रिये में हेज़नबर्ग द्वारा अनसर्टेनिटी का सिद्धांत रखे जाने के बाद सुधार करना पड़ा। यह सिद्धांत बताता है कि सटीक रूप से पार्टिकल की स्थिति और गति को जाना नहीं जा सकता, हालाँकि फिर भी स्थिति और गति के एक संयोजन की भविष्यवाणी की जा सकती है, लेकिन यह सीमित भविष्यवाणी तब संभव नहीं है, जब ब्लैक होल्स की बात की जाए।

5

ब्लैक होल के भीतर क्या है?

एसा कहा जाता है कि तथ्य कई बार कल्पना से भी अजीब होता है और ब्लैक होल्स के मामले में यह ज़्यादा सटीक प्रतीत होता है। विज्ञान की काल्पनिक कथाएँ लिखने वालों ने जो भी सोचा होगा या सपना देखा होगा, ब्लैक होल्स उससे अलग हैं, क्योंकि यह पूरी तरह विज्ञान के तथ्यों का मामला है।

ब्लैक होल्स पर पहली चर्चा 1783 में हुई थी। कैम्ब्रिज के जॉन मिशेल ने इस पर काम किया था। उनका तर्क था कि यदि कोई व्यक्ति किसी टुकड़े जैसे तोप के गोले को तोप से ऊपर की ओर छोड़ता है, तो वह टुकड़ा गुरुत्वाकर्षण के कारण धीमा पड़ जाएगा। धीरे-धीरे वह गोला ऊपर जाना बंद कर देगा और नीचे गिर जाएगा, हालाँकि यदि ऊपर की ओर जाने वाला आरंभिक वेग किसी महत्त्वपूर्ण मान यानी एस्केप वेलोसिटी (पलायन वेग) से अधिक है, तो गुरुत्वाकर्षण तब इतना मज़बूत नहीं होगा कि टुकड़े को रोक सके और यह उसके दायरे से बाहर हो जाएगा। पृथ्वी के लिए एस्केप वेलोसिटी 11 किमी प्रति सेकंड है और सूर्य के लिए 617 किमी प्रति सेकंड। दोनों ही केनन बॉल (तोप के गोले) से बहुत ज़्यादा हैं, लेकिन दोनों 3 लाख किलोमीटर प्रति सेकंड की प्रकाश की गति से बहुत ही कम हैं। इसलिए पृथ्वी अथवा सूर्य से प्रकाश बिना किसी परेशानी के दूर हो जाता है, हालाँकि मिशेल

का तर्क था कि सूर्य से भी बड़े तारे हो सकते हैं, जिनका पलायन वेग प्रकाश की गति से ज़्यादा हो सकता है। हम उन्हें नहीं देख सकते, क्योंकि जो भी प्रकाश वे दे रहे हैं, वह गुरुत्व बल के कारण वापस चला जाता है। अतः मिशेल ने उन्हें डार्क स्टार्स कहा, जिसे हम ब्लैक होल्स कहते हैं।

उनको समझने के लिए हमें गुरुत्व बल से शुरुआत करनी होगी। गुरुत्व बल को आइंस्टाइन के रिलेटिविटी के सिद्धांत के परिप्रेक्ष्य में बताया गया है, जो अंतरिक्ष और समय के साथ गुरुत्व बल का भी सिद्धांत माना जाता है। अंतरिक्ष और समय का बर्ताव कुछ समीकरणों के आधार पर संचालित होता है। इसे आइंस्टाइन समीकरण कहा जाता है, जिसे आइंस्टाइन ने 1915 में रखा था। प्रकृति के ज्ञात बलों में गुरुत्वाकर्षण सबसे कमज़ोर बल है, लेकिन अन्य बलों के मुक़ाबले इसमें दो फ़ायदे हैं। पहला, यह लंबी दूरी पर काम करता है। पृथ्वी सूर्य की कक्षा में 9 करोड़ 30 लाख मील दूर है और सूर्य क़रीब 10,000 प्रकाश वर्ष दूर आकाशगंगा की परिधि में है। गुरुत्वाकर्षण का दूसरा फ़ायदा है कि यह हमेशा आकर्षित करता है। यह विद्युत बलों के विपरीत है, जो या तो आकर्षित करते हैं, या दूर फेंक देते हैं। इन दो विशेषताओं का अर्थ यह है कि एक पर्याप्त रूप से बड़े तारे के लिए पार्टिकलों के बीच का गुरुत्वाकर्षण दूसरे सभी बलों से ज़्यादा हावी हो सकता है और अंततः उसमें गुरुत्वीय विध्वंस हो सकता है। इन तथ्यों के बावजूद वैज्ञानिकों को यह बहुत देर में समझ आया कि विशालकाय तारे अपने गुरुत्वाकर्षण से अपने आप ही नष्ट हो सकते हैं। साथ ही उन्होंने यह समझने में भी देर की कि जो पदार्थ पीछे छूट जाते हैं, वे किस तरह बर्ताव करेंगे। 1939 में ऐल्बर्ट आइंस्टाइन ने लिखा भी था कि तारे गुरुत्वाकर्षण के कारण नष्ट नहीं हो सकते, क्योंकि पदार्थ को एक तय बिंदु के बाद दबाया नहीं जा सकता है। आइंस्टाइन के इस विचार को कई वैज्ञानिकों ने दोहराया है। अपवाद स्वरूप अमेरिका के वैज्ञानिक जॉन व्हीलर ने इसे स्वीकार नहीं किया, जो कई मायनों में ब्लैक होल की कहानी के प्रमुख नायक हैं। 1950 से 1960 के दशक में उन्होंने अपने कार्य में इस बात पर ज़ोर दिया कि कई तारे अंततः

टूट जाएँगे और उन्होंने उन समस्याओं का अन्वेषण किया, जो इसकी वज़ह से भौतिकी के सिद्धांतों के समक्ष खड़ी होंगी। उन्होंने उन पदार्थों की प्रकृति का अनुमान भी पहले ही लगा लिया था, जो नष्ट हुए तारे बनते हैं। ये ही ब्लैक होल्स हैं।

अपने पूरे जीवन काल में एक सामान्य तारा कई अरब वर्षों तक ऊष्मीय दबाव से स्वयं को अपने गुरुत्व से बचाकर रखता है। यह ऊष्मीय दबाव उसमें परमाणु की प्रक्रिया से आता है, जिसमें हाइड्रोजन हीलियम में तब्दील हो जाती है। धीरे-धीरे तारे का सारा परमाणु ईंधन ख़त्म हो जाता है। तारा सिकुड़ जाता है। कुछ मामलों में यह सिकुड़कर छोटे से सफ़ेद तारे में बदल जाता है, जो तारकीय कोर का सबसे घना अवशेष होता है, हालाँकि सुब्रह्मण्यम चंद्रशेखर ने 1930 में बताया कि किसी छोटे से सफ़ेद तारे का सबसे बड़ा पिंड, सूर्य से 1.4 गुना अधिक होता है। यही गणना रूसी भौतिक विशेषज्ञ लेव लेंदाउ ने पूरी तरह न्यूट्रॉन्स से बने तारे के संदर्भ में की थी।

सबसे भारी उन असंख्य तारों का हश्र क्या होगा, जब ये परमाणु ईंधन से पूरी तरह से खाली हो चुके होंगे? ये तारे सबसे भारी छोटे सफ़ेद तारों और न्यूट्रॉन से भरे तारों से भी भारी होते हैं। परमाणु बम से ख्यात हुए रॉबर्ट ओपनहाइमर ने इस समस्या की जाँच की थी। जॉर्ज वोलकॉफ़ और हार्टलैंड स्नीडर के साथ मिलकर उन्होंने 1939 में कुछ शोध किया, जिसमें बताया गया था कि इस तरह के तारे दबाव से नहीं बच सकते हैं। यदि कोई दबाव को नज़रअंदाज़ करे, तो एक समान गोलाकार व्यवस्थित सममितीय तारा अनंत घनत्व के बिंदु तक संकुचित हो सकता है। इस बिंदु को सिंगुलरिटी कहा जाता है। अंतरिक्ष के हमारे सभी सिद्धांत इसी अनुमान पर बनाए हैं कि अंतरिक्ष और समय बहुत आसान और सपाट हैं, इसलिए वे सिंगुलरिटी पर ख़त्म होते हैं, जहाँ अंतरिक्ष और समय की गोलाई या मोड़ अनंत होते हैं। वास्तव में यह अंतरिक्ष और समय का अंत भी होता है। इसी को आइंस्टाइन ने सबसे ज़्यादा आपत्तिजनक बताया था।

इसके बाद द्वितीय विश्वयुद्ध का दौर बीच में आ गया। रॉबर्ट ओपनहाइमर सहित अधिकतर वैज्ञानिकों का ध्यान परमाणु भौतिकी पर चला गया और गुरुत्वाकर्षण के पतन का मुद्दा भुला दिया गया। दूरस्थ पदार्थों की खोज के बाद इसमें फिर से रुचि जगी। इन पदार्थों को क्वेज़र कहा जाता है। पहले क्वेज़र 3C273 का 1963 में पता चला, फिर कई क्वेज़र्स खोज लिए गए। धरती से बहुत दूर होने के बावजूद वे काफ़ी प्रकाशमान थे। परमाणु प्रक्रियाएँ उनकी ऊर्जा का कारण नहीं हो सकतीं, क्योंकि वे अपने बाकी द्रव्यमान का बहुत छोटा सा अंश शुद्ध ऊर्जा के तौर पर छोड़ते हैं। तब एक ही विकल्प था, गुरुत्वीय ऊर्जा, जो गुरुत्वाकर्षण का पतन होने पर निकलती है।

तारों के गुरुत्वीय पतन की फिर से खोज की गई। जब यह घटित होता है, तो पदार्थ का गुरुत्वाकर्षण आस-पास के पदार्थ को भी समेट लेता है। यह स्पष्ट था कि समान गोलाई वाले तारे अनंत घनत्व के एक बिंदु तक संकुचित होते हैं, यानी सिंगुलरिटी की स्थिति, लेकिन तब क्या होगा, जब तारा समान या गोल न हो? क्या तारे के पदार्थ का यह असमान वितरण तारे के टूटने में असमानता पैदा कर सकता है और किसी प्रकार की सिंगुलरिटी नहीं होगी? रोज़र पेनरोज़ ने 1965 में एक उल्लेखनीय शोध में बताया था कि इसके बाद भी सिंगुलरिटी हो सकती है, क्योंकि गुरुत्व बल अपने आप में आकर्षक होता है।

आइंस्टाइन के समीकरण में सिंगुलरिटी को परिभाषित नहीं किया जा सकता। इसका मतलब है कि अनंत घनत्व के इस बिंदु पर कोई भी भविष्य का पूर्वानुमान नहीं लगा सकता। इससे तात्पर्य है कि जब भी कोई तारा टूटता है, तो कुछ अनोखा हो सकता है। यदि ये सिंगुलरिटीज़ स्पष्ट न हों, यानी वे बाहर से किसी प्रकार के आवरण में नहीं रहें, तो पूर्वानुमान ध्वस्त होने से हम प्रभावित नहीं होंगे। पेनरोज़ ने ब्रह्मांडीय सेंसरशिप के अनुमान का प्रस्ताव रखा था : तमाम सिंगुलरिटीज़ तारों या अन्य पदार्थों के टूटने से उत्पन्न होती हैं, वे ब्लैक होल में होने के कारण दृष्टि से दूर होती हैं। ब्लैक होल ऐसा

क्षेत्र होता है, जहाँ गुरुत्वाकर्षण इतना शक्तिशाली होता है कि प्रकाश भी नहीं निकल पाता है। ब्रह्मांडीय सेंसरशिप का अनुमान एकदम सही है, क्योंकि इसे नकारने के कई प्रयास विफल रहे हैं।

1967 में जब जॉन व्हीलर ने 'ब्लैक होल' शब्द को ईजाद किया, तब इसका पुराना नाम 'फ़्रोजन स्टार' बदल दिया गया। व्हीलर ने इस बात पर ज़ोर दिया कि टूटे हुए तारों के अवशेषों के प्रति अपने आप में इस बात से स्वतंत्र रूप से रुझान रहता है कि वे किस तरह से बने हैं। नया नाम तेज़ी से अपना लिया गया।

बाहर से आप नहीं कह सकते कि ब्लैक होल के भीतर क्या है। आप इसमें जो भी फेंकें, या चाहे यह अपने आप बन गया हो, जो भी हो, ब्लैक होल एक जैसा ही दिखाई देगा। जॉन व्हीलर इस सिद्धांत को बताने के लिए जाने जाते हैं – "ब्लैक होल के कोई बाल नहीं होते।"

ब्लैक होल की एक सीमा होती है, जिसे इवेंट हराइज़न कहा जाता है। यहाँ पर गुरुत्वाकर्षण इतना अधिक होता है कि वह प्रकाश को वापस खींच लेता है और उसे जाने नहीं देता। चूँकि प्रकाश से अधिक गति से कोई यात्रा नहीं कर सकता, इसलिए और भी कई चीज़ें खिंच जाती हैं। इवेंट हराइज़न में गिरना नियाग्रा प्रपात पर डोंगी (छोटी नाव) में जाने जैसा है। यदि आप प्रपात के ऊपर हैं, तो आप तेज़ी से पैडल चला कर निकल सकते हैं, लेकिन एक बार आप किनारे पहुँच गए, तो फिर आप खो ही जाएँगे। वापसी का कोई चारा नहीं होता है। जैसे-जैसे प्रपात के पास आते जाएँगे, प्रवाह का वेग बढ़ता जाएगा। इसका अर्थ है कि डोंगी को यह आगे से अधिक तेज़ी से खींचता है, बजाय पीछे के। डोंगी के टुकड़ों में बँट जाने का ख़तरा रहता है। यही ब्लैक होल्स के साथ भी होता है। यदि आप ब्लैक होल की ओर गिरते हैं, जिसमें आपके पैर आगे की ओर हैं, तो गुरुत्वबल आपके सिर की बजाय पैरों को अधिक तेज़ी से खींचेगा। नतीजा यह होगा कि आप लंबवत रूप में खिंचे जाएँगे और अगल-बगल से संकरे हो जाएँगे। यदि ब्लैक होल में हमारे सूर्य का कुछ गुना द्रव्यमान है, तो क्षितिज तक पहुँचने से पहले आप फट

जाएँगे और स्पगेटी (पास्ता) बन जाएँगे, हालाँकि यदि आप ज़्यादा बड़े ब्लैक होल में गिरते हैं, जिसमें द्रव्यमान सूर्य से 10 लाख गुना अधिक होता है, तो गुरुत्वाकर्षण का खिंचाव पूरे शरीर में समान ही रहेगा और बिना परेशानी के आप हराइज़न पर पहुँच जाएँगे। इसलिए यदि आप ब्लैक होल के बारे में जानना चाहते हैं, तो बड़ा ब्लैक होल चुनिए। एक ब्लैक होल ऐसा भी है, जिसका द्रव्यमान सूर्य से चालीस लाख गुना बड़ा है, जो मिल्कीवे आकाशगंगा के मध्य में है।

यद्यपि जैसे ही आप ब्लैक होल में गिरेंगे, आप कुछ भी ख़ास समझ नहीं पाएँगे, लेकिन यदि कोई आपको दूर से देख रहा है, तो वह आपको इवेंट हराइज़न पार करते कभी नहीं देख सकेगा। इसकी बजाय आप धीमे पड़ते और बाहर की ओर उड़ते प्रतीत होंगे। आपकी इमेज़ तब तक धुँधली और लाल पड़ती चली जाएगी, जब तक कि आप प्रभावी रूप से नज़रों से ओझल नहीं हो जाएँगे। जहाँ तक बाहर की दुनिया का संबंध है, तो आप हमेशा के लिए गुम हो जाएँगे।

मेरी बेटी लूसी के जन्म के तुरंत बाद मुझे एक उपलब्धि हुई। मैंने एरिया थ्योरम को खोज लिया। यदि जनरल रिलेटिविटी सही है और पदार्थ का ऊर्जा घनत्व धनात्मक है, जैसा कि आमतौर पर रहता है, तब ब्लैक होल की सीमा यानी इवेंट हराइज़न की सतह के क्षेत्रफल में एक गुण होता है। यह ब्लैक होल में अतिरिक्त पदार्थ गिरने या विकिरण होने पर हमेशा बढ़ जाता है। इसके अलावा यदि दो ब्लैक होल्स टकराते हैं और एक ही ब्लैक होल में समाहित होकर उभरते हैं, तो नए ब्लैक होल के इवेंट हराइज़न का क्षेत्रफल वास्तविक ब्लैक होल्स के इवेंट हराइज़न के क्षेत्रफलों के योग से ज़्यादा होता है। एरिया थ्योरम का परीक्षण लेज़र इंटरफ़ैरोमीटर ग्रेविटेशनल वेव अब्ज़र्वटॉरी (लिगो) द्वारा किया जाता है। 14 सितंबर 2015 को लिगो ने दो ब्लैक होल्स के टकराने और एक हो जाने की घटना में गुरुत्वीय तरंगों को पकड़ा था। तरंग के रूप में इससे ब्लैक होल के द्रव्यमान और कोणीय हलचल का अनुमान लगा सकते हैं। और नो हेयर थ्योरम से ये हराइज़न

एरिया या क्षितिज क्षेत्रफल का निर्धारण करते हैं।

ये गुण बताते हैं कि ब्लैक होल के इवेंट हराइज़न और परंपरागत क्लासिकल भौतिकी में बहुत समानता है, ख़ासतौर पर थर्मोडाइनैमिक्स में एंट्रॉपी की अवधारणा को लेकर। एंट्रॉपी को किसी तंत्र की अस्त-व्यस्तता का पैमाना माना जा सकता है या फिर इसे उसकी सटीक अवस्था की जानकारी के अभाव के समतुल्य माना जा सकता है। थर्मोडाइनैमिक्स का प्रसिद्ध दूसरा सिद्धांत कहता है कि एंट्रॉपी हमेशा समय के साथ बढ़ जाती है। यह खोज इस महत्त्वपूर्ण संबंध में पहला संकेत थी।

ब्लैक होल्स के गुणों और थर्मोडाइनैमिक्स के सिद्धांत में समानता को विस्तारित किया जा सकता है। थर्मोडाइनैमिक्स का पहला सिद्धांत कहता है कि किसी तंत्र की एंट्रॉपी में थोड़ा बदलाव भी उस तंत्र की ऊर्जा में अनुपातिक बदलाव से जुड़ा होता है। ब्रैंडन कार्टर, जिम बार्डीन और मैंने ऐसा ही एक सिद्धांत खोजा, जो ब्लैक होल के द्रव्यमान में बदलाव से इवेंट हराइज़न के क्षेत्रफल में बदलाव से संबंधित है। यहाँ पर जो अनुपात का कारक है, उसमें कुछ मात्रा रहती है, जिसे सतह का गुरुत्वाकर्षण कहते हैं। यह इवेंट हराइज़न पर गुरुत्त्वीय क्षेत्र की क्षमता का माप है। यदि कोई यह मानता है कि इवेंट हराइज़न का क्षेत्रफल एंट्रॉपी के सादृश्य या समरूप है, तो यह माना जा सकता है कि सतह का गुरुत्वाकर्षण तापमान के बराबर है। यह समानता इस तथ्य से ज़्यादा मज़बूत होती है कि सतह का गुरुत्वाकर्षण इवेंट हराइज़न पर हर बिंदु पर समान हो जाता है, ठीक वैसे ही जैसे थर्मल संतुलन या साम्य पर किसी पिंड का तापमान सब जगह एक समान हो जाता है।

हालाँकि एंट्रॉपी और इवेंट हराइज़न के क्षेत्रफल में समानता होती है, लेकिन यह हमारे लिए सहज नहीं है कि कैसे इस बात का पता लगाएँ कि यह क्षेत्र ब्लैक होल की एंट्रॉपी है। ब्लैक होल की एंट्रॉपी का क्या अर्थ हो सकता है? 1972 में प्रिंसटन यूनिवर्सिटी से स्नातक जैकब बेकेन्स्टीन ने एक महत्त्वपूर्ण सुझाव दिया था, जो इस प्रकार है : जब किसी ब्लैक होल का निर्माण गुरुत्व बल के पतन के कारण होता है, तो यह जल्द ही स्थिरता

की अवस्था को प्राप्त कर लेता है, जो तीन पैमाने से बताई जा सकती है : द्रव्यमान, कोणीय हलचल और विद्युत प्रवाह या बल।

इससे ऐसा लगता है कि ब्लैक होल की अंतिम अवस्था इस बात से स्वतंत्र होती है कि जो पदार्थ नष्ट हुआ था, वह मैटर था या एंटी मैटर या आकार में गोल था अथवा बगैर किसी आकार का था। दूसरे शब्दों में किसी द्रव्यमान का ब्लैक होल, कोणीय हलचल और विद्युत प्रवाह अनेक विन्यासों में से एक पदार्थ के नष्ट होने से बन सकते थे। ऐसा लगता है कि बड़ी संख्या में विभिन्न तारों के नष्ट होने से ब्लैक होल बन सकता है। वास्तव में यदि क्वांटम प्रभावों की अनदेखी कर दें, तो अनेक विन्यासों की संख्या अनंत हो जाएगी, क्योंकि बड़ी संख्या में अनिश्चितकालीन कम द्रव्यमान वाले पार्टिकलों के बादलों के गिरने से ब्लैक होल निर्मित हो सकते थे, लेकिन क्या विन्यासों की संख्या अनंत हो सकती है?

क्वांटम मेकैनिक्स में अनसर्टेनिटी का सिद्धांत होता है। यह सिद्धांत बताता है कि किसी वस्तु या पदार्थ की स्थिति और गति दोनों का मापन संभव नहीं है। यदि कोई यह सटीक माप रहा है कि कोई चीज़ कहाँ है, तो उसकी गति का पता नहीं लगाया जा सकता। यदि कोई किसी चीज़ की गति को माप रहा है, तो फिर उसकी स्थिति अनिर्धारित रहेगी। व्यावहारिक रूप में इसका मतलब यह हुआ कि किसी भी चीज़ का स्थान तय नहीं किया जा सकता है। समझिए आपको किसी का आकार मापन करना है, तो आपको पता करना होगा कि इस गतिमान वस्तु का अंत क्या है। आप ऐसा कभी सटीक रूप से नहीं कर सकते, क्योंकि इसमें आपको स्थिति का तो पता लगाना होगा, साथ ही उस वक़्त उसकी गति क्या थी, इसे भी बताना होगा। इसलिए किसी भी वस्तु का आकार बताना असंभव होता है। आप जो कर सकते हैं, वह इतना ही कि आप कह सकते हैं कि किसी चीज़ के मूल आकार को बता पाने को अनसर्टेनिटी का सिद्धांत असंभव कर देता है। इसका मतलब अनसर्टेनिटी का सिद्धांत आकार पर सीमा को थोप देता है। थोड़ी बहुत गणना करने के बाद पता लगता है कि किसी वस्तु के द्रव्य का

न्यूनतम आकार होता है। भारी वस्तुओं के लिए न्यूनतम आकार छोटा होता है, लेकिन हल्की लगने वाली चीज़ों के लिए न्यूनतम आकार बड़ा और बड़ा होता जाता है। यह न्यूनतम आकार उस तथ्य का नतीजा माना जा सकता है, जो कहता है कि क्वांटम मेकैनिक्स में पदार्थ को तरंग या पार्टिकल के रूप में देखा जाता है। पदार्थ जितना हल्का होगा, उसकी वेवलेंथ उतनी ही अधिक होगी और ज़्यादा दूर तक फैलेगी। पदार्थ जितना भारी होगा, उसकी वेवलेंथ उतनी ही कम होगी। इसलिए यह ज़्यादा संक्षिप्त लगता है। जब ये विचार जनरल रिलेटिविटी से जोड़े जाते हैं, तो इसका अर्थ होता है कि जो पदार्थ किसी ख़ास वज़न से ज़्यादा भारी होते हैं, वे ही ब्लैक होल्स बना सकते हैं। यह वज़न नमक की एक डली के बराबर होता है। इन विचारों का नतीजा यह है कि पदार्थों के जो विन्यास निश्चित द्रव्यमान, कोणीय हलचल और विद्युत प्रवाह वाला ब्लैक होल बना सकते हैं, वे भले ही बड़े होते हों, लेकिन सीमित संख्या में होते हैं। जैकब बेकेन्स्टीन ने सुझाया था कि इस सीमित संख्या से कोई भी ब्लैक होल की एंट्रॉपी की व्याख्या कर सकता है। यह विध्वंस के समय ब्लैक होल बनने पर गुम हो चुकी कुल सूचनाओं की मात्रा का माप हो सकता है।

बेकेन्स्टीन के सुझाव में स्पष्ट रूप से घातक गड़बड़ी यह थी कि यदि एक ब्लैक होल की निश्चित एंट्रॉपी है, जो उसके इवेंट हराइज़न के अनुपात में है, तो फिर इसमें गैर-शून्य तापमान होना चाहिए, जो सतह के गुरुत्वाकर्षण के अनुपात में हो। इसका अर्थ यह है कि शून्य से अलग किसी तापमान पर ब्लैक होल थर्मल विकिरण के बराबर रहता है, लेकिन अब तक की परंपरागत अवधारणा के अनुसार इस तरह कोई भी संतुलन संभव नहीं है, क्योंकि ब्लैक होल अपने में आने वाले किसी थर्मल विकिरण को सोख लेगा, लेकिन परिभाषा के अनुसार बदले में कुछ भी नहीं छोड़ सकेगा। यह कुछ नहीं छोड़ सकता, यह ऊष्मा भी नहीं छोड़ सकता।

इसने ब्लैक होल्स की प्रकृति को लेकर विरोधाभास पैदा कर दिया, जो तारों के टूटने से बने अकल्पनीय घने पदार्थ हैं। एक सिद्धांत सुझाता है कि

समान गुणों वाले ब्लैक होल्स अनगिनत अलग-अलग तरह के तारों से बन सकते हैं। एक अन्य सिद्धांत ने सुझाया कि यह संख्या सीमित भी हो सकती है। सूचना के साथ यही समस्या है - इसके पीछे चिंतन यह है कि ब्रह्मांड में हर पार्टिकल और हर बल अपने में सूचना लिए होता है।

चूँकि ब्लैक होल्स के बाल नहीं होते हैं, जैसा कि वैज्ञानिक जॉन व्हीलर ने कहा कि कोई भी द्रव्यमान, विद्युत प्रवाह और घूर्णन को छोड़कर बाहर से नहीं बता सकता कि ब्लैक होल के अंदर क्या है। इसका अर्थ यह है कि किसी ब्लैक होल में ऐसी कई जानकारियाँ होती हैं, जो बाहर के जगत को पता ही नहीं होंगी, लेकिन सूचना की मात्रा की एक सीमा होती है, जिसे अंतरिक्ष के एक भाग में पैक किया जा सके। सूचना के लिए ऊर्जा की ज़रूरत होती है और आइंस्टाइन के प्रसिद्ध समीकरण $E=mc^2$ के अनुसार ऊर्जा में द्रव्यमान होता है। इसलिए यदि अंतरिक्ष के किसी क्षेत्र में बहुत अधिक सूचना हुई, तो यह ब्लैक होल में नष्ट हो जाएगी और ब्लैक होल का आकार सूचना की मात्रा को दिखाएगा। यह ठीक वैसा ही है कि किसी लाइब्रेरी में आप पुस्तकों के ढेर लगाते चले गए। धीरे-धीरे अलमारी पूरी ठसाठस भर जाएगी और लाइब्रेरी ब्लैक होल में नष्ट हो जाएगी।

यदि ब्लैक होल के अंदर छिपी सूचनाएँ होल के आकार पर निर्भर करती हैं, तो सामान्य सिद्धांतों से यह आशा की जा सकती है कि ब्लैक होल का एक तापमान होगा और यह धातु के गर्म टुकड़े के समान चमकेगा, लेकिन यह असंभव है, क्योंकि हर व्यक्ति जानता है कि ब्लैक होल के बाहर कुछ नहीं निकलता। या ऐसा सोचा गया था।

1974 तक यही समस्या रही, जब मैं यह परीक्षण कर रहा था कि ब्लैक होल के आस-पास के पदार्थ का बर्ताव क्वांटम मेकैनिक्स के अनुसार कैसा रहता है। मैं तब आश्चर्यचकित रह गया, जब मैंने पाया कि ब्लैक होल पार्टिकलों का उत्सर्जन एक समान दर से करता है। तब तक सभी मानते थे कि ब्लैक होल कुछ नहीं छोड़ता है और उनकी देखा-देखी मैं भी यही मानता था। इसलिए मुझे इस सोच की लज्जा से पीछा छुड़ाने में काफ़ी प्रयास करने

पड़े, लेकिन जितना मैंने इस बारे में सोचा, यह उतना ही मैं इस मसले से दूर जाने से इंकार करता रहा, तो मुझे इसे स्वीकार करना ही पड़ा। मैं अंततः तब आश्वस्त हुआ, जब लगा कि यह वास्तविक भौतिक प्रक्रिया है कि जो पार्टिकल बाहर निकल रहे हैं, उनका स्पेक्ट्रम है और वे दरअसल थर्मल हैं। मेरी गणना ने पूर्वानुमान लगाया कि कोई ब्लैक होल भी उस सामान्य गर्म पदार्थ की तरह पार्टिकल और विकिरण छोड़ता है, जो सतह के गुरुत्वाकर्षण के अनुपात और द्रव्यमान के विलोमानुपात की स्थिति में वह कोई पदार्थ छोड़ता है। इसी से जैकब बेकेन्स्टीन का समस्याग्रस्त सुझाव कि किसी ब्लैक होल में निश्चित एंट्रॉपी रहती है, अब पूर्णतः तर्कसंगत बन गया, क्योंकि इसका मतलब था कि कोई ब्लैक होल शून्य से अलग एक निश्चित तापमान पर थर्मल साम्यता में हो सकता है।

इसके बाद कई अलग-अलग लोगों ने इस बात की पुष्टि गणितीय साक्ष्य के आधार पर की है कि ब्लैक होल्स थर्मल विकिरण छोड़ते हैं। विकिरण को समझने का एक तरीक़ा इस तरह है कि क्वांटम मेकैनिक्स के अनुसार पूरा अंतरिक्ष वास्तविक पार्टिकल और एंटी पार्टिकल के जोड़ों से भरा है। ये लगातार जोड़ी में बनते जाते हैं। अलग होते हैं, फिर एक हो जाते हैं और एक दूसरे को जड़ से मिटा देते हैं। ये पार्टिकल आभासी कहलाते हैं, क्योंकि वास्तविक पार्टिकल की तरह इन्हें पार्टिकल डिटेक्टर से सीधे देखा नहीं जा सकता। इनका अप्रत्यक्ष प्रभाव हालाँकि मापा जा सकता है और इनके अस्तित्व की पुष्टि जिससे हुई है, उसे लैम्ब शिफ़्ट कहा जाता है, जिसे ये बाहर निकलने वाले हाइड्रोजन अणुओं के प्रकाश की स्पेक्ट्रम ऊर्जा में बनाते हैं। अब ब्लैक होल की उपस्थिति में आभासी पार्टिकलों के जोड़े का एक सदस्य होल में गिर जाता है और दूसरे सदस्य को बिना भागीदार के छोड़ देता है। उसके पास परस्पर विध्वंस के लिए कोई भागीदार नहीं बचता। परित्यक्त पार्टिकल या एंटी पार्टिकल अपने भागीदार के बाद ब्लैक होल में गिर सकता है, लेकिन यह अनंत तक बचा भी रह सकता है, जहाँ यह ब्लैक होल द्वारा छोड़े जाने वाले विकिरण के रूप में दिखाई देता है।

किसी ब्लैक होल में गिरना क्या किसी अंतरिक्ष यात्री के लिए बुरी ख़बर है?

निश्चित तौर पर यह ख़राब ख़बर है।
यदि तारकीय पिंड वाला ब्लैक होल है, तो क्षितिज पर पहुँचने से पहले ही आप पास्ता बन चुके होंगे। दूसरी ओर यदि यह सुपरमैसिव ब्लैक होल है तो आप सरलता से क्षितिज पार कर जाएँगे, लेकिन सिंगुलरिटी की स्थिति बनने पर चूर-चूर हो जाएँगे।

इस प्रक्रिया को देखने का एक और तरीक़ा यह है कि पार्टिकलों की जोड़ी का एक सदस्य, जो ब्लैक होल में गिर जाता है, उसे एंटी पार्टिकल माना जाता है। वह पार्टिकल वास्तविक रूप से समय में पीछे की ओर जा रहा होता है। ब्लैक होल में गिरने वाले एंटी पार्टिकल को वह पार्टिकल माना जा सकता है, जो ब्लैक होल से बाहर आ रहा होता है, लेकिन यह समय में पीछे की ओर यात्रा कर रहा होता है। जब पार्टिकल वहाँ पहुँचता है, जहाँ पार्टिकल और एंटी-पार्टिकल वास्तविक रूप में मिले थे, तो गुरुत्वाकर्षण क्षेत्र के कारण यह अलग हो जाता है और समय की ओर आगे यात्रा करने लगता है। सूर्य के द्रव्यमान का ब्लैक होल पार्टिकलों को इतनी धीमी दर से छोड़ता है कि इनका पता लगाना असंभव होता है, हालाँकि कई छोटे मिनी ब्लैक होल्स हो सकते हैं, जिनका द्रव्यमान एक पर्वत के समान हो। यदि ये अव्यवस्थित और अनियमित हैं, तो ये ब्रह्मांड में बहुत पहले बने होंगे। पहाड़ के आकार का ब्लैक होल एक्स-रेज़ और गामा रेज़ 1 करोड़ मेगावॉट्स की दर से छोड़ता है, जो इतना है कि पूरी दुनिया को बिजली आपूर्ति कर दे, हालाँकि मिनी ब्लैक होल से काम लेना आसान नहीं होगा। आप इसे पावर स्टेशन में नहीं रख सकते, क्योंकि यह एक मंज़िल से गिरेगा और पृथ्वी के मध्य में जाकर रुकेगा। यदि हमारे पास ऐसा ब्लैक होल है, तो इसे रखने का तरीक़ा यही है कि इसे पृथ्वी के आस-पास की कक्षा में रखा जाए।

लोगों ने इस तरह के मिनी ब्लैक होल्स ढूँढने की कोशिश की थी, लेकिन अब तक नहीं ढूँढ सके। यह दुखद है, क्योंकि यदि उन्होंने ढूँढ लिए होते, तो मुझे नोबेल पुरस्कार मिल गया होता। दूसरी संभावना यह है कि अंतरिक्ष और समय के अतिरिक्त आयाम में हम स्वयं सूक्ष्म ब्लैक होल बना सकते हैं। कुछ सिद्धांतों के अनुसार जो ब्रह्मांड हम अनुभव करते हैं, वह चार आयामी सतह है, जो दस या ग्यारह आयामी अंतरिक्ष में है। मूवी *इंटरस्टेलर* हमें बताती है कि यह किस तरह से है। हम यह अतिरिक्त आयाम इसलिए नहीं देख सकते क्योंकि प्रकाश इनमें से नहीं आता है। यह केवल

हमारे ब्रह्मांड के चार आयामों में से आता है, हालाँकि गुरुत्व बल अतिरिक्त आयामों को प्रभावित कर सकते हैं और यह हमारे ब्रह्मांड के मुक़ाबले अन्य में ज़्यादा शक्तिशाली होगा। इससे अतिरिक्त आयामों में छोटे ब्लैक होल बनाना आसान होगा। इसे स्विट्ज़रलैंड के सीईआरएन में लगी एलएचसी, लार्ज हेड्रॉन कोलाइडर में देखना संभव होगा। इसमें सत्ताइस किलोमीटर लंबी गोलाकार सुरंग है। पार्टिकलों के दो किरण पुंज इस सुरंग में विपरीत दिशा में चलते हैं, उन्हें टकराया जाता है। इसमें से कुछ टकराव से माइक्रो ब्लैक होल बन सकते हैं। ये पार्टिकल इस तरह से छोड़ते हैं कि उन्हें पहचानना आसान रहता है। इसलिए मुझे नोबेल पुरस्कार मिल सकता है।*

जैसे ही पार्टिकल किसी ब्लैक होल से बच निकल जाते हैं, वैसे ही होल का द्रव्यमान घटेगा और वह सिकुड़ जाएगा। इससे पार्टिकलों का बाहर निकलना तीव्र हो जाएगा। अंततः ब्लैक होल अपना सारा द्रव्यमान खो बैठेगा और नदारद हो जाएगा। तब सभी पार्टिकलों और अभागे अंतरिक्ष यात्रियों का क्या होगा, जो ब्लैक होल में गिरे हैं? जब ब्लैक होल नदारद हो जाता है, तो वे फिर भी उभर नहीं सकते। ब्लैक होल से बाहर आने वाले पार्टिकल अव्यवस्थित रहते हैं और जो गिरे थे, उससे उनका कोई संबंध नहीं रहता है। ऐसा लगता है कि यह सूचना लुप्त हो जाती है कि क्या गिरा है। इसके साथ ही द्रव्यमान और घूर्णन की मात्रा भी ख़त्म हो जाती है, लेकिन यदि सूचना लुप्त हो जाती है, तो यह विज्ञान के प्रति हमारी समझ के लिए गंभीर समस्या खड़ी कर देती है। 200 से अधिक वर्षों से हम वैज्ञानिक निर्धारणवाद में विश्वास करते आ रहे हैं। यही कि विज्ञान के सिद्धांत ही ब्रह्मांड के विकास को ठीक से निर्धारित करते हैं।

यदि सूचनाएँ वास्तव में ब्लैक होल्स में लुप्त हो जाती हैं, तो हम भविष्य का अनुमान नहीं लगा सकते, क्योंकि ब्लैक होल पार्टिकलों के किसी भी संकलन को बाहर निकाल सकता है। यह किसी टेलीविज़न सेट का

---

* नोबेल पुरस्कार मरणोपरांत नहीं दिए जाते हैं, दुखद है कि ये महत्त्वाकांक्षा पूरी नहीं होगी।

उत्सर्जन कर सकता है या फिर चमड़े की जिल्द वाली शेक्सपियर की समूची कृतियों का भी, हालाँकि ऐसे अजीब उत्सर्जनों की संभावना बहुत कम है। तपते लाल धातु के समान थर्मल विकिरण के निकलने की संभावना ज़्यादा है। ऐसा लगता है इससे कोई फ़र्क़ नहीं पड़ता कि हम इसका अनुमान नहीं लगा सकते कि ब्लैक होल से क्या निकलने वाला है। हमारे पास कोई ब्लैक होल नहीं है, लेकिन यह सिद्धांत का विषय है। यदि निर्धारणवाद का सिद्धांत यानी ब्रह्मांड की भविष्यवाणी ब्लैक होल्स के साथ ख़त्म हो जाती है, तो अन्य परिस्थितियों में भी यह टूटेगी। निर्वात या वैक्यूम के बाहर हलचल होने से आभासी ब्लैक होल्स दिख सकते हैं। ये कुछ पार्टिकलों को सोखेंगे और कुछ को छोड़ेंगे और फिर वैक्यूम में ही ये अदृश्य हो जाएँगे। बहुत विकट स्थिति में यदि निर्धारणवाद का सिद्धांत ख़त्म हो जाए, तो हम अपने इतिहास के बारे में भी पक्के से कुछ नहीं कह सकते। इतिहास की पुस्तकें और हमारी स्मृतियाँ मात्र भ्रमजाल हो सकते हैं। जो बीत चुका होता है, वही हमें बताता है कि हम कौन हैं। इसके बिना हम अपनी पहचान खो देते हैं।

इसलिए यह निर्धारित करना बहुत ज़रूरी है कि क्या सूचना वास्तव में ब्लैक होल में खो गई थी या सैद्धांतिक रूप से इसे फिर प्राप्त किया जा सकता है। अनेक वैज्ञानिक मानते हैं कि सूचना खोनी नहीं चाहिए, लेकिन वर्षों तक किसी ने भी यह उपाय नहीं सुझाया कि इसे किस तरह से सुरक्षित रखा जा सकता है। सूचना के खो जाने को सूचना का विरोधाभास कहा जाता है, जिसने पिछले चालीस वर्षों से वैज्ञानिकों को परेशान कर रखा है और आज भी यह सैद्धांतिक भौतिकी के सबसे अनसुलझे सवालों में से एक है।

हाल ही सूचना विरोधाभास के संभावित हल को लेकर रुचि पुनः पैदा हुई है, क्योंकि गुरुत्वाकर्षण और क्वांटम मेकैनिक्स के एकीकरण को लेकर नई खोज हुई हैं। इन सफलताओं के केंद्र में अंतरिक्ष और समय के बीच समरूपता की समझ निहित है।

मान लो कि कोई गुरुत्वाकर्षण नहीं है और अंतरिक्ष-समय पूरी तरह से सपाट हैं। यह आकृतिहीन रेगिस्तान के समान होगा। इस तरह के स्थानों में दो तरह की समरूपताएँ होती हैं। पहले को रूपांतरण समरूपता कहते हैं। यदि आप मरुस्थल में एक स्थान से दूसरे स्थान तक जाते हैं, तो आपको कोई बदलाव नहीं दिखेगा। दूसरे को घूर्णन समरूपता कहते हैं। यदि आप मरुस्थल में कहीं पर खड़े हैं, और घूमने लगते हैं, तब भी आपको किसी तरह का अंतर नहीं लगेगा। ये समरूपताएँ 'फ्लैट' स्पेस-टाइम में दिखाई देती हैं, जो पदार्थ की अनुस्थिति में हमें प्राप्त होता है।

यदि इस मरुस्थल में कोई कुछ डालता है, तो यह समरूपता ख़त्म हो जाती है। मान लीजिए मरुस्थल में पहाड़ या उद्यान या कैक्टस हैं, तो यह अलग-अलग स्थानों से अलग दिखेगा और अलग दिशाओं में दिखेगा। यही बात अंतरिक्ष-समय के लिए भी सत्य है। यदि कोई अंतरिक्ष-समय में कुछ वस्तु रखता है, तो रूपांतरण और घूर्णन समानताएँ टूट जाती हैं। और अंतरिक्ष-समय में किसी वस्तु को रखने का अर्थ है गुरुत्वाकर्षण को पैदा करना।

ब्लैक होल अंतरिक्ष और समय का क्षेत्र है, जहाँ पर गुरुत्व बल बहुत शक्तिशाली होता है। इसलिए अंतरिक्ष और समय बुरी तरह से विकृत हो जाते हैं और इसीलिए अनुमान के मुताबिक़ इनकी समरूपताएँ टूट जाती हैं, हालाँकि जैसे ही कोई ब्लैक होल से दूर होता है, तो अंतरिक्ष और समय की वक्रता घटने लगती है। ब्लैक होल से बहुत दूर अंतरिक्ष और समय सपाट नज़र आते हैं।

1960 के दशक में हर्मन बॉन्डी, ए. डब्ल्यू कैनेथ मेट्ज़नर, एमजीजे वेन डेर बर्ग और रेनर ज़क्स ने वास्तव में एक उल्लेखनीय खोज की कि किसी पदार्थ से काफ़ी दूर अंतरिक्ष और समय में समरूपताओं का अनंत संचय होता है, जिसे सुपरट्रांसलेशंस कहा जाता है। प्रत्येक समरूपता संरक्षित मात्रा से संबंधित रहती है, जिसे सुपरट्रांसलेशन चार्जेज़ कहा जाता है। संरक्षित मात्रा वह मात्रा है, जो सिस्टम के विकसित होने पर बदलती नहीं है। जिन संरक्षित

मात्राओं के बारे में अधिक जाना गया है, यह उनके बारे में आम धारणा है। उदाहरण के लिए यदि समय के साथ अंतरिक्ष और समय बदलते नहीं हैं, तो ऊर्जा संरक्षित हो जाती है। यदि अंतरिक्ष और समय अंतरिक्ष में विभिन्न बिंदुओं पर समान दिखते हैं, तो गति संरक्षित हो जाएगी।

सुपरट्रांसलेशंस की खोज के बारे में उल्लेखनीय बात यह है कि किसी ब्लैक होल से दूर असंख्य संरक्षित मात्राएँ होती हैं। संरक्षण के इन्हीं सिद्धांतों ने गुरुत्वाकर्षण भौतिकी की प्रक्रिया में असाधारण और अनपेक्षित ज्ञान दिया है।

2016 में सूचना के विरोधाभास का हल निकालने के लिए मैं अपने सहयोगियों मैल्कम पैरी और एंडी स्ट्रॉमिंगर के साथ संरक्षित मात्रा पर काम कर रहा था। हम जानते थे कि ब्लैक होल्स के तीन प्रत्यक्ष गुण होते हैं - उनका द्रव्यमान, उनके चार्ज और उनकी कोणीय हलचल। लंबे समय तक इसे ही क्लासिकल चार्जेज़ माना जाता रहा है, हालाँकि ब्लैक होल में सुपरट्रांसलेशन चार्ज भी होता है। इसलिए हमने जितना सोचा था, ब्लैक होल में उससे कहीं ज़्यादा गुण होते हैं। ये पूरी तरह से सपाट नहीं होते हैं और न ही इसमें किंचित थ्री हेयर होते हैं। वास्तव में इसमें बड़ी संख्या में सुपरट्रांसलेशन हेयर होते हैं।

यह सुपरट्रांसलेशन हेयर सूचना का संकेत दे सकता है कि ब्लैक होल के भीतर क्या है। यह संभावना है कि इन सुपरट्रांसलेशन चार्जेज़ में सभी सूचनाएँ नहीं आती हों, लेकिन शेष की गिनती अतिरिक्त संरक्षित मात्रा, सुपररोटेशन चार्जेज़ के तौर पर की जा सकती है, जिसमें कुछ अतिरिक्त समरूपताएँ हो सकती हैं, जिन्हें सुपररोटेशंस कहा जाता है। इन्हें अभी तक अच्छी तरह समझा नहीं गया है। यदि यह सही है और ब्लैक होल के बारे में सभी सूचनाओं को 'हेयर्स' के संदर्भ में समझा जाता है, तो फिर सूचना का कोई नुक़सान नहीं होगा। इन विचारों की पुष्टि हाल ही हमारे द्वारा की गई गणना से हो सकी है। स्ट्रॉमिंगर, पैरी और मैंने एक ग्रेजुएट विद्यार्थी साशा हेको के साथ मिलकर खोजा कि ये सुपररोटेशंस चार्जेज़ किसी भी ब्लैक होल

की पूरे एंट्रॉपी का कारण हो सकते हैं। क्वांटम मेकैनिक्स टिका रहता है और सूचनाएँ ब्लैक होल की सतह यानी क्षितिज पर जमा होती रहेंगी।

ब्लैक होल्स को अभी भी उनके द्रव्यमान, इलेक्ट्रिक चार्ज और इवेंट हराइज़न के बाहर के घूर्णन के आधार पर जाना जाता है, लेकिन इवेंट हराइज़न में ही वे सूचनाएँ रहती हैं, जो बता सकें कि इन तीन चीज़ों से परे ब्लैक होल में क्या गिरा है। लोग अभी भी इस पर काम कर रहे हैं, इसीलिए सूचना का विरोधाभास बना हुआ है, फिर भी मुझे उम्मीद है कि हम हल की ओर बढ़ रहे हैं।

6

क्या समय में यात्रा करना संभव है?

सांइंस फिक्शन में अंतरिक्ष और समय को विकृत करना सामान्य बात है। आकाशगंगा के आस-पास या फिर समय में यात्राएँ करने के लिए इनका उपयोग किया जाता है, लेकिन आज की विज्ञान कल्पना कल के विज्ञान का तथ्य हो सकती है, तो फिर ऐसे में समय में यात्रा की क्या गुंजाइश रहती है?

अंतरिक्ष और समय को घुमाकर मोड़ने या विकृत करने का विचार नया ही है। पिछले 2000 वर्षों से यूक्लिडियन ज्यॉमेट्री के सिद्धांत को स्वयं इसका साक्षी माना जाता है। स्कूल में जिन लोगों पर ज्यॉमेट्री सीखने का दबाव डाला गया था, उन्हें इन सिद्धांतों का परिणाम पता होगा कि किसी त्रिकोण के कोणों का योग 180 डिग्री होता है।

पिछली सदी में हालाँकि लोगों ने यह समझना आरंभ किया कि ज्यॉमेट्री के अन्य स्वरूप भी संभव हैं, जिनमें त्रिकोण के कोणों का योग 180 डिग्री हो, यह ज़रूरी नहीं है। उदाहरण के लिए पृथ्वी की सतह को लीजिए। पृथ्वी की सतह के पास जो सीधी रेखा है, उसे ग्रेट सर्किल कहते हैं। यह दो बिंदुओं के बीच में सबसे छोटा मार्ग है और इसी कारण से एयरलाइंस द्वारा इस मार्ग का उपयोग किया जाता रहा है। अब विचार करें कि पृथ्वी

की सतह पर जो त्रिकोण है, वह भूमध्य रेखा का बना हुआ है। 0 डिग्री की रेखा लंदन के देशांतर से पार करती हुई और 90 डिग्री की रेखा बांग्लादेश के पूर्व के देशांतर पर। देशांतर की दो रेखाएँ एक-दूसरे से समकोण पर या 90 डिग्री पर मिलती हैं। देशांतर की दो रेखाएँ उत्तरी ध्रुव पर भी समकोण या 90 डिग्री पर मिलती हैं। अतः एक त्रिकोण में तीन समकोण हैं। इस त्रिकोण के तीन कोणों को मिलाएँ, तो 270 डिग्री, जो निश्चित रूप से 180 डिग्री से अधिक है, जो समतल सतह पर एक त्रिकोण के सभी कोणों को जोड़ने से प्राप्त हुआ। यदि सैडल के आकार की सतह पर कोई त्रिकोण बनाया जाता है, तो तीनों कोणों का कुल योग 180 डिग्री से भी कम आता है।

पृथ्वी की सतह को दो आयामी माना जाता है, यानी पृथ्वी की सतह पर आप दो दिशाओं में जा सकते हैं। समकोणों पर आप उत्तर-दक्षिण या पूर्व-पश्चिम जा सकते हैं, लेकिन फिर इन दोनों के समकोणों पर तीसरी दिशा भी है, जो ऊपर और नीचे है। इसका मतलब है कि पृथ्वी की सतह त्रिआयामी अंतरिक्ष में है। यह तीन आयाम वाला अंतरिक्ष सपाट है। कहने का तात्पर्य है कि यह विचार यूक्लिडियन ज्यॉमेट्री का पालन करता है, हालाँकि यह कल्पना ही कर सकते हैं कि दो आयामी जीवों की नस्ल क्या होगी, जो पृथ्वी की सतह पर चल सकती है, लेकिन तीसरी दिशा ऊपर और नीचे का अनुभव नहीं कर सकती। उन्हें सपाट तीन आयामों वाले अंतरिक्ष का पता ही नहीं चलेगा, जिसमें पृथ्वी की सतह का अस्तित्व है। उनके लिए अंतरिक्ष मुड़ा हुआ होगा और ज्यॉमेट्री ग़ैर-यूक्लिडियन होगी।

लेकिन जैसे यह सोचा जा सकता है कि दो आयामी जीव पृथ्वी की सतह पर रहते हैं, वैसे ही यह कल्पना की जा सकती है कि तीन आयामी अंतरिक्ष जिसमें हम रहते हैं, वह एक गोले की सतह है। इसमें एक आयाम हम देख नहीं पा रहे हैं। यदि गोला बहुत व्यापक है, तो अंतरिक्ष लगभग सपाट होगा और यूक्लिडियन ज्यॉमेट्री छोटी दूरियों पर अनुमान लगाने में सटीक बैठेगी, लेकिन हम देखेंगे कि यूक्लिडियन ज्यॉमेट्री लंबी दूरियों पर

विफल हो जाती है। इसकी सचित्र व्याख्या के लिए कल्पना करें कि पेंटर्स की टीम किसी बड़ी गेंद की सतह पर पेंटिंग कर रही है।

जैसे-जैसे पेंट की परत मोटी होती जाएगी, वैसे-वैसे सतह का आकार बढता जाएगा। यदि गेंद तीन आयाम वाले सपाट अंतरिक्ष में है, तो कोई भी सतत पेंटिंग करता चला जाएगा और गेंद बड़ी होती जाएगी, लेकिन यदि तीन आयामी अंतरिक्ष किसी अन्य आयाम में गोलाई की सतह है, तो उसका आकार विशाल, लेकिन निश्चित होगा। जैसे-जैसे कोई पेंट की परतें लगाता जाएगा, तो अंतरिक्ष के आधे हिस्से को गेंद धीरे-धीरे भर देगी। इसके बाद पेंटर देखेंगे कि वे लगातार घटते जा रहे क्षेत्र में घिरे हैं और लगभग संपूर्ण आकाश गेंद और इसके रंग की परतों से ढक चुका है। इसलिए वे यह समझ जाएँगे कि वे घुमावदार आकाश में रह रहे हैं, यह सपाट नहीं है।

यह उदाहरण बताता है कि कोई भी दुनिया की ज्यॉमेट्री का परिणाम प्राचीन यूनान के पहले सिद्धांत के अनुसार नहीं निकाल सकता। इसकी बजाय उसे उस अंतरिक्ष का माप लेना होगा, जिसमें हम रहते हैं और प्रयोग के माध्यम से उसकी ज्यॉमेट्री को खोजना होगा, हालाँकि 1854 में घुमावदार अंतरिक्ष का वर्णन करने का तरीक़ा जर्मन बर्नहार्ड रीमैन ने विकसित किया था, लेकिन यह 60 वर्ष तक गणित के काग़ज़ के रूप में पड़ा रहा। यह तरीक़ा ऐसे घुमावदार अंतरिक्षों का वर्णन कर सकता था, जिनका अस्तित्व सिर्फ़ कल्पना में था, लेकिन इसके पीछे कोई कारण प्रतीत नहीं होता था कि जिस भौतिक अंतरिक्ष के नीचे हम रहते हैं, वह घुमावदार क्यों होना चाहिए। यह कारण 1915 में तब सामने आया, जब आइंस्टाइन ने जनरल रिलेटिविटी का सिद्धांत पेश किया।

जनरल रिलेटिविटी का सिद्धांत बहुत बड़ी बौद्धिक क्रांति थी, जिसने ब्रह्मांड या अंतरिक्ष के बारे में सोचने का तरीक़ा बदल दिया। यह केवल अंतरिक्ष के घुमावदार या मुड़े होने का सिद्धांत ही नहीं था, बल्कि समय के मोड़े जाने का सिद्धांत भी था। 1905 में ही आइंस्टाइन यह समझ गए थे

कि अंतरिक्ष और समय एक-दूसरे से बहुत गहराई से जुड़े हैं। इसी समय उनके विशेष रिलेटिविटी के सिद्धांत का उद्भव हुआ कि समय और अंतरिक्ष एक दूसरे के साथ जुड़े हैं। कोई भी किसी घटना की अवस्थिति का वर्णन चार संख्याओं से कर सकता है। इनमें से तीन संख्याएँ तो उस घटना की स्थिति के बारे में बताती हैं। ये ऑक्सफोर्ड सर्कस के उत्तर और पूर्व में मीलों दूर हो सकती हैं और समुद्री सतह से ऊँचाई पर। व्यापक पैमाने पर यह आकाशगंगा संबंधी देशांतर, अक्षांतर और आकाशगंगा के केंद्र से दूरी होगी।

चौथी संख्या घटना का समय है। इसलिए कोई भी एक साथ अंतरिक्ष और समय को चार आयामी अस्तित्व वाला मान सकता है, जिसे अंतरिक्ष-समय कहा जाता है। अंतरिक्ष-समय का प्रत्येक बिंदु चार संख्याओं से अंकित किया जाता है, जो अंतरिक्ष और समय की स्थिति को बताती हैं। इस तरह से अंतरिक्ष और समय को एक करने को यदि कोई अलग तरह से सुलझाना चाहे, तो निश्चित रूप से सामान्य होगा। कहने का मतलब यह है कि क्या हर घटना के समय और उसकी स्थिति को अलग तरह से परिभाषित करने का कोई उपाय है, हालाँकि 1905 में स्विस पेटेंट कार्यालय में क्लर्क के पद पर काम करने के दौरान लिखे एक उल्लेखनीय पत्र में आइंस्टाइन ने बताया कि घटना किस समय और स्थिति पर हुई है, इसका विचार उस पर निर्भर करेगा कि वह कैसे घट रही थी। इसका अर्थ यह हुआ कि समय और अंतरिक्ष एक दूसरे के साथ बहुत ही जटिल तरह से जुड़े हैं।

विभिन्न पर्यवेक्षक घटनाओं का जो समय बताते हैं, उनमें तभी सहमति होगी, जब पर्यवेक्षक एक दूसरे से सापेक्षिक गति में नहीं चल रहे होंगे, लेकिन उनकी सापेक्षिक गति जितनी ज़्यादा होगी, उनमें उतनी ही असहमति होगी। इसलिए कोई पूछ सकता है कि किसी को कितना तेज़ चलना चाहिए, ताकि किसी एक पर्यवेक्षक के लिए समय अन्य पर्यवेक्षक की सापेक्षता में पीछे चला जाए। इसका जवाब निम्न हास्यपूर्ण कविता में दिया गया है।

क्या समय में यात्रा करना संभव है?

There was a young lady of Wight

Who travelled much faster than light

She departed one day

In a relative way

And arrived on the previous night.

इसलिए समय की ओर यात्रा करने से पहले हमें एक अंतरिक्ष यान की ज़रूरत पड़ेगी, जो प्रकाश से भी तेज़ गति से गमन करता हो। दुर्भाग्य से उसी पत्र में आइंस्टाइन ने कहा था कि अंतरिक्ष यान को गति प्रदान करने के लिए जितनी रॉकेट शक्ति की ज़रूरत होगी, वह प्रकाश की गति के क़रीब पहुँचने के साथ ही ज़्यादा से ज़्यादा बढ़ती जाएगी। इसके लिए इसमें असीमित क्षमता लगेगी, ताकि इसकी गति प्रकाश की गति को पीछे कर सके।

आइंस्टाइन द्वारा 1905 में पेश शोध-पत्र में अतीत में समय की यात्रा को असंभव बताया गया था। इसमें यह भी संकेत था कि अंतरिक्ष के अन्य तारों तक यात्रा बहुत ही धीमी गति से हो सकती है और यह कठिन भी है। यदि हमारे सबसे क़रीबी तारे तक पहुँच कर लौटना है और प्रकाश की गति से आप तेज़ नहीं हैं, तो आपको कम से कम आठ वर्ष लगेंगे और आकाशगंगा के मध्य तक पहुँचने में 50,000 वर्ष लग सकते हैं। यदि अंतरिक्ष यान की गति प्रकाश की गति के क़रीब पहुँच जाए, तो उसमें सवार अंतरिक्ष यात्रियों को ऐसा लग सकता है कि आकाशगंगा के मध्य तक पहुँचने में कुछ ही वर्ष लगे हैं, लेकिन जब आप लौटें, तो यह जानकर कोई सांत्वना नहीं मिलने वाली कि हर व्यक्ति, जिसे आप जानते थे, वह हज़ारों साल पहले मृत्यु को प्राप्त हो चुका है और उसे भुलाया जा चुका है। साइंस फिक्शन की उपन्यासों के लिए भी यह अच्छा नहीं होगा, इसलिए लेखकों को इस कठिनाई से बाहर निकलने के लिए कोई अन्य तरीक़ा खोजना होगा।

1915 में आइंस्टाइन ने दर्शाया था कि यदि हम मानें कि अंतरिक्ष और समय में मौजूद पदार्थ और ऊर्जा ने या तो इसे मोड़ दिया था या विकृत कर दिया था, तो हम गुरुत्व बल के प्रभाव को बता सकते हैं। यह सिद्धांत ही जनरल रिलेटिविटी का सिद्धांत है। सूर्य का द्रव्यमान जब प्रकाश को मामूली झुकाता है या सूर्य के पास रेडियो वेव्ज़ गुज़रती हैं, उस समय अंतरिक्ष और समय की विकृति को हम महसूस कर सकते हैं।

इस कारण से तारे और रेडियो स्रोत की स्थिति जो दिख रही है, वह तब थोड़ी बदल जाती है, जब पृथ्वी और स्रोत के बीच में सूर्य आ जाता है। स्थान में बदलाव बहुत छोटा सा होता है। यह एक डिग्री का हज़ारवाँ हिस्से के समान होता है, जो एक मील में एक इंच के हिलने के बराबर है। इसके बावजूद इसे बहुत सटीक तरह से मापा जा सकता है और यह रिलेटिविटी के सिद्धांत के अनुरूप है। हमारे पास प्रायोगिक साक्ष्य है कि अंतरिक्ष और समय को मोड़ा जा सकता है।

सौर प्रणाली में गुरुत्वाकर्षण क्षेत्र के कमज़ोर होने के कारण हमारे आस-पास तोड़ने-मोड़ने की मात्रा बहुत कम होती है, हालाँकि हम जानते हैं कि इसके बहुत ही मज़बूत क्षेत्र बन सकते हैं। उदाहरण के लिए जैसे बिग बैंग या ब्लैक होल्स में। क्या विज्ञान की कल्पना के अनुरूप हाइपर स्पेस ड्राइव्स, वॉर्महोल्स या समय की यात्रा के लिए अंतरिक्ष और समय को पर्याप्त तोड़ा-मोड़ा जा सकता है? एक बार देखने पर तो लगता है कि यह संभव है। उदाहरण के लिए 1948 में कुर्त गोडेल ने आइंस्टाइन के रिलेटिविटी के समीकरण के लिए एक हल निकाला, जो यह बताता है कि एक ब्रह्मांड है, जिसमें पदार्थ घूमते हैं। इस ब्रह्मांड में अंतरिक्ष यान में बैठकर वापस आया जा सकता है। कुर्त गोडेल इंस्टीट्यूट ऑफ़ एडवांस स्टडी, प्रिंसटन से जुड़े थे, जहाँ आइंस्टाइन ने भी अंतिम वर्ष बिताए थे। वे इस बात को सिद्ध करने के लिए ज्यादा मशहूर थे कि आप हर चीज़ जो सच है, उसे सिद्ध नहीं कर सकते। अंकगणित जैसे आसान विषय में भी नहीं, लेकिन उन्होंने जनरल रिलेटिविटी के बारे में यह सिद्ध किया कि समय की यात्रा संभव है।

इसने दरअसल आइंस्टाइन को नाराज़ कर दिया था, क्योंकि वे सोचते थे, यह संभव नहीं है।

अब हम जानते हैं कि कुर्त गोडेल का हल उस ब्रह्मांड का प्रतिनिधित्व नहीं करता, जिसमें हम रहते हैं, क्योंकि यह विस्तार होता हुआ नहीं था, साथ ही इसमें कॉस्मोलाजिकल कान्स्टेंट माने जाने वाले परिमाण की अधिक वैल्यू थी, आमतौर पर यह बहुत छोटी मानी जाती है, हालाँकि और उचित हल जो प्रतीत होते हैं, वे समय की यात्रा की बात करते हैं। इसमें से एक दिलचस्प है, जिसे स्ट्रिंग थ्योरी कहते हैं। इसमें दो कॉस्मिक स्ट्रिंग हैं, जो एक-दूसरे के पास प्रकाश की गति से मामूली कम की गति पर चलते हैं। कॉस्मिक स्ट्रिंग सैद्धांतिक भौतिक का उल्लेखनीय विचार है, जिसे वैज्ञानिक कल्पना को लिखने वाले लेखक समझ नहीं सके हैं। जैसा कि उनके नाम से ही समझ में आता है कि वे लड़ी के समान हैं, उनकी लंबाई अधिक है, लेकिन बहुत ही छोटे स्थान पर गाँठ पर एक दूसरे से मिलते हैं। वास्तव में ये रबरबैंड्स की तरह हैं, क्योंकि वे ज़बरदस्त खिंचाव में रहते हैं, क़रीब सौ अरब अरब अरब टन। सूरज से लगा कॉस्मिक स्ट्रिंग शून्य से साठ तक सेकंड के 13वें हिस्से में पहुँच सकता है।

कॉस्मिक स्ट्रिंग्स भले ही दूर की बात और विशुद्ध विज्ञान कल्पना लगते हों, लेकिन इस पर विश्वास करने के वैज्ञानिक कारण हैं कि ये बिग बैंग के कुछ ही समय बाद ब्रह्मांड में बन सकते थे। ये इतने अधिक खिंचाव में रहते हैं, तो कोई भी अनुमान लगा सकता है कि ये लगभग प्रकाश की गति से चलते होंगे।

गोडेल के ब्रह्मांड और तेज़ी से चलने वाली कॉस्मिक स्ट्रिंग में यह समानता है कि अंतरिक्ष-समय दोनों शुरू में इतने तोड़े-मोड़े एवं घुमाव लिए होते हैं कि अंतरिक्ष-समय पुनः अपने में घूम जाते हैं और इसलिए समय में पीछे की ओर यात्रा करना हमेशा से संभव रहा था। ईश्वर शायद इस तरह का तोड़ा-मोड़ा ब्रह्मांड बना सकता था, लेकिन हम यह विचार भी नहीं कर सकते कि उन्होंने ऐसा किया होगा। उपलब्ध तथ्यों के आधार पर हम

कह सकते हैं कि ब्रह्मांड बिग बैंग से शुरू हुआ। इसमें किसी भी तरह की तोड़-मोड़ नहीं थी, जो समय में पीछे जा सके। ब्रह्मांड किस तरह से शुरू हुआ, यह हम बदल नहीं सकते, तो सवाल यह उठता है कि क्या अंतरिक्ष और समय को हम बाद में इस तरह से तोड़-मोड़ सकते हैं, ताकि कोई पीछे की यात्रा पर जा सके। मेरा मानना है कि यह शोध के लिए अहम विषय है, लेकिन सावधानी यह रखनी होगी कि आप पर सनकी होने की छाप न लग जाए। यदि कोई समय की यात्रा करने के लिए शोध अनुदान संबंधी आवेदन देता है, तो वह रखते ही ख़ारिज हो जाएगा। कोई भी सरकारी एजेंसी जनता के पैसे को समय की यात्रा के अनुसंधान के लिए नहीं दे सकती। इसकी बजाय तकनीकी शब्दावली जैसे 'क्लोज्ड टाइम लाइक कर्व्स' इस्तेमाल की जा सकती है, जो समय की यात्रा का कूट नाम है। यह अब तक एक गहन प्रश्न है। जनरल रिलेटीविटी समय की यात्रा करने की बात कहती है, लेकिन क्या वह हमारे ब्रह्मांड में इसकी अनुमति देती है? यदि नहीं तो क्यों नहीं?

समय की यात्रा से गहन ताल्लुक़ रखने वाली बात यह है कि यह अंतरिक्ष में एक स्थान से दूसरे स्थान तक तेज़ी से यात्रा की शक्ति को व्यक्त करती है। जैसा कि मैंने पहले कहा था कि आइंस्टाइन ने बताया था कि अंतरिक्ष यान को प्रकाश की गति से तेज़ गति प्रदान करने के लिए असीमित रॉकेट शक्ति की ज़रूरत होगी। इसलिए आकाशगंगा के एक ओर से दूसरी ओर की यात्रा कम समय में करने के लिए यदि हम अंतरिक्ष और समय को इतना अधिक तोड़-मरोड़ दें कि हम एक छोटी ट्यूब या सुराख बना सकें, तो यह हो सकता है। इससे आकाशगंगा के दोनों छोरों को जोड़ा जा सकता है। यही उसका संक्षिप्त तरीक़ा है कि एक ओर से दूसरी ओर जाया जा सके और जब लौटें, तो आपके मित्र भी जीवित रहें। इस तरह के वॉर्महोल्स का सुझाव गंभीरता से दिया जाता रहा है। यह भविष्य की सभ्यता की क्षमताओं के अनुकूल है, लेकिन यदि आप आकाशगंगा के एक ओर से दूसरी ओर एक या दो हफ़्ते में यात्रा कर पाते हैं, तो आप दूसरे सुराख से वापस जा

सकते है, और जाने से पहले ही लौट सकते हैं। यदि एक सुराख के दो सिरे एक-दूसरे की ओर सापेक्षिक जा रहे हैं, तो आप पीछे समय की यात्रा भी कर सकते हैं।

कोई समझा सकता है कि एक सुराख को बनाने के लिए अंतरिक्ष और समय को तोड़ने-मोड़ने की ज़रूरत होगी। यह दिशा उसके विपरीत होगी, जिसमें सामान्य पदार्थ उसे तोड़-मरोड़ सकते हैं। सामान्य पदार्थ समय और अंतरिक्ष को घुमाकर वापस अपने ही स्थान पर ले जा सकते हैं, जैसे पृथ्वी की सतह, हालाँकि सुराख बनाने के लिए ऐसे पदार्थ की ज़रूरत होती है, जो अंतरिक्ष-समय को विपरीत दिशा में अश्व की पीठ के समान मोड़ सके। अंतरिक्ष-समय को तोड़ने-मोड़ने के उस अन्य तरीक़े के लिए भी यह बात सही है, जिससे अतीत में यात्रा संभव हो सकती है, बशर्ते कि ब्रह्मांड की शुरुआत इतनी विकृत न हुई हो कि उससे समय की यात्रा की अनुमति मिली हो। अंतरिक्ष और समय को जिस तरीक़े से तोड़ने-मोड़ने की ज़रूरत है, उसके लिए ऐसा पदार्थ चाहिए, जो ऋणात्मक द्रव्यमान और ऋणात्मक ऊर्जा घनत्व वाला हो।

ऊर्जा धन की तरह है। यदि आपका बैंक बैलेंस धनात्मक है, तो आप उसे विभिन्न तरह से बाँट सकते हैं, लेकिन क्लासिकल सिद्धांत के अनुसार आप ऊर्जा का ओवरड्राफ़्ट नहीं ले सकते, अन्यथा इन क्लासिकल सिद्धांतों ने हमें ब्रह्मांड को मोड़ने से मना कर दिया होता, जो समय की यात्रा करने के लिए ज़रूरी है, हालाँकि क्लासिकल सिद्धांतों को क्वांटम थ्योरी ने दरकिनार कर दिया। रिलेटिविटी से अलग यह थ्योरी ब्रह्मांड के हमारे चित्र को लेकर एक और क्रांतिकारी क़दम थी। क्वांटम थ्योरी ज़्यादा आसान है और यह आपको एक या दो ओवरड्राफ़्ट लेने की अनुमति दे देती है। दूसरे शब्दों में क्वांटम थ्योरी ऊर्जा के घनत्व को कुछ स्थानों पर ऋणात्मक होने देती है, बशर्ते अन्य स्थानों पर यह धनात्मक हो।

क्वांटम थ्योरी द्वारा ऊर्जा को ऋणात्मक करने की अनुमति देने का कारण यह है कि यह अनसर्टेनिटी के सिद्धांत पर आधारित है। यह थ्योरी

कहती है कि कुछ मात्राओं, जैसे किसी पार्टिकल की स्थिति और गति के कोई सुपरिभाषित परिमाण नहीं होते हैं। जितना सटीक तरह से किसी पार्टिकल की स्थिति को परिभाषित किया जाता है, उतनी ही अनिश्चतता उसकी गति में आ जाती है। यह दोनों उलटक्रम में भी होते हैं। अनसर्टेनिटी का सिद्धांत गुरुत्वाकर्षण और इलेक्ट्रोमैग्नेटिक क्षेत्र में भी लागू होता है। इसका अर्थ है कि ये क्षेत्र रिक्तता की अवस्था में भी शून्य नहीं हो सकते। यदि वे वास्तव में शून्य होते, तो इनका परिमाण दोनों स्थिति और गति में भी शून्य के रूप में सुपरिभाषित किया जा सकता था। यह अनसर्टेनिटी के सिद्धांत का उल्लंघन होता। इसकी बजाय इन क्षेत्रों में निश्चित रूप से न्यूनतम हलचल या उतार-चढ़ाव होता।

कोई इनकी व्याख्या शून्य या रिक्तता में उतार-चढ़ाव के रूप में कर सकता है। जैसे पार्टिकल और एंटी पार्टिकल के जोड़ एक साथ सामने आते हैं और अलग हो जाते हैं, फिर एक साथ आते हैं और एक-दूसरे को नष्ट कर देते हैं।

ये पार्टिकल-एंटी पार्टिकल आभासी होते हैं, क्योंकि कोई भी इसे पार्टिकल डिटेक्टर से माप नहीं सकता है, हालाँकि कोई भी उनके प्रभाव को अप्रत्यक्ष रूप से देख सकता है। इसे करने के एक तरीक़े को केसिमीर इफ़ेक्ट कहते हैं। कल्पना कीजिए कि आपके पास मेटल की दो प्लेटें हैं, जो समानांतर हैं और कुछ दूरी पर हैं। ये प्लेटें पार्टिकल और एंटी पार्टिकल के लिए आईने के समान कार्य कर सकती हैं। इसका मतलब यह हुआ कि दोनों प्लेटों के बीच का जो क्षेत्र है, वह ऑर्गन पाइप की तरह है और यह निश्चित गुंजायमान आवृत्ति में प्रकाश की किरणों को आवाज़ाही करने देता है। इसका परिणाम यह होता है कि कई तरह के उतार-चढ़ाव शून्य या वैक्यूम में होते हैं या फिर दोनों प्लेटों के बीच में पार्टिकल का आभास होता है, जबकि दोनों प्लेटों के बाहर वाले पार्टिकल दिखते नहीं हैं, जहाँ पर रिक्तता में हलचल में कुछ वेवलैंथ हो सकती है। दोनों प्लेटों के बीच और बाहर जो पार्टिकल हैं, उनकी तुलना करने पर समझ में आता है कि प्लेट के एक

ओर के पार्टिकल, दूसरे ओर की तुलना में ज़्यादा ज़ोर नहीं लगा सकते। इसलिए दोनों प्लेटों के बीच में मामूली बल होता है, जो दोनों प्लेटों को एक साथ धकेलता है। प्रायोगिक तौर पर इस बल को मापा जा चुका है। इसलिए आभासी पार्टिकल्स का अस्तित्व वास्तव में होता है और वास्तविक प्रभाव पैदा करते हैं।

आभासी पार्टिकल्स या दोनों प्लेटों के बीच शून्य में उतार-चढ़ाव बहुत कम होते हैं, इसलिए बाहर की तुलना में दोनों प्लेटों के भीतर के पार्टिकलों का ऊर्जा घनत्व कम होता है, लेकिन दोनों प्लेटों से बहुत दूर रिक्त स्थान में ऊर्जा का घनत्व शून्य होना चाहिए, अन्यथा यह अंतरिक्ष और समय को मोड़ देगा और ब्रह्मांड लगभग सपाट नहीं होगा। इसलिए दोनों प्लेट्स के बीच में ऊर्जा का घनत्व ऋणात्मक होना चाहिए।

हमारे पास इस बात के प्रायोगिक सबूत हैं कि प्रकाश के झुकने से अंतरिक्ष-समय मुड़ जाते हैं और इसकी पुष्टि केसिमीर इफ़ेक्ट ने की है कि हम इन्हें ऋणात्मक दिशा में मोड़ सकते हैं। ऐसा देखा जा सकता है कि हम जब विज्ञान एवं तकनीक में आगे बढ़ते हैं, तब हम किसी और तरह से सुराख बना सकते हैं या अंतरिक्ष-समय को किसी अन्य प्रकार से मोड़ सकते हैं, ताकि हम समय में पीछे की यात्रा कर सकें। यदि यही मामला है, तो इससे कई तरह के सवाल और समस्याएँ खड़ी हो जाएँगी। इनमें से एक तो यह है कि यदि समय की यात्रा भविष्य में मुमकिन है, तो भविष्य से कोई पीछे की ओर क्यों नहीं आया है, जो बता सके कि इसे कैसे करना है।

यदि इसके पुख्ता कारण हैं कि हमें उपेक्षित रखा गया, तो भी मानव स्वभाव ऐसा है, जिस पर विश्वास करना कठिन है कि कोई हमें ग़रीब अनाड़ी किसान समझ कर प्रकट नहीं होगा और समय की यात्रा का रहस्य नहीं बताएगा। कई लोग यह दावा करेंगे कि उनके पास भविष्य से कोई पहले ही आ चुका है। वे कह सकते हैं कि उड़न तश्तरियाँ भविष्य से आईं और सरकारें किसी बड़ी साजिश के अंतर्गत इसे छिपा रही हैं और ये यात्री जो ज्ञान लाए हैं, उसे वे अपने तक रख रही हैं। मैं यही कहता हूँ कि यदि

सरकारें ऐसा कर रही हैं, तो बहुत ही घटिया काम कर रही हैं, जो एलियंस से लाभदायक जानकारी नहीं निकलवा पा रही हैं। साजिश वाली बात पर मैं थोड़ा संदेह करता हूँ। मेरा मानना है कि इतिहास में चलने वाले साजिश के सिद्धांत की बजाय सत्यानाश करने वाले सिद्धांत की अधिक संभावना है। उड़न तश्तरियों को देखने की रिपोर्टें किसी बाहरी दुनिया के कारण नहीं उपज सकतीं, क्योंकि ये परस्पर विरोधाभासी हैं, परंतु यदि एक बार आप स्वीकार करते हैं कि कुछ ग़लती या भ्रम है, तो क्या यह संभावना नहीं है कि भविष्य से लोग हमें देखने आ रहे हैं, जो आकाशगंगा के दूसरी ओर के हैं? यदि वे पृथ्वी को वास्तव में उपनिवेश बनाना चाहते हैं या फिर हमें आगाह करना चाहते हैं, तो वे अप्रभावी हैं।

समय की यात्रा को तथ्य के साथ जोड़ने का मुमकिन तरीक़ा यह है कि हमने भविष्य से किसी यात्री को आते हुए नहीं देखा है, इससे यह कह सकते हैं कि भविष्य में ही इस तरह की यात्रा संभव है। इस नज़रिये से कहें, तो अंतरिक्ष-समय को पहले जड़ माना जाता था, क्योंकि हमने इसे देखा है और इसे इतना नहीं मोड़ सकते कि हम पीछे की ओर यात्रा कर सकें। दूसरी तरफ़ भविष्य खुला है, इसलिए हम समय की यात्रा करने के लिए इसे पर्याप्त मोड़ सकते हैं। चूंकि हम इसे भविष्य में ही मोड़ सकते हैं, इसलिए फिर से वर्तमान या उसके पहले के समय में यात्रा नहीं कर सकते।

यह परिदृश्य इस बात की व्याख्या करता है कि भविष्य से आने वाले यात्रियों ने हमारा अतिक्रमण कभी नहीं किया, परंतु साथ ही यह बहुत विरोधाभासों से भरा है। समझ लीजिए कि किसी रॉकेट यान में बैठकर जाना और जाने से पहले ही लौट कर आना संभव है, तो आपको लांच पैड पर रॉकेट छोड़ने से कौन रोक रहा है या फिर आपको यहाँ से जाने कौन रोक रहा है? इस विरोधाभास के और भी पक्ष हैं, जैसे पीछे जाकर अपने जन्म से पहले माता-पिता को मार देना, लेकिन वास्तव में यह समतुल्य है। इसके दो संभावित हल दिखाई देते हैं।

क्या समय में यात्रा करना संभव है?

एक को मैं तर्कसंगत इतिहास के प्रति नज़रिया कहूँगा। जो कह कहता है कि भौतिक के समीकरणों का तर्कसंगत हल ढूँढना होगा, भले ही अंतरिक्ष और समय, समय की यात्रा करने के लिए पर्याप्त मोड़े गए हों। इस नज़रिये के हिसाब से आप रॉकेट में सवार होकर पीछे की ओर यात्रा तब तक नहीं कर सकते, जब तक कि आप पीछे नहीं आ गए हों और अपना रॉकेट लांच करने में विफल हो रहे हों। यह एक तर्कसंगत चित्र है, लेकिन यह बताता है कि हम पूर्ण रूप से दृढ़ संकल्पी हैं : हम अपने दिमाग़ नहीं बदल सकते, यानी हम स्वतंत्र इच्छा से बँधे हैं।

दूसरी संभावना को मैं वैकल्पिक इतिहास का नज़रिया कहूँगा। भौतिकविद डेविड ड्यूश ने इसकी वकालत की थी। और लगता है कि *बैक टू फ़्यूचर* के रचयिता के दिमाग़ में यही बात रही है। इस नज़रिये में एक वैकल्पिक इतिहास में रॉकेट के उड़ने के पहले भविष्य से वापसी नहीं हो सकती और इसलिए इसके विस्फोट की कोई संभावना नहीं है, लेकिन जब यात्री भविष्य से लौटता है, तो वह एक अन्य वैकल्पिक इतिहास में प्रवेश करता है। इसमें मनुष्य जाति अंतरिक्ष यान बनाने में भरपूर परिश्रम करती है और जैसे ही इसे लांच करना होता है कि आकाशगंगा की दूसरी ओर से ऐसा ही अंतरिक्ष यान आ जाता है और उसे नष्ट कर देता है।

डेविड ड्यूश वैकल्पिक इतिहास के समर्थन का दावा इतिहासों के कुल योग के सिद्धांत से करते हैं, जो भौतिकविद रिचर्ड फ़ेनमैन की अवधारणा है। विचार केवल इतना है कि क्वांटम थ्योरी के अनुसार ब्रह्मांड का कोई एक अनूठा इतिहास नहीं है। ब्रह्मांड में हरेक चीज़ का इतिहास है, प्रत्येक का अपनी संभावना के अनुसार। ऐसे कोई इतिहास की संभावना है, जिससे मध्य-पूर्व में चिरकाल के लिए शांति जैसी बात हो, हालाँकि इसकी संभावना कम है।

कुछ इतिहासों में अंतरिक्ष और समय इतने ज़्यादा तोड़े-मोड़े हैं कि रॉकेट जैसी चीज़ें समय में पीछे की यात्रा कर सकती हैं, परंतु प्रत्येक इतिहास पूर्ण और आत्म निहित है कि वह न केवल घूमे हुए अंतरिक्ष और समय

समय की यात्रा करने वालों के लिए पार्टी करने की
कभी सोच सकते हैं? क्या आशा करते हैं
कि कोई आएगा?

2009 में मैंने कैम्ब्रिज के गोनविल एंड कैयस कॉलेज
में समय के यात्रियों के लिए पार्टी की थी, जो समय
की यात्रा पर फ़िल्म के लिए की गई
थी। इसमें समय के यात्री ही आएँ, यह सुनिश्चित
करने के लिए मैंने किसी को पार्टी होने तक
निमंत्रण नहीं दिए थे। पार्टी के दिन
मैं लोगों के आने की उम्मीद में कॉलेज में बैठा था,
लेकिन कोई नहीं आया। मैं दुखी हुआ,
लेकिन चकित नहीं, क्योंकि मैंने पहले बता दिया था
कि यदि जनरल रिलेटिविटी का सिद्धांत ठीक है
और ऊर्जा का घनत्व सकारात्मक है, तो समय
की यात्रा संभव नहीं है। यदि मेरा अनुमान
ग़लत साबित होता तो मुझे
प्रसन्नता होती।

को वर्णित कर रहा है, बल्कि उसमें जो चीज़ें हैं, उन्हें भी बयाँ कर रहा है। इसलिए रॉकेट को वापस लौटने पर अन्य वैकल्पिक इतिहास में स्थानांतरित नहीं किया जा सकता। वह फिर से उसी इतिहास में है, जो तर्कसंगत है। ड्यूश ने जो दावा किया, उसके बावजूद मैं सोचता हूँ कि कुल योग इतिहास की अवधारणा वैकल्पिक इतिहास के विचार की बजाय तर्कसंगत सिद्धांत वाले इतिहास की परिकल्पना का समर्थन करती है।

अतः ऐसा लगता है कि हम तर्कसंगत इतिहास के परिदृश्य से प्रभावित हैं, हालाँकि इसमें उन परिस्थितियों में निर्धारणवाद या स्वतंत्र इच्छा जैसी समस्याएँ नहीं हैं, जब इतिहासों के लिए संभावनाएँ बहुत मामूली हों, जिसमें अंतरिक्ष और समय इस तरह से मोड़े गए हों कि मैक्रोस्कोपिक क्षेत्र में समय की यात्रा संभव हो। इसे मैं क्रोनोलॉजी प्रोटेक्शन कॉनजेक्चर कहता हूँ। ये भौतिकशास्त्र के ऐसे नियम हैं, जो मैक्रोस्कोपिक स्तर पर समय की यात्रा को रोकने की साजिश रचते हैं।

ऐसा प्रतीत होता है कि जब अंतरिक्ष-समय इतने मोड़े जाते हैं कि वे पीछे की ओर यात्रा कर सकें, तब आभासी पार्टिकल संकीर्ण प्रक्षेप पथ में वास्तविक बन जाते हैं। आभासी पार्टिकलों का घनत्व और उनकी ऊर्जा अधिक हो जाती है। इसका अर्थ है कि इस तरह के इतिहास के आसार बहुत कम हैं। अतः ऐसा लगता है कि एक क्रोनोलॉजी प्रोटेक्शन एजेंसी होगी, जो इतिहासकारों के लिए दुनिया को सुरक्षित बना रही होगी, लेकिन अभी अंतरिक्ष-समय को मोड़ने का प्रश्न अपने शैशवकाल में है। स्ट्रिंग थ्योरी, रिलेटिविटी का सिद्धांत और क्वांटम थ्योरी का एकीकरण करने से पता चलता है कि अंतरिक्ष-समय के ग्यारह आयाम हैं, चार नहीं हैं, जैसा हमें अनुभव होता है। विचार यह है कि ग्यारह में से सात आयाम अंतरिक्ष में ही घुमावदार स्थिति में हैं, इतने छोटे हैं कि हम देख नहीं पाते हैं, जबकि शेष चार दिशाएँ एकदम सपाट हैं और इसे हम अंतरिक्ष और समय कहते हैं। यदि यह परिदृश्य ठीक है, तो यह संभव है कि चार सपाट दिशाओं को सात अधिक घुमावदार दिशाओं से जोड़ दिया जाए। इससे क्या होगा, हमें पता

143

नहीं, लेकिन इससे रोमांचक संभावनाओं के द्वार खुल जाते हैं।

निष्कर्ष में यह कह सकते हैं कि हमारी अभी तक की समझ के अनुसार अंतरिक्ष में यात्रा और समय में पीछे की ओर यात्रा से इंकार नहीं कर सकते। इनसे बहुत बड़ी तार्किक समस्याएँ खड़ी हो सकती हैं, तो आशा करते हैं कि क्रोनोलॉजी प्रोटेक्शन सिद्धांत से समय के पीछे की यात्रा करने और अपने अभिभावकों को मारने से लोगों को रोका जा सकता है, लेकिन विज्ञान कथाओं के दीवानों को निराश नहीं होना चाहिए, क्योंकि उम्मीद एम-थ्योरी में है।

7

क्या पृथ्वी पर हमारा अस्तित्व बचेगा?

जनवरी 2018 में पत्रिका *द बुलेटिन ऑफ़ द अटोमिक साइंटिस्ट्स* ने डूम्सडे क्लॉक को मध्य रात्रि के आस-पास दो मिनट के लिए आगे बढ़ा दिया। इस पत्रिका की स्थापना उन कुछ भौतिकविदों ने की थी, जिन्होंने मैनहट्टन प्रोजेक्ट पर काम किया था। इस प्रोजेक्ट के तहत ही सबसे पहले परमाणु हथियार बनाए गए थे। डूम्सडे क्लॉक प्रलय की सन्निकटता का अनुमान लगाने का पैमाना है। पृथ्वी के समक्ष यह ख़तरा सैन्य या पर्यावरण संबंधी दोनों हो सकता है।

इस क्लॉक का रोचक इतिहास रहा है। यह 1947 में शुरू की गई थी। उस वक़्त परमाणु दौर आरंभ ही हुआ था। मैनहट्टन प्रोजेक्ट के मुख्य वैज्ञानिक रॉबर्ट ओपेनहाइमर ने दो साल पहले जुलाई, 1945 में दुनिया के पहले परमाणु परीक्षण के बाद कहा था, "हम जानते थे कि दुनिया ऐसी नहीं रहेगी। कुछ लोग हँसे, कुछ रोने लगे और अधिकांश मौन थे। मुझे गीता की पंक्तियाँ स्मरण में आती हैं, 'अब मैं संहारक हूँ, विश्व को नष्ट करने वाला'।"

1947 में क्लॉक को मूल रूप से आधी रात के सात मिनट पहले पर सेट किया था। अब यह तुलनात्मक रूप से डूम्सडे के सबसे ज़्यादा निकट आ चुकी है। इसे 1950 के दशक में जब शीत युद्ध शुरू हुआ था, तब सेट किया गया था। क्लॉक और उसकी हलचल सांकेतिक है, लेकिन मुझे अब

लगने लगा है कि अन्य वैज्ञानिकों की ओर से यह ख़तरनाक चेतावनी कुछ हद तक डोनाल्ड ट्रम्प के चुने जाने से प्रेरित हुई है। इसे गंभीरता से लिया जाना चाहिए। विचार यह है कि क्या मानव जाति के लिए समय तेज़ी से निकलता जा रहा है या उसके लिए समय ख़त्म होता जा रहा है? क्या यह वास्तविक है या महज़ भय फैलाने वाला? यह चेतावनी समय के अनुकूल है या समय की बर्बादी है?

समय में मेरी बहुत निजी रुचि रही है। पहला कारण तो मेरी बेस्टसेलिंग पुस्तक ए *ब्रीफ़ हिस्ट्री ऑफ़ टाइम* है और यही प्रमुख कारण है कि मैं वैज्ञानिकों की बिरादरी से बाहर भी जाना जाता हूँ। इसलिए कुछ लोग यह विचार कर सकते हैं कि मैं समय का विशेषज्ञ हूँ, हालाँकि वास्तव में इन दिनों किसी चीज़ का विशेषज्ञ होना अच्छी बात नहीं है। दूसरी बात, जिस व्यक्ति को डॉक्टरों ने इक्कीस वर्ष की आयु में ही कह दिया था कि वह पाँच वर्ष से ज़्यादा ज़िंदा नहीं रहेगा, जो 2018 में 76 वर्ष का हो चुका है। बहुत निजी कारण है कि दूसरे अर्थों में भी मैं समय का विशेषज्ञ रहा हूँ। मेरे जीवन में समय की गुंजाइश के बारे में मैं सचेत और असहज हूँ। मैंने अपना अधिकतर जीवन इस बोध के साथ व्यतीत किया है कि मेरे पास जो समय है, वह उनके हिसाब से उधार का है।

बिना किसी संदेह के कहा जा सकता है कि मेरी स्मृति में तुलनात्मक रूप से हमारी दुनिया राजनीतिक दृष्टि से पहले से कहीं ज़्यादा अस्थिर है। बड़ी संख्या में लोग महसूस करने लगे हैं कि वे आर्थिक और सामाजिक रूप से पिछड़ गए हैं। इस कारण से वे लोक लुभावन नेताओं की ओर रुख करने लगे हैं। ये राजनेता ऐसे होते हैं, जिनको सरकार चलाने का सीमित अनुभव होता है और संकट में शांतिपूर्ण फ़ैसले लेने की उनकी क्षमता को परखा नहीं गया है। इसका अर्थ यह है कि डूम्सडे क्लॉक को निर्णायक बिंदु के पास बढ़ाया जाना चाहिए, क्योंकि बेपरवाह और दुर्भावनापूर्ण ताक़तें महायुद्ध के आसार बढ़ा रही हैं।

क्या पृथ्वी पर हमारा अस्तित्व बचेगा?

पृथ्वी पर कई तरह के ख़तरे मँडरा रहे हैं और उनके बारे में मैं सकारात्मक नहीं हो सकता। ये चेतावनियाँ बहुत बड़ी और अनगिनत हैं।

पहला, पृथ्वी हमारे लिए बहुत छोटी होती जा रही है। हमारे भौतिक संसाधनों का दोहन इतना अधिक है कि वे ख़त्म हो चले हैं और चेतावनी के स्तर तक पहुँच चुके हैं। हमने अपने ग्रह पृथ्वी को एक भयावह भेंट जलवायु परिवर्तन के रूप में दी है। उसका तापमान तेज़ी से बढ़ता जा रहा है और ध्रुवों पर बर्फ़ घट रही है। वन नष्ट हो रहे हैं, आबादी नियंत्रण से बाहर है। बीमारी, लड़ाई, अकाल, जलाभाव और पशुओं की प्रजातियों का ख़ात्मा आदि समस्याएँ समाधान योग्य हैं, लेकिन अभी तक इनका हल नहीं किया गया है।

ग्लोबल वॉर्मिंग हम सभी के कारण हुई है। जैसे हमें कारें चाहिए, यात्रा करनी है और जीवनयापन का बेहतर तरीक़ा चाहिए। परेशानी यह है कि जब तक लोगों को समझ में आएगा कि क्या हो रहा है, तब तक देर हो चुकी होगी। हम दूसरे परमाणु काल और अपूर्व जलवायु परिवर्तन के मुहाने पर खड़े हैं। ऐसे में वैज्ञानिकों का विशेष दायित्व है कि वे एक बार फिर लोगों को मानव जाति के समक्ष मौजूद आपदाओं के बारे में बताएँ और नेताओं को ज़रूरी सलाह दें। वैज्ञानिक के रूप में हम परमाणु ख़तरों और उनके विनाशकारी प्रभावों को भली-भाँति समझते हैं। हम इस बात को समझ रहे हैं कि किस प्रकार से मानव की गतिविधियाँ और प्रौद्योगिकियाँ जलवायु से जुड़ी प्रणालियों को इस तरह प्रभावित कर सकती हैं कि उससे पृथ्वी पर जीवन हमेशा के लिए बदल जाएगा। दुनिया के नागरिक होने के नाते हमें लोगों से यह जानकारी साझा करनी होगी और अनावश्यक जोखिम, जिन्हें हम हर दिन देख रहे हैं, उनके प्रति उन्हें सचेत करना होगा। यदि समाज और सरकार अभी कार्रवाई करके ऐसे क़दम नहीं उठाते, जिनसे आगे जलवायु परिवर्तन थम जाए और परमाणु हथियार बेकार हो जाएँ, तो हम बड़ी आपदा का पूर्वानुमान लगा सकते हैं।

कई राजनेता ऐसे हैं, जो मानव निर्मित जलवायु परिवर्तन के सत्य को स्वीकार ही नहीं करते, या न ही कम से कम यह मानते हैं कि मानव के

पास इस प्रक्रिया को उलटने की क्षमता है। यह ऐसे समय में हो रहा है, जब पूरा विश्व एक के बाद एक पर्यावरण संकट झेल रहा है। ख़तरा इस बात का भी है कि ग्लोबल वॉर्मिंग कहीं स्वतःस्फूर्त न हो जाए। आर्कटिक और अंटार्टिका में बर्फ़ की परत पिघल जाने से अंतरिक्ष में पुनः परावर्तित होने वाली सौर ऊर्जा की मात्रा में गिरावट आ जाती है और इससे तापमान बढ़ते जाता है। जलवायु परिवर्तन के कारण अमेजन और अन्य वर्षा वन ख़त्म हो जाएँगे। इससे वायुमंडल से कार्बन डाई ऑक्साइड (CO_2) समाप्त करने का एक मुख्य साधन ख़त्म हो जाएगा। समुद्र के तापमान में इज़ाफ़ा होने से कार्बन डाई ऑक्साइड बड़े पैमाने पर निकल सकती है। इन दोनों कारणों से ग्रीनहाउस प्रभाव में वृद्धि होगी, जिससे ग्लोबल वॉर्मिंग की गति तीव्र हो जाएगी। दोनों के प्रभाव से हमारे यहाँ वायुमंडल शुक्र के समान हो जाएगा, जो गर्म होकर उबलने लगेगा और सल्फ्यूरिक एसिड की वर्षा होने लगेगी, लेकिन जब तापमान 250 डिग्री सेंटीग्रेड हो जाएगा, तो मानव का जीवन टिक नहीं सकेगा। हमें 1997 में स्वीकार किए गए क्योटो प्रोटोकॉल से आगे जाते हुए कार्बन उत्सर्जन घटाना होगा। हमारे पास तकनीक तो है, लेकिन राजनीतिक इच्छा शक्ति की ज़रूरत है।

हम अज्ञानी और विचारशून्य लोग हो सकते हैं। हमने जब भी इतिहास में इस तरह के संकट का सामना किया, तब हमारे पास सामान्यतः कोई जगह होती थी, जहाँ हम उपनिवेश बसा सकते थे। कोलंबस ने 1492 में ऐसा किया, जब उन्होंने नई दुनिया की खोज की, परंतु अब कोई नया विश्व नहीं है। कोई कल्पनालोक नहीं है। हमारे लिए जगह कम पड़ रही है और जो जाने के लिए अन्य स्थान बचे हैं, वे दूसरे विश्व हैं।

ब्रह्मांड हिंसक स्थान है। तारे ग्रहों को निगल जाते हैं, सुपरनोवा अंतरिक्ष में घातक किरणें छोड़ते हैं, ब्लैक होल्स एक दूसरे से टकरा जाते हैं और छोटे तारे एक पल में सैकड़ों मील का सफ़र तय करते हैं। इस तरह की अद्भुत घटनाओं के कारण अंतरिक्ष बहुत आकर्षक प्रतीत नहीं होता है, लेकिन इन्हीं कारणों से हमें यहाँ टिके रहने की बजाय बाहर निकल कर

अंतरिक्ष में जाने का जोखिम उठाना चाहिए। छोटे तारे का टकराना ऐसी खगोलीय घटना है, जिसके प्रति हमारे पास कोई रक्षा कवच नहीं है। इस तरह का टकराव 660 लाख वर्ष पहले हुआ था। यह माना जाता है कि डायनासौर का महाविनाश इसी में हुआ था और यह फिर होगा। यह कोई वैज्ञानिक कल्पना नहीं है। भौतिकी और संभाव्यता के सिद्धांतों के अनुरूप ऐसा होना तय है।

परमाणु युद्ध अभी भी मनुष्य के लिए संभवतः सबसे बड़ा ख़तरा बना हुआ है। यह ऐसा ख़तरा है, जिसे हम भूल चुके हैं। रूस और अमेरिका की इसे करने में अब रुचि नहीं है, लेकिन मान लीजिए कोई दुर्घटना हो जाती है या आतंकी इन दोनों के परमाणु हथियारों पर क़ब्ज़ा कर लेते हैं, तो क्या होगा। जैसे-जैसे ज़्यादा देशों के पास परमाणु हथियार होते जा रहे हैं, यह ख़तरा बढ़ता जा रहा है। शीत युद्ध के समाप्त होने के बाद भी परमाणु हथियारों के इतने भंडार हैं, जो हमें कई बार समाप्त कर सकते हैं। परमाणु हथियार बनाने वाले नए देश इस अस्थिरता को बढ़ा सकते हैं। समय के साथ परमाणु ख़तरा कम हो सकता है, लेकिन दूसरी चुनौतियाँ सामने आ जाएँगी। इसलिए हमें सजग रहना होगा।

इस तरह या उस तरह, इसे टाला नहीं जा सकता। मेरा मानना है कि परमाणु विवाद या फिर पर्यावरणीय प्रलय अगले 1000 वर्ष में होने के आसार हैं। इससे पृथ्वी समाप्त हो जाएगी। जैसे ही समय निकलता जाएगा, यह पलक झपकने के समान होगा। तब तक मैं उम्मीद करता हूँ और मानता भी हूँ कि हमारी प्रतिभाशाली प्रजाति पृथ्वी पर बचने के उपाय खोज लेगी और इसलिए हम आपदा से बच सकेंगे, लेकिन यह स्थिति पृथ्वी पर रहने वाली लाखों प्रजातियों की नहीं होगी और यह पृथ्वी पर एक जाति के रूप में हमारे विवेक पर निर्भर होगा।

मैं सोचता हूँ कि हम पृथ्वी पर अपने भविष्य को लेकर लापरवाह से भरी उदासीनता के साथ रह रहे हैं। इस वक़्त हमारे पास कहीं और जाने की जगह नहीं है, लेकिन लंबे समय में मानव जाति को अपने सारे विकल्प एक

ही स्थान पर नहीं रखने चाहिए या फिर एक ही ग्रह पर नहीं रहना चाहिए। आशा है कि पृथ्वी से निकलने का मार्ग ढूँढ लेने से पहले हम हार मानने से बचेंगे। स्वभाव से हम खोज करने वाले हैं। जिज्ञासा से प्रेरित होते हैं। यही मनुष्य का गुण है। इसी जिज्ञासा के चलते हुए हमने साबित किया कि पृथ्वी सीधी नहीं है। इसी प्रकृति के कारण हम विचारों की गति से तारों तक चले जाते हैं। इससे वास्तविकता में वहाँ जाने की प्रेरणा मिलती है। जब भी हम कोई बड़ी छलांग लगाते हैं, जैसे चंद्रमा पर पहुँचना, तब हम मानव जाति को आगे बढ़ाते हैं और लोगों और राष्ट्रों को एक साथ ले आते हैं। इससे नई खोजों और नई तकनीकों के युग में प्रवेश करते हैं। पृथ्वी को त्यागने के लिए वैश्विक दृष्टिकोण ज़रूरी है। इससे हर किसी को जुड़ना चाहिए। उस उत्सुकता को फिर से जगाना होगा, जो 1960 के दशक में अंतरिक्ष की यात्रा को लेकर थी। तकनीक पर लगभग हमारी पकड़ है। आवश्यकता और सौर प्रणालियों की खोज करने की है। फैल जाने से हम स्वयं को अपने आप से ही बचा सकेंगे। मुझे इस बात का पूर्ण विश्वास है कि मनुष्य को पृथ्वी छोड़कर जाने की ज़रूरत है। यदि हम रुके तो पूर्णतया नष्ट होने का जोखिम है।

●

तो अंतरिक्ष की खोज की मेरी आशा से कहीं परे भविष्य कैसा दिखेगा और विज्ञान हमारी किस तरह सहायता कर पाएगा?

भविष्य में साइंस कैसा होगा, इसका प्रचलित चित्र साइंस फिक्शन *स्टार ट्रैक* में दिखाया गया है। *स्टार ट्रैक* के निर्माताओं ने मुझे इसमें भाग लेने को कहा था, जो कठिन नहीं था।

वह उपस्थिति मनोरंजन से भरपूर थी, लेकिन मैं इसका उल्लेख एक गंभीर बिंदु को सामने रखने के लिए करता हूँ। एचजी वेल्स और उसके बाद हमने भविष्य की जो भी परिकल्पनाएँ की हैं, वे आवश्यक रूप से गतिहीन रही

हैं। इसमें बताया गया है कि एक समाज ऐसा है, जो हमसे विज्ञान, तकनीक और राजनीतिक संगठन के रूप में बहुत आगे है। (इसमें जो अंतिम है, वह अधिक कठिन नहीं है)। अब और तब में भारी बदलाव हुए होंगे, जिनमें उनके तनाव और परेशानियाँ सम्मिलित रही होंगी, लेकिन जब तक हम भविष्य को देख पाते हैं, तब तक विज्ञान, प्रौद्योगिकी और सामाजिक संगठनों से आशा की जाती है कि वे लगभग आदर्श परिस्थिति का स्तर अर्जित कर लें।

मैं इस स्थिति में सवाल उठाता हूँ कि क्या हम कभी विज्ञान या प्रौद्योगिकी की अंतिम स्थिर अवस्था में पहुँच सकेंगे। 10,000 वर्ष में कभी भी मानव जाति हिमयुग से अब तक अपरिवर्तशील ज्ञान और स्थिर प्रौद्योगिकी की अवस्था में कभी नहीं रही। कुछ झटके भी लगे, जिसे हम अंधकार युग कहते हैं। यह रोमन साम्राज्य के ख़त्म होने के बाद हुआ, लेकिन दुनिया की आबादी लगातार बढ़ी है। उसके पास अब जीवन संरक्षण और ख़ुद का पेट भरने की ताक़त है, जो हमारी प्रौद्योगिकी की क्षमता का माप है। आबादी के बढ़ने में ब्लैक डेथ जैसी कुछ गड़बड़ियाँ हुई हैं। पिछले 200 वर्षों में दुनिया की आबादी में इतना अधिक इज़ाफ़ा हुआ कि यह 1 अरब से बढ़कर 7.6 अरब हो गई। हाल ही के दौर में प्रौद्योगिकी विकास के मापक के रूप में बिजली की खपत और वैज्ञानिक आलेख रहे हैं। इनमें भी बहुत वृद्धि हुई। वास्तव में हमारी आशाएँ इतनी बढ़ गई हैं कि कुछ लोगों को लगता है उन्हें राजनेता और वैज्ञानिकों ने छला है, क्योंकि हम अभी तक आदर्शलोक की कल्पनाओं को सार्थक नहीं कर सके हैं। उदाहरण के लिए 2001 में आई फ़िल्म : *ए स्पेस ओडेसी* में हमें बताया कि चंद्रमा पर आधार शिविर है या मानव युक्त यान को बृहस्पति ग्रह पर भेजा जा रहा है।

इस बात के कोई संकेत नहीं हैं कि वैज्ञानिक और प्रौद्योगिकी विकास कुछ समय में धीरे हो जाएगा या रुक जाएगा। *स्टार ट्रैक* के दौर तक तो नहीं होगा, जो 350 वर्ष दूर है, लेकिन विकास की जो वर्तमान दर है, वह अगली सहस्त्राब्दी तक जारी नहीं रहने वाली है। वर्ष 2600 तक विश्व की जनसंख्या इतनी हो जाएगी कि सब पास-पास खड़े होंगे, साथ ही बिजली

की खपत इतनी अधिक हो जाएगी कि पृथ्वी तप्त लाल हो जाएगी। यदि आप पुस्तकों को क्रमबद्ध एक-एक करके रखते हैं और नई पुस्तकों के प्रकाशन की वर्तमान दर देखते हैं, तो अंत तक पहुँचने के लिए आपको प्रति घंटे 90 मील की रफ़्तार से चलना होगा। यह सही है कि 2600 तक नई कला और वैज्ञानिक कार्य इलेक्ट्रॉनिक रूप में पेश किए जाने लगेंगे, बजाय काग़ज़ पुस्तक के। यदि तेज़ी से विकास इसी प्रकार चलता रहा, तो मेरे जैसे सैद्धांतिक भौतिकशास्त्र के हर सेकंड में दस पेज निकलेंगे और किसी के पास उन्हें पढ़ने का समय नहीं होगा।

स्पष्ट है कि इस तरह द्रुत विकास अनंत तक नहीं चलेगा, तो क्या हो जाएगा? एक संभावना हो सकती है कि हम ख़ुद को ही किसी परमाणु युद्ध जैसी आपदा में ख़त्म कर लें। यदि हम ख़ुद को पूरी तरह से ख़त्म नहीं भी करते हैं, तो ऐसी संभावना है कि हम गिर कर क्रूर हो जाएँगे और बर्बरता पर उतर आएँगे, जैसे कि *टर्मिनेटर* का शुरुआती दृश्य था।

अगली सहस्राब्दी में हम विज्ञान एवं तकनीक को किस तरह से विकसित कर सकेंगे? इसका जवाब बहुत मुश्किल है, लेकिन मैं हिम्मत करके भविष्य के लिए कुछ अनुमान प्रस्तुत करता हूँ। अगले 100 साल तक के बदलावों के बारे में मेरी भविष्यवाणियाँ सही होने के कुछ अवसर हैं, लेकिन शेष सहस्राब्दी के लिए अनुमान हवा में ही रहेंगे।

उत्तरी अमेरिका पर यूरोपीय उपनिवेश के वक़्त से विज्ञान की आधुनिक समझ शुरू होती है। उन्नीसवीं सदी के अंत तक ऐसा प्रतीत होता था कि हम क्लासिकल लॉज के माध्यम से ब्रह्मांड की पूरी समझ विकसित करने के क़रीब हैं, किंतु बीसवीं सदी में जैसा हमने अवलोकन से देखा कि ऊर्जा विभिन्न खंडों में आती है, जिसे क्वांटा कहते हैं। नए प्रकार का सिद्धांत क्वांटम मेकैनिक्स कहलाता है। इसे मैक्स प्लैंक व अन्य ने प्रतिपादित किया था। इसने एकदम से वास्तविकता का अलग ही दृश्य पेश किया, जिसमें चीज़ों का एक अनोखा इतिहास नहीं था, लेकिन हर संभव इतिहास को उसकी संभावना के साथ लिया गया। जब कोई किसी एक पार्टिकल का अध्ययन

154

करता है, तो इस पार्टिकल के इतिहास में वह रास्ता भी शामिल रहता है, जिसमें वह प्रकाश से भी ज़्यादा तेज़ गति से चला है और वे रास्ते भी आते हैं, जो समय में पीछे होते हैं, हालाँकि ये मार्ग जो समय में पीछे ले जाते हैं, किन्हीं फ़रिश्तों की तरह किसी पिन पर नाचते हुए नहीं हैं। इनके वास्तविक प्रेक्षण परिणाम होते हैं। यहाँ तक कि जिसे हम खाली या रिक्त स्थान मानते हैं, वह भी पार्टिकलों से भरा हुआ होता है, जो अंतरिक्ष और समय क्लोज्ड लूप में चल रहे होते हैं। इसलिए ये एक ओर समय में आगे की ओर बढ़ रहे होते हैं और दूसरी ओर समय में पीछे भी जा रहे होते हैं।

विचित्र बात यह है कि अंतरिक्ष और समय में अनंत बिंदु हैं और पार्टिकलों के क्लोज्ड लूप की अनंत संख्या है। साथ ही पार्टिकलों के असंख्य क्लोज्ड लूस में अनंत ऊर्जा होगी, जो अंतरिक्ष और समय को घुमाते हुए एक बिंदु पर ले आएगी। यहाँ तक कि वैज्ञानिक कल्पना भी इस तरह की विचित्र चीज़ों के बारे में चिंतन नहीं करती है। इस तरह की अनंत ऊर्जा से निपटने के लिए रचनात्मकता की आवश्यकता होती है। सैद्धांतिक भौतिकी पिछले 20 वर्ष से ऐसे सिद्धांत की प्रतीक्षा कर रही है, जब समय और अंतरिक्ष में अनंत संख्या में क्लोज्ड लूस एक दूसरे को निरस्त कर देते हैं। तभी क्वांटम थ्योरी को आइंस्टाइन के रिलेटिविटी के सिद्धांत से जोड़ सकते हैं और ब्रह्मांड के बुनियादी नियमों के पूर्ण सिद्धांत को हासिल किया जा सकता है।

इस बात के क्या आसार हैं कि हम इस पूर्ण सिद्धांत को अगली सहस्राब्दी में खोज सकेंगे? मैं कहूँगा कि आसार बहुत अच्छे थे, लेकिन मैं आशावादी हूँ। 1980 में मैंने कहा था कि मैं सोचता हूँ कि 20 वर्षों में पूर्ण एकीकृत सिद्धांत को खोजने के 50-50 यानी आधे-आधे आसार हैं। तब से हमने उल्लेखनीय प्रगति की है, लेकिन फिर भी अंतिम सिद्धांत अभी उतनी ही दूर नज़र आता है। क्या भौतिक शास्त्र का होली ग्रेल हमेशा पहुँच से दूर रहेगा? मैं समझता हूँ, ऐसा नहीं है।

बीसवीं सदी के आरंभ में क्लासिकल फिज़िक्स के पैमाने पर हम प्रकृति की कार्यप्रणाली को समझ चुके थे। यह मिलीमीटर का सौवें हिस्से के बराबर

समझा जा चुका था। परमाणु भौतिकी की दिशा में सदी के पहले तीन दशक में किए गए कार्य से हमें मिलीमीटर के दस लाखवें हिस्से तक की गूढ़ता समझ आ चुकी थी। इसके बाद से ही परमाणु एवं उच्च ऊर्जा भौतिकी पर रिसर्च इतना गहरा ले जाती गई कि यह इसका अरबवाँ हिस्सा तक छू लिया। यह दिखाई देने लगा कि हम हमेशा ऐसी संरचना तक जा सकते हैं, जो बहुत ही सूक्ष्म हो, हालाँकि इस सीरीज़ की सीमा होती है, जैसे कि नेस्टिंग रशियन डॉल्स की सीरीज़ सीमित होती है। अंततः हम सबसे छोटी गुड़िया तक जा सकते हैं, जिसे किसी भी स्थिति में तोड़ा नहीं जा सकता। भौतिकशास्त्र में सबसे छोटी गुड़िया को प्लैंक लेंथ कहते हैं और यह मिमी. को 100,000 अरब अरब अरब से भाग देने के बराबर है। हम पार्टिकलों के एक्सीलरेटर नहीं बना रहे हैं, जो छोटी दूरी को पता कर सकें। इसे सौर प्रणाली से भी बड़ा बनाना होगा और अभी की वित्तीय स्थिति में यह संभव नहीं है। हमारे सिद्धांतों के भी नतीजे हैं, जिनका साधारण मशीनों द्वारा परीक्षण किया जा सकता है।

प्रयोगशाला में प्लैंक लेंथ को जाँचना संभव नहीं है, हालाँकि हम अपेक्षाकृत बेहद उच्च ऊर्जा और कम लंबाई के पैमानों पर बिग बैंग के प्रेक्षण साक्ष्य हासिल कर सकते हैं। इसे हम पृथ्वी पर करने में सफल नहीं हो सकते, हालाँकि बड़े पैमाने पर हमें गणितीय गणना और निरंतरता पर निर्भर रहना होगा, ताकि हर चीज़ का अंतिम सिद्धांत पा सकें।

ब्रह्मांड को संचालित करने वाले बुनियादी नियमों को लेकर हमारा ज्ञान तब सही हो सकता है, जब हम *स्टार ट्रैक* के नज़रिये से भविष्य को देखते हैं, जिसमें हम उन्नत, लेकिन वास्तव में ज्ञान का स्थैतिक स्तर प्राप्त करते हैं। मुझे नहीं लगता कि इन नियमों का जिस तरह से हम उपयोग करते हैं, उसमें स्थिर स्थिति कभी प्राप्त हो सकेगी। हम जिस तरह की प्रणालियाँ विकसित कर सकते हैं, उसमें अल्टीमेट थ्योरी जटिलता की कोई सीमा तय नहीं करेगी। इसी जटिलता में नई सहस्राब्दी के तमाम महत्त्वपूर्ण विकास निहित होंगे।

●

सबसे जटिल तंत्र तो हमारे ख़ुद के शरीर ही हैं। ऐसा प्रतीत होता है कि जीवन आदिम महासागरों में आरंभ हुआ था, जो चार अरब वर्ष पूर्व धरती पर फैले थे। हमें नहीं पता कि यह कैसे हुआ। यह परमाणुओं के बीच आकस्मिक टकराव के कारण हुआ, जिसने बड़े अणु बना दिए, जो स्वयं को फिर बनाकर ख़ुद को एक जटिल संरचना में ढाल सकते थे। हम जानते हैं कि साढ़े तीन अरब वर्ष बहुत जटिल मॉलिक्यूल डीएनए उभर कर सामने आया था। डीएनए ही पृथ्वी पर जीवन की नींव है। यह डबल हेलिक्स संरचना है, जैसे घुमावदार सीढ़ियाँ रहती हैं। फ्रांसिस क्रिक और जेम्स वॉटसन ने 1953 में कैम्ब्रिज की कैवेनडिश लैब में इसकी खोज की। इसमें डबल हेलिक्स की दो लड़ें न्यूक्लिक एसिड की जोड़ से संबंधित होती हैं, जैसे घुमावदार सीढ़ियों के पायदान होते हैं। न्यूक्लिक एसिड्स चार प्रकार के रहते हैं : सिस्टोसीन, ग्वानीन, एडेनीन और थायमिन। जिस क्रम में घुमावदार सीढ़ियों के समान अनेक न्यूक्लिक एसिड्स उभरते हैं, उसमें आनुवांशिक जानकारी रहती है, जो डीएनए मॉलिक्यूल्स को एक बनावट प्रदान करते हैं और स्वयं की प्रतिकृति तैयार करते हैं। डीएनए ख़ुद की ही प्रतियाँ तैयार करते रहते हैं। कभी-कभी इसमें गड़बड़ियाँ भी होती हैं। अधिकांश मामलों में प्रतियाँ तैयार करने में गड़बड़ी ऐसी होती है कि डीएनए स्वयं को फिर उत्पादित करने में असमर्थ हो जाता है। इस तरह की आनुवांशिक गड़बड़ियाँ या परिवर्तन विलुप्त हो जाते हैं, किंतु कुछ मामलों में आनुवांशिक गड़बड़ियाँ या परिवर्तन डीएनए के अस्तित्व में बने रहने और ख़ुद को फिर उत्पादित करने के अवसर बढ़ा देते हैं। अतः न्यूक्लिक एसिड्स के क्रम में निहित सूचना धीरे-धीरे बढ़कर जटिलता में तब्दील हो जाती है। इस प्राकृतिक तब्दीली का पहली बार 1858 में कैम्ब्रिज के चार्ल्स डार्विन ने पता लगाया था, हालाँकि उन्हें इसके तंत्र का पता नहीं था।

जैविक विकास चूँकि आनुवांशिक संभावनाओं की दुनिया में अव्यवस्थित रूप से चलने जैसा है, इसलिए यह अत्यंत धीमा रहा है। डीएनए में जो छोटी या मामूली-सी सूचना या जटिलता होती है, वह मॉलिक्यूल में निहित

इस ग्रह का सबसे बड़ा ख़तरा क्या है?

किसी क्षुद्रग्रह का टकराना एक बड़ा ख़तरा है, जिसका
हमारे पास कोई बचाव नहीं है।
लेकिन इस तरह की घटना पिछली बार 6 करोड़ 60
लाख साल पहले हुई थी, जिसने डायनासोरों को ख़त्म
किया था। हमारे सामने अभी जो
ख़तरा है, वह मौसम के बदलाव का है। समुद्रों के
तापमान में वृद्धि से बर्फ़ पिघल रही है। इसके कारण
भारी मात्रा में कार्बन डाइऑक्साइड निकल रही है।
दोनों के प्रभाव से हमारे यहाँ मौसम शुक्र के
समान होगा, लेकिन तापमान होगा
250 डिग्री सेंटिग्रेड।

न्यूक्लिक एसिड्स में कूटबद्ध होती है। सूचना के प्रत्येक अंश को किसी सवाल का हाँ अथवा न में जवाब माना जाता है। पहले 2 अरब साल में जटिलता में बढ़ोतरी की दर प्रत्येक सौ वर्ष में सूचना के एक अंश के बराबर थी। कुछ लाख वर्षों में डीएनए में जटिलता की दर धीरे-धीरे बढ़कर प्रत्येक वर्ष सूचना के एक अंश के बराबर हो गई, लेकिन अब हम एक नए दौर की शुरुआत कर रहे हैं, जिसमें हम अपने डीएनए की जटिलता को बढ़ा सकते हैं, जिसके लिए हमें धीमे जैविक विकास की प्रतीक्षा नहीं करनी रहेगी। पिछले 10,000 वर्षों में मनुष्य के डीएनए में अपेक्षाकृत मामूली तब्दीली आई है। ऐसी संभावना है कि अगले हज़ार वर्षों में हम इसे रीडिज़ाइन कर सकेंगे। स्वाभाविक रूप से बहुत लोग मनुष्यों पर जनेटिक इंजीनियरिंग के इस्तेमाल के विरोध में इस पर प्रतिबंध लगाने की मांग कर सकते हैं, लेकिन मुझे शक है कि वे इसे रोक सकेंगे। पौधों और पशुओं में जनेटिक इंजीनियरिंग को आर्थिक कारणों से मंज़ूरी दी जाएगी, लेकिन निश्चित रूप से कोई मानव पर भी इसका प्रयोग करेगा। यदि विश्व सर्वाधिकारवादी नहीं है, तो कोई न कोई कहीं पर मानव का उन्नत डिज़ाइन तैयार करेगा।

यह साफ़ है कि उन्नत मानव बिना उन्नत लोगों के लिए बड़े पैमाने पर सामाजिक और राजनीतिक समस्याएँ खड़ी करेगा। मैं इस बात की तरफ़दारी नहीं कर रहा हूँ कि मानव की जनेटिक इंजीनियरिंग अच्छी बात है। मैं बस बता रहा हूँ कि यह इस सहस्राब्दी में होने की संभावना है। भले ही हम चाहते हों या न चाहते हों। इसलिए मैं वैज्ञानिक कल्पना जैसे *स्टार ट्रैक* पर विश्वास नहीं करता, जिसमें लोग भविष्य के 350 वर्ष में भी ऐसे ही होंगे। मेरा मानना है कि मनुष्य प्रजाति और उसका डीएनए बहुत तेज़ी से अपनी जटिलता को बढ़ाएगा।

इस तरह से मानव जाति को अपनी मानसिक और शारीरिक दोनों क्षमताओं को सुधारना होगा, ताकि तेज़ी से जटिल होते जा रहे विश्व और अंतरिक्ष यात्रा जैसी नई चुनौतियों से निपटा जा सके। और यदि जैविक तंत्रों को इलेक्ट्रॉनिक तंत्रों से आगे रखना है, तो उसे जटिलता को भी बढ़ाना होगा।

अभी कम्प्यूटर्स में स्पीड का फ़ायदा है, लेकिन उनमें बौद्धिकता का संकेत नहीं है। यह विस्मित होने वाली बात नहीं है, क्योंकि हमारे आज के कंप्यूटर केंचुए के दिमाग़ से भी कम जटिल हैं। केंचुआ ऐसी प्रजाति है, जो अपनी बौद्धिक ताकत के लिए नहीं जाना जाता है। लेकिन कम्प्यूटर्स मोटे तौर पर मूर के सिद्धांत का पालन करते हैं। यह सिद्धांत कहता है कि कम्प्यूटर्स की स्पीड और जटिलता हर अठारह माह में दोगुनी हो जाती है। यही बेतहाशा वृद्धि है, जो साफ़ तौर पर लगातार बनी नहीं रह सकती और यह अब धीमा होना शुरू हो गई है, हालाँकि इसमें तब तक तेज़ी से सुधार हमेशा होता रहेगा, जब तक यह मानव के दिमाग़ के बराबर नहीं हो जाता। कुछ लोगों का कहना है कि कम्प्यूटर्स कभी असली बौद्धिकता नहीं दिखा सकते, जो भी हो, किन्तु मुझे लगता है कि यदि बहुत जटिल रासायनिक मॉलिक्यूल मनुष्य को बौद्धिक बनाने के लिए रहते हैं, तो वैसे ही जटिल इलेक्ट्रॉनिक सर्किट्स बनाकर कंप्यूटर से भी बौद्धिक काम ले सकते हैं। यदि वे बौद्धिक हैं, तो वे अधिक जटिलता और बौद्धिकता वाले कम्प्यूटर्स बना सकते हैं।

इस कारण में उन्नत, लेकिन स्थिर भविष्य के दृश्यों वाली वैज्ञानिक कल्पना पर विश्वास नहीं करता। इसकी बजाय उम्मीद करता हूँ कि जटिलता जैविक और इलेक्ट्रॉनिक दोनों क्षेत्रों में तेज़ गति से बढ़ेगी। अगले सौ वर्षों के लिए अनुमान है कि इससे ज़्यादा कुछ नहीं होगा, लेकिन सहस्राब्दी के अंत तक यदि हम वहाँ पहुँच जाते हैं, तो बदलाव मूलभूत होगा।

लिंकन स्टीफंस ने कहा था - "मैंने भविष्य को देखा है और यह कारगर है।" वास्तव में वे सोवियत संघ के बारे में कह रहे थे। हम जानते हैं कि यह अच्छे से सफल साबित नहीं हुआ। इसके बाद भी मेरा मानना है कि विश्व की वर्तमान व्यवस्था का एक भविष्य है, लेकिन वह बेहद अलग होगा।

8

क्या हमें अंतरिक्ष में जीवन बसाना चाहिए?

हमें अंतरिक्ष में क्यों जाना चाहिए? इतनी कोशिश और इतना पैसा चंद्रमा की चट्टानों के कुछ ढेलों के लिए क्यों ख़र्च हो रहा है? क्या पृथ्वी पर रहने के बेहतर कारण नहीं हैं? इसका एक ही जवाब है कि यह हमारे आस-पास है। यदि हम पृथ्वी को नहीं छोड़ते हैं, तो हम ऐसे रहेंगे, जैसे हम निर्जन द्वीप पर परित्यक्त हैं और बचने का कोई प्रयास नहीं कर रहे हैं। हमें सौर प्रणाली में और संभावनाएँ खोजनी होंगी, जिससे पता लग सके कि मानव और कहाँ रह सकते हैं।

यूरोप में 1492 के पहले स्थिति यही थी। लोगों ने तर्क दिया होगा कि कोलंबस को निरर्थक खोज पर भेजना धन का नुक़सान था। बाद में जब नए स्थान की खोज हुई, तो पुरानी विचारधारा में बदलाव आया। सोचिए ऐसा नहीं हुआ होता, तो बिग मैक अथवा केएफ़सी नहीं होते। इसलिए अंतरिक्ष में विस्तार का प्रभाव इससे भी अधिक रहेगा। यह मानव जाति के भविष्य को पूरी तरह बदल देगा और संभवतः यह तय करेगा कि हमारा कोई भविष्य है या नहीं। इससे पृथ्वी ग्रह की तात्कालिक समस्याएँ हल नहीं होंगी, लेकिन उनके बारे में एक नया परिदृश्य मिलेगा और अंदर की बजाय बाहर देखने का अवसर मिल सकेगा। उम्मीद है कि इससे हम अपनी समान चुनौतियों का सामना करने के लिए एकजुट हो पाएँगे।

यह दीर्घावधि की रणनीति होगी। दीर्घावधि से मेरा तात्पर्य सैकड़ों या हज़ारों साल है। तीस वर्षों में चंद्रमा पर हमारा आधार होगा और मंगल पर अगले पचास साल में पहुँच जाएँगे। और बाहरी ग्रहों के चंद्रमा को खोजने में 200 वर्ष लग सकते हैं। वहाँ पहुँच से मेरा मतलब है कि वहाँ मानव भेज सकेंगे। हमने मंगल पर यान भेजे हैं और शनि के चंद्र टाइटन पर परीक्षण यान उतारा है, किंतु यदि हम मानव जाति के भविष्य की बात कर रहे हैं, तो हमें स्वयं वहाँ जाना होगा।

अंतरिक्ष में जाना सस्ता नहीं होगा, लेकिन फिर भी इसमें दुनिया के संसाधनों का बहुत छोटा सा अंश ख़र्च होगा। नासा ने जब अपोलो भेजा था, तब से उसका बजट लगभग स्थिर है, लेकिन 1970 में यह अमेरिकी जीडीपी का 0.3 प्रतिशत था, जो उसके मुक़ाबले घटकर 2017 में 0.1 प्रतिशत रह गया। यदि हम अंतरराष्ट्रीय बजट को बीस गुना बढ़ाते हैं, ताकि अंतरिक्ष में जाने का गंभीर प्रयास हो सके, तो भी यह दुनिया के जीडीपी का बहुत ही मामूली हिस्सा होगा।

कुछ लोग तर्क दे सकते हैं कि किसी नए ग्रह की निरर्थक खोज की बजाय धरती की समस्याओं जैसे जलवायु परिवर्तन और प्रदूषण को दूर करने में यह पैसा लगाया जाए। जलवायु परिवर्तन और ग्लोबल वॉर्मिंग के ख़िलाफ़ संघर्ष के महत्त्व से मैं इंकार नहीं करता। हम यह कर सकते हैं। इसके बाद भी अंतरिक्ष के लिए दुनिया के जीडीपी के एक फ़ीसदी का चौथाई हिस्सा बचा सकते हैं। क्या हम भविष्य के लिए एक फ़ीसदी का चौथा हिस्सा व्यय नहीं कर सकते?

1960 के दशक में हम सोचने लगे थे कि अंतरिक्ष में जाने के लिए भारी प्रयास करना उपयुक्त है। 1962 में तत्कालीन अमेरिकी राष्ट्रपति केनेडी ने दशक के अंत तक चाँद पर मानव को पहुँचाने का अमेरिकी संकल्प व्यक्त किया था। बज एल्ड्रिन और नील आर्मस्ट्रांग 20 जुलाई 1969 को चाँद की सतह पर उतरे। इससे मानव जाति का इतिहास बदल गया। मैं उस समय सत्ताइस साल का था और कैम्ब्रिज में रिसर्च करता था। मैं इसे देखने से

चूक गया। जब मनुष्य ने चाँद पर क़दम रखा, उस समय मैं लिवरपूल में सिंगुलरिटीज़ पर बैठक में महाविनाश के सिद्धांत पर रेनी थॉम का व्याख्यान सुन रहा था। वहाँ पर टेलीविज़न नहीं था, लेकिन मेरे दो वर्ष के पुत्र ने मुझे उसका वर्णन बताया।

अंतरिक्ष में जाने की होड़ ने विज्ञान के प्रति हमारी रुचि बढ़ाई और टेक्नोलॉजी के लिहाज़ से हमारी प्रगति की गति तीव्र हुई। आज के अनेक वैज्ञानिक चाँद पर मानव के पहुँचने के बाद विज्ञान के प्रति प्रेरित हुए, जिससे वे हमारे और ब्रह्मांड में मनुष्य के स्थान के बारे में बेहतर समझ बना सकें। इसने विश्व के बारे में सोचने के लिए हमें नई दृष्टि दी और हम पृथ्वी ग्रह के बारे में समग्र रूप से सोचने लगे। 1972 में चाँद पर अंतिम बार क़दम रखने के बाद हमारे पास मानव को अंतरिक्ष की उड़ान पर भेजने की कोई अगली योजना नहीं थी। इससे अंतरिक्ष को लेकर लोगों की रुचि घट गई। यह पश्चिम में विज्ञान के प्रति आकर्षण ख़त्म होने के दौर में हुआ, क्योंकि इसने कई सारे फ़ायदे तो दिए, लेकिन इससे समाज की समस्याएँ हल नहीं हो सकीं, जो लोगों का ध्यान लगातार खींच रही थीं।

मानव युक्त नया अंतरिक्ष उड़ान कार्यक्रम अंतरिक्ष और विज्ञान के प्रति लोगों का उत्साह बहाल कर देगा। वैसे रोबोटिक अभियान अधिक किफ़ायती होते हैं और ज़्यादा वैज्ञानिक जानकारी उपलब्ध कराते हैं, लेकिन ये आम लोगों का ध्यान उसी तरह से अपनी ओर आकर्षित नहीं कर पाते। यही नहीं, इनसे मानव जाति में अंतरिक्ष यात्रा की होड़ भी शुरू नहीं होती, जो हमारी दीर्घावधि रणनीति होनी चाहिए। चाँद पर आधार शिविर की अवस्था 2050 तक हो सकेगी और मानव के मंगल पर उतरने को हम 2070 तक साकार कर लेंगे। इससे अंतरिक्ष का कार्यक्रम पुनर्जीवित हो जाएगा और इसे उद्देश्य मिलेगा, ठीक उसी तरह से जैसे 60 के दशक में राष्ट्रपति केनेडी ने चंद्रमा के लिए जो कार्यक्रम घोषित किया था। एलन मस्क ने 2017 के अंत में 2022 तक चंद्रमा पर बेस बनाने और मंगल मिशन के लिए स्पेस एक्स योजना की घोषणा की थी। राष्ट्रपति ट्रम्प ने अंतरिक्ष नीति के दिशा-निर्देशों पर दस्तख़त

किए हैं और नासा को खोज और अन्वेषण पर फिर फ़ोकस करने को कहा गया है। ऐसे में संभव है कि हम यह लक्ष्य उससे पहले भी हासिल कर लें।

अंतरिक्ष में नई रुचि सामान्य रूप से विज्ञान के प्रति लोगों का आकर्षण भी बढ़ाएगी। वैज्ञानिक और विज्ञान के प्रति कम सम्मान के परिणाम अच्छे नहीं होते हैं। हम ऐसे समाज में रहते हैं, जो विज्ञान और तकनीक से संचालित होता है, लेकिन फिर भी बहुत कम युवा विज्ञान विषय में जाना चाहते हैं। नया और महत्त्वाकांक्षी अंतरिक्ष कार्यक्रम उन्हें विज्ञान के व्यापक क्षेत्रों में आने को प्रेरित करेगा, न केवल खगोलविज्ञान या अंतरिक्ष विज्ञान, बल्कि कई अन्य में भी वे रुचि ले सकते हैं।

मेरे साथ भी ऐसा ही हुआ है। मैंने हमेशा से अंतरिक्ष उड़ान का सपना देखा, किन्तु कई वर्षों तक तो मैं इसी विचार में रहा कि यह मात्र सपना ही है। पृथ्वी पर एक व्हीलचेयर पर रहने को बाध्य मैं किस प्रकार से अंतरिक्ष का गौरव अनुभूत कर सकता हूँ, सिवाय मेरी कल्पना और सैद्धांतिक भौतिकशास्त्र पर मेरे कार्यों को छोड़ कर। मैंने सोचा भी नहीं था कि कभी मैं अपनी सुंदर धरती को अंतरिक्ष से देख पाऊँगा और अनंत के पार निहार सकूँगा। यह अंतरिक्ष यात्रियों का क्षेत्र है और बहुत कम ऐसे लोग होते हैं, जिनको इस अनुभव का मौक़ा मिलता है और अंतरिक्ष की उड़ान का रोमांच मिलता है, लेकिन मेरा उन लोगों के उत्साह और ऊर्जा में कोई योगदान नहीं था, जिनका मिशन पृथ्वी से बाहर पहला क़दम रखने का होता है। 2007 में मैं खुशक़िस्मत था कि मैं शून्य गुरुत्वाकर्षण की उड़ान में गया और पहली मर्तबा भारहीनता का अनुभव किया, हालाँकि यह स्थिति चार मिनट की ही थी, लेकिन यह ज़ोरदार थी। मैं इससे ज़्यादा जा सकता था।

उस समय मेरी इस बात को उद्धृत किया गया था कि यदि हम अंतरिक्ष की ओर नहीं गए, तो मुझे भय है कि मानव जाति का कोई भविष्य होगा। मैं तब भी इस बात में विश्वास करता था और अभी भी करता हूँ। और मैं उम्मीद करता हूँ कि मैंने उस समय दर्शा दिया था कि कोई भी अंतरिक्ष यात्रा कर सकता है। मेरा मानना है कि मेरे जैसे वैज्ञानिक अभिनव

विचार रखने वाले उद्यमियों से हाथ मिलाकर ऐसा हरसंभव कदम उठाएँ, जिससे हम अंतरिक्ष यात्रा के उत्साह और रोमांच को प्रोत्साहन दे सकें।

परंतु सवाल है कि क्या मनुष्य पृथ्वी से काफ़ी समय तक दूर रह सकता है? हमारे अंतरराष्ट्रीय अंतरिक्ष स्टेशन के साथ अनुभव रहे हैं, जो दर्शाते हैं कि मानव के लिए कई माह तक पृथ्वी से दूर रहना संभव है, हालाँकि गुरुत्वाकर्षण के शून्य होने की स्थिति में शरीर में बहुत से अवांछित परिवर्तन होते हैं। हड्डियाँ क्षीण होने लगती हैं और शरीर में पानी की मात्रा प्रभावित होने लगती है। ऐसे अन्य परिवर्तन भी होने लगते हैं। इसलिए कोई भी किसी ग्रह या चाँद पर लंबे समय तक मनुष्यों के लिए रहने के लिए आधार शिविर चाहेगा। सतह को खोद कर कोई भी थर्मल इंसुलेशन ले सकता है और उल्काओं और कॉस्मिक तरंगों से बच सकता है। परग्रही यानी दूसरे ग्रहों से आए मनुष्यों को यदि वहाँ रहने में आत्मनिर्भर और स्वतंत्र बनाना है, तो ग्रह और चाँद कच्चे पदार्थ के स्रोत की तरह काम कर सकते हैं, जिनकी आवश्यकता उन्हें पड़ेगी।

सौरमंडल में मनुष्य की बस्ती बनाने की संभावना कहाँ पर हो सकती है? इसमें से स्वाभाविक रूप से पहले तो चाँद ही रहेगा, क्योंकि यह बहुत क़रीब है और वहाँ आसानी से पहुँच सकते हैं। जहाँ एक ओर हम पहले ही वहाँ जा चुके हैं और वहाँ बग्गी में घूम चुके हैं, वहीं दूसरी ओर चाँद छोटा है और वहाँ वायुमंडल नहीं है। सौर रेडियोधर्मिता के कणों को विक्षेपित करने के लिए वहाँ धरती के समान वायुमंडल या मैग्नेटिक क्षेत्र नहीं है। वहाँ पर पानी नहीं है। यदपि हो सकता है कि वहाँ बर्फ़ हो, जो उत्तर और दक्षिण ध्रुवों पर मिले। चाँद पर जो बस्ती हो, वह इसका उपयोग ऑक्सीजन के स्रोत के रूप में कर सकती है, जो परमाणु ऊर्जा या सौर पैनलों से मिली शक्ति से बन रही हो। यात्रा के लिए चाँद एक पड़ाव हो सकता है, जहाँ से शेष सौरमंडल में जा सकते हैं।

अगला ठिकाना स्पष्ट रूप से मंगल ग्रह है। धरती सूरज से जितनी दूर है, उसके बाद फिर और आधा दूर मंगल है, इसलिए सूरज की आधी

गर्मी उसे मिलती है। कभी यहाँ पर चुंबकीय क्षेत्र था, लेकिन यह चार अरब साल पहले खाली हो गया, जिससे मंगल सूर्य के विकिरण से बच नहीं पाया। इसकी वजह से मंगल अपने ज़्यादातर वायुमंडल से वंचित हो गया। पृथ्वी के वायुमंडल का मात्र 1 फ़ीसदी दबाव वहाँ बचा रह गया। यह दबाव पहले कभी अधिक रहा होगा, क्योंकि हमें दिखता है कि वहाँ नहर समाप्त हैं और सूखे तालाब हैं। इसका मतलब है कि मंगल की सतह पर पानी का तरल रूप में अस्तित्व नहीं रह सकता। लगभग निर्वात में उसका वाष्पीकरण हो जाएगा। इससे लगता है कि मंगल में गर्म और नमी वाला काल रहा होगा, तब वहाँ पर जीवन की संभावना थी। या तो स्वाभाविक रूप से ऐसा रहा हो या फिर पेन्सपरमिया की स्थिति (यानी ब्रह्मांड में कहीं से कोई जीव यहाँ लाया गया हो) के माध्यम से ऐसा हुआ हो। अभी मंगल पर जीवन के कोई संकेत नहीं मिलते हैं, किंतु यदि हमें संकेत मिलते हैं कि वहाँ पर कभी जीवन था, तो उस ग्रह पर जीवन की संभावनाएँ अधिक हो सकती हैं। यद्यपि फिर भी हमें सावधान रहना चाहिए कि पृथ्वी से जीवन वहाँ ले जाने से ग्रह दूषित होगा। इसी प्रकार से हमें इस बात का भी ध्यान रखना चाहिए कि मंगल के जीवन को यहाँ नहीं ला सकते हैं। हम में इतनी प्रतिरोधक क्षमता ही नहीं है और इस स्थिति में पृथ्वी पर जीवन नष्ट हो जाएगा।

नासा ने मंगल पर कई अंतरिक्ष यान भेजे हैं। 1964 में सबसे पहले मैरनर 4 भेजा। नासा ने अनेक कृत्रिम उपग्रहों के माध्यम से मंगल ग्रह का अवलोकन किया है। इनमें सबसे बाद में मार्स रिकॉनसंस आर्बिटर भेजा गया था। इन कृत्रिम उपग्रहों ने पाया कि सौरमंडल में गहरे गलियारे और ऊँचे पर्वत हैं। नासा ने मंगल की सतह पर कई अन्वेषण अंतरिक्ष यान भी उतारे हैं। इनमें सबसे ताजा हैं दो मार्स रोवर्स। इन्होंने जो चित्र भेजे हैं, वे सूखे रेगिस्तान के हैं। चाँद के समान ही पानी और ऑक्सीजन ध्रुव की बर्फ़ से मिलता होगा। मंगल पर ज्वालामुखी सक्रिय रहे होंगे। इसके कारण सतह पर खनिज और धातु बिखर गए होंगे, जिनका उपयोग कोई बस्ती कर सकती है।

क्या हमें अंतरिक्ष में जीवन बसाना चाहिए?

सौरमंडल में अंतरिक्ष बस्तियाँ बसाने के लिए चाँद और मंगल सबसे ज़्यादा उपयुक्त स्थान हैं। बुध और शुक्र दोनों बहुत गर्म हैं, जबकि गुरु और शनि गैस के महाकाय है, जहाँ पर कोई ठोस सतह नहीं है। मंगल के चाँद बहुत ही छोटे हैं और मंगल को उनसे कोई लाभ नहीं है। हो सकता है कि कुछ चाँद गुरु और शनि के भी हों। गुरु के एक चाँद यूरोपा पर जमी हुई बर्फीली सतह है, किंतु वहाँ सतह के भीतर तरल जल भी होगा, जिसमें जीवन विकसित हो सकता था। इसका पता हम कैसे लगा सकते हैं? क्या इसके लिए हमें यूरोपा पर जाना होगा और वहाँ छेद करके पता लगाना होगा?

शनि का एक चाँद टाइटन है, जो हमारे चाँद से बहुत ही बड़ा है और वहाँ पर सघन वायुमंडल है। कैसिनी हाइगेन्स मिशन में नासा और यूरोपियन स्पेस एजेंसी ने टाइटन पर अन्वेषण अंतरिक्ष यान उतारा था। वहाँ से यान ने सतह के चित्र भेजे हैं, हालाँकि वहाँ बहुत शीत है, क्योंकि यह सूर्य से बहुत दूर है। इसलिए मैं तरल मीथेन की झील के पास रहने की इच्छा नहीं रखता।

किंतु सौरमंडल के परे जाने के साहस के बारे में आप क्या सोचते हैं? हमने जो देखा, उससे संकेत मिलता है कि ऐसे कई तारे हैं, जिनके आस-पास अपने ग्रह हैं। अब तक हम केवल बड़े ग्रहों के बारे में ही जान पाए हैं, जैसे गुरु और शनि, लेकिन यह अनुमान लगाना तर्कसंगत है कि उनके अलावा पृथ्वी की तरह छोटे ग्रह भी हों। इनमें से कुछ तो गोल्डीलॉक्स जोन में होंगे, जहाँ पर तारे से इतनी दूरी है कि वह पानी को सतह पर बनाए रखने के लिए उचित है। धरती से तीस प्रकाश वर्ष की परिधि में हज़ारों तारे होंगे। यदि गोल्डीलॉक्स जोन में इनमें से 1 फ़ीसदी भी पृथ्वी के आकार के ग्रह हैं, तो हमारे पास नई दुनियाओं के दस दावेदार होंगे।

प्रॉक्सीमा बी का ही उदाहरण लें। यह एक्सोप्लेनेट है, जो धरती के सबसे निकट माना जाता है, हालाँकि यह फिर भी साढ़े चार प्रकाश वर्ष दूर है। यह सौरमंडल अल्फा सेंटॉरी में प्रॉक्सीमा सेंटारी नामक तारे के चक्कर लगाता रहता है। हाल ही की रिसर्च बताती है कि इसमें और पृथ्वी के बीच बहुत अधिक समानताएँ हैं।

आज की टेक्नोलॉजी से ब्रह्मांड के इन भागों में जाना संभव नहीं है, लेकिन हमारी कल्पना का उपयोग करते हुए हमें अगले 200 से 500 वर्ष में तारों के बीच की यात्रा को अपना दीर्घकालीन लक्ष्य बनाना चाहिए। हम जिस गति से रॉकेट भेज सकते हैं, वह दो चीज़ों से संचालित होता है। एक छूटने की गति और दूसरा द्रव्यमान का वह अंश जो रॉकेट गति पकड़ने के साथ ही खोता जाता है। रासायनिक रॉकेट, जो हमने अभी तक छोड़े हैं, उनकी छूटने की गति तीन किमी. प्रति सेकंड होती है। पूरे भार का 30 फ़ीसदी द्रव्यमान छोड़ देने के बाद वे आधा किमी प्रति सेकंड की गति प्राप्त कर लेते हैं और फिर धीमे पड़ जाते हैं। नासा के अनुसार इसे मंगल तक पहुँचने में न्यूनतम 260 दिन लगेंगे। नासा के कुछ अन्य वैज्ञानिक 130 दिन का अनुमान लगा रहे हैं, लेकिन सबसे निकट के तारामंडल तक जाने में तीस लाख वर्ष लग जाएँगे। अधिक तेज़ गति से जाने के लिए हमें रासायनिक रॉकेट के छूटने की गति की अपेक्षा ज़्यादा गति से जाना होगा, जो प्रकाश की गति हो। पीछे से निकलने वाली प्रकाश की शक्तिशाली बीम ही अंतरिक्ष यान को तेज़ी से आगे ले जाती है। न्यूक्लियर फ़्यूजन, यान के पिंड की ऊर्जा का एक फ़ीसदी हिस्सा प्रदान कर सकता है, जो इसे प्रकाश की गति के दसवें भाग के बराबर गति देगा। इससे परे जाने के लिए हमें मैटर-एंटीमैटर एनिहिलेशन या फिर पूरी तरह ऊर्जा के किसी नए रूप की ज़रूरत होगी। अल्फा सेंटॉरी इतनी दूर है कि मनुष्य को वहाँ अपने जीवनकाल में पहुँचने के लिए आकाशगंगा के सभी तारों के द्रव्यमान जितने ईंधन की ज़रूरत होगी। दूसरे शब्दों में तारों के बीच यात्रा वर्तमान प्रौद्योगिकी के दम पर व्यावहारिक ही नहीं है। अल्फा सेंटॉरी कभी भी पर्यटन स्थल नहीं बन सकता।

इस स्थिति को बदलने का मौक़ा कल्पना और मनुष्य की बुद्धि से संभव है। 2016 में मैं उद्यमी यूरी मिलनर से मिला। हमने ब्रैक्थ्रू स्टारशॉट नाम से एक दीर्घावधि रिसर्च शुरू की, जिस कार्यक्रम का उद्देश्य था तारों के बीच की यात्रा को वास्तविकता में बदलना। यदि हम सफल रहे, तो हम आज

के लोगों के जीवनकाल में अल्फा सेंटॉरी कोई अन्वेषण अंतरिक्ष यान भेजेंगे। मैं इस पर जल्द ही वापसी करूँगा।

हम इस यात्रा को कैसे शुरू कर सकते हैं? अभी तक तो हमारे अंतरिक्ष यानों की यात्राएँ ब्रह्मांडीय पड़ोस तक ही सीमित रही हैं। पिछले 40 वर्षों में हमारा सबसे ज़्यादा साहसिक अंतरिक्ष यान वॉयजर तारों के बीच अंतरिक्ष में गया है, लेकिन उसकी गति 11 मील प्रति सेकंड थी और इससे अल्फा सेंटॉरी तक पहुँचने में 70,000 वर्ष लगेंगे। तारों का यह समूह 4.37 प्रकाश वर्ष की दूरी पर है यानी 25 ट्रिलियन मील। यदि अल्फा पर अभी जीवन है, तो वे सुखद रूप से डोनाल्ड ट्रम्प के उदय से अनभिज्ञ होंगे।

यह बहुत स्पष्ट है कि हम नए अंतरिक्ष युग में प्रवेश कर रहे हैं। सबसे पहले वहाँ जाने वाले निजी अंतरिक्ष यात्री दरअसल पथ प्रदर्शक होंगे। पहली उड़ान काफ़ी ख़र्चीली होगी। मुझे उम्मीद है कि वक़्त बीतने के साथ पृथ्वी की ज़्यादा से ज़्यादा आबादी इस पर जाने का ख़र्च उठा पाएगी। ज़्यादा लोगों को अंतरिक्ष में ले जाने पर पृथ्वी पर रहने का मूल्य हमें समझ में आएगा और हम अपने दायित्वों को समझ सकेंगे। साथ ही ब्रह्मांड में हमें भविष्य में रहने का स्थान समझ में आ सकेगा। मेरा मानना है कि यहीं हमारी अंतिम नियति निहित है।

ब्रैक्थ्रू स्टारशॉट मानव के लिए बाहरी अंतरिक्ष में प्रवेश करने का वास्तविक अवसर है, ताकि वह वहाँ उपनिवेश बसाने की संभावनाओं को तलाश सके। यह मिशन प्रूफ-ऑफ़-कंसेप्ट (किसी वैज्ञानिक विचार की उपयुक्तता) है और साथ ही तीन अवधारणाओं पर काम करता है : अति सूक्ष्म रूप से निर्मित अंतरिक्ष यान, लाइट प्रोपल्शन और फेज़्ड लॉक्ड लेज़र्स। स्टार चिप एक पूर्ण रूप से क्रियाशील अन्वेषण अंतरिक्ष यान होगा, जिसे आकार में कुछ ही सेंटीमीटर में गढ़ दिया जाएगा और इसे लाइट सेल के साथ जोड़ दिया जाएगा। लाइट सेल, मेटामटेरियल से निर्मित होगा, जिसका वज़न कुछ ग्राम होगा। ऐसी परिकल्पना की गई है कि हज़ारों स्टार चिप्स और लाइट सेल्स यानी नेनोक्राफ़्ट कक्षा में भेजे जाएँगे। ज़मीन पर लेज़र्स की लड़ियों को

वह दौर आ रहा है, जब लोग अंतरिक्ष की सैर
करने जाया करेंगे। आप क्या सोच रहे हैं,
इसका अर्थ हमारे लिए क्या है?

मैं अंतरिक्ष यात्रा पर जाने की बात कर रहा हूँ।
सबसे पहले टिकट ख़रीदने वाला मैं रहूँगा।। मैं आशा
करता हूँ कि अगले सौ वर्ष में हम सौरमंडल में
कहीं भी घूमने जा सकेंगे, बाहर के
ग्रहों को छोड़कर, लेकिन तारों की यात्रा में
समय लगेगा। मेरी सोच है कि पास के तारों पर जाने
के लिए 500 वर्ष का समय लग सकता है।
यह स्टार ट्रैक जैसा नहीं होगा।
हम तोड़ी-मोड़ी गई गति से नहीं जा सकते।
इसलिए जाकर आने में हमें दस वर्ष लगेंगे और हो
सकता है, कुछ अधिक लगे।

किमी. के पैमाने पर जोड़कर एक बहुत ही बड़ी अत्यंत शक्तिशाली लाइट बीम बनाई जाएगी। यह बीम वायुमंडल में छोड़ी जाएगी, ताकि वह अंतरिक्ष में दसियों गिगाबाइट्स की शक्ति से लाइट सेल्स पहुँच सके।

आइंस्टाइन ने 16 साल की आयु में लाइट की बीम पर नेनोक्राफ़्ट की सवारी करने का सपना देखा था। नेनोक्राफ़्ट को लाइट की बीम पर भेजने का अभिनव विचार इसी पर आधारित है, हालाँकि इसकी गति प्रकाश के बराबर तो नहीं है, लेकिन उसके पाँचवें हिस्से के बराबर है, यानी 100 मिलियन मील प्रति घंटा। यदि इस तरह का सिस्टम भेजा जाए, तो यह मंगल पर एक घंटे से भी कम समय में पहुँच जाएगा। प्लूटो में कुछ दिनों में, एक हफ़्ते में वॉयजर को पार कर लेगा और अल्फा सेंटॉरी पर पहुँचने में इसे 20 वर्ष लग जाएँगे। एक बार वहाँ पहुँचने पर नेनोक्राफ़्ट किसी भी ग्रह की खोज सौरमंडल में कर लेगा, वह चित्र, वहाँ के मैग्नेटिक फील्ड और ऑर्गेनिक मालिक्यूल्स के आँकड़े पृथ्वी पर किसी अन्य लाइट बीम के मार्फ़त भेज देगा। यह छोटा-सा संकेत कुछ डिशज़ की कड़ियों में प्राप्त होगा, जिन्हें प्रकाश पुंज को छोड़ते समय प्रयुक्त किया गया था। अनुमान है कि इसे लौटने में चार वर्ष लग सकते हैं। स्टार चिप्स के मार्ग में रहने के लायक प्रॉक्सीमा बी को भी शामिल कर सकते हैं। यह पृथ्वी के आकार का ग्रह है, जो अल्फा सेंटॉरी के जोन में है। 2017 में ब्रेकथ्रू और यूरोपीयन सदर्न अब्ज़र्वटॉरी ने एक साथ आकर अल्फा सेंटॉरी में रहने योग्य ग्रहों की खोज को आगे बढ़ाने का फैसला किया था।

ब्रेकथू स्टारशॉट के लिए दूसरे क्रम के लक्ष्य भी हैं। यह सौरमंडल और सूर्य के निकट पृथ्वी की कक्षा को पार करने वाले क्षुद्र ग्रहों की पड़ताल भी करेगा। जर्मन भौतिकविद् क्लाउडियस ग्रॉस ने प्रस्तावित किया है कि इस तकनीक का उपयोग सौरमंडल के बाहर रहने योग्य अस्थायी ग्रहों पर यूनिसेल्यूलर माइक्रोब्स के जीवमंडल को स्थापित करने में भी किया जा सकता है।

अभी ऐसा संभव है, हालाँकि इसमें अभी कई चुनौतियाँ हैं। एक गीगावॉट की शक्तिवाली लेज़र में कुछ ही न्यूटॉन्स का बल होता है, लेकिन

नेनोक्राफ़्ट इस कमी को पूरा कर देता है, क्योंकि उसमें कुछ ग्राम का ही वज़न रहता है। इंजीनियरिंग की चुनौतियाँ असीमित हैं। नेनोक्राफ़्ट को अधिक गति, शीत, वैक्यूम और प्रोटोन के साथ अंतरिक्ष की धूल की टक्कर से भी बचकर रहना होगा। इसके अलावा, लेज़र का एक ऐसा सेट, जिसमें 100 गीगावॉट्स हों, वह वायुमंडल की गड़बड़ी से मुश्किल में घिर सकता है। किस तरह से वायुमंडल की गति के साथ हम सैकड़ों लेज़र जोड़ सकेंगे। हम किस तरह से नेनोक्राफ़्ट का प्रक्षेपण करेंगे और बिना अग्नि किस तरह से उसे सही दिशा दे सकेंगे? तब हमें नेनोक्राफ़्ट को बीस वर्ष बर्फ़ीले शून्य या वैक्यूम में रखना होगा। तब कहीं जाकर वे चार प्रकाश वर्ष तक संकेत भेज सकेंगे। ये इंजीनियरिंग की समस्याएँ हैं और इन्हें हल किया जा सकता है। जिस तरह से तकनीकी परिपक्वता आती जा रही है, यह समस्याएँ हल हो जाएँगी और नई कल्पना के आधार पर मिशन बन सकते हैं, फिर कम शक्तिशाली लेज़र श्रृंखलाओं से उन ग्रहों पर जा सकते हैं, जो सौरमंडल के बाहर हैं, या फिर तारों के बीच सैर कर सकते हैं।

यह सही है कि यह मानव की तारों के बीच यात्रा नहीं होगी, भले ही इसे मानव को भेजे जाने वाले यान का रूप दिया जाए, तो भी नहीं। इसे रोकना संभव नहीं होगा, लेकिन एक समय आएगा, जब मानव संस्कृति तारों के बीच जा सकेगी और हम अंततः आकाशगंगा के बीच में घूम सकेंगे। और यदि ब्रेकथ्रू स्टारशॉट की ओर से हमारे आस-पास के रहने योग्य ग्रहों के चित्र भेज दिए गए, तो यह भविष्य में मानव जाति के लिए बहुत अहम होगा।

निष्कर्ष में मैं आइंस्टाइन पर आता हूँ। यदि हमें अल्फा सेंटॉरी सिस्टम में कोई ग्रह मिलता है, जिसका चित्र प्रकाश की गति के पाँचवें हिस्से की गति पर यात्रा कर रहे कैमरे से खींचा गया हो, तो यह विशेष रिलेटिविटी के कारण थोड़ा विकृत या ख़राब आएगा। यह पहला मौक़ा होगा, जब कोई अंतरिक्ष यान इस गति से जाएगा, ताकि प्रभावों को देख सके। पूरे मिशन के केंद्र में आइंस्टाइन का सिद्धांत ही है। इसके बिना न तो लेज़र होगा और न ही उन गणनाओं को करने की क्षमता होगी, जो पच्चीस ट्रिलियन मील दूर

प्रकाश की गति के पाँचवें भाग की गति से मार्गदर्शन, इमेजिंग, डेटा भेजने के लिए आवश्यक हैं।

16 वर्ष के बालक आइंस्टाइन ने लाइट बीम पर सवारी करने का जो सपना देखा था और हम लाइट बीम पर सवारी करके तारों तक जाने का जो सपना देख रहे हैं, उसमें हम एक रास्ता देख सकते हैं। हम अपने सपने को यथार्थ में बदलने की योजना बना रहे हैं। हम नए युग के प्रवेश द्वार पर हैं। अन्य ग्रहों पर मानवीय बस्ती अब विज्ञान की कल्पना नहीं, विज्ञान की वास्तविकता होगी। मानव जाति 20 लाख वर्षों से एक अलग प्रजाति के रूप में है। हमारी सभ्यता को 10,000 वर्ष हो चुके हैं और विकास की गति लगातार तेज़ हो रही है। यदि मनुष्य की सभ्यता और कुछ लाख वर्षों तक और चली, तो हमारा भविष्य साहस के साथ वहाँ जाने में निहित है, जहाँ अब तक कोई नहीं गया है।

मैं सर्वश्रेष्ठ की उम्मीद करता हूँ, क्योंकि इसके अलावा हमारे पास कोई अन्य विकल्प नहीं है।

9

क्या आर्टिफ़िशल इंटेलिजेंस हमें पीछे छोड़ देगा?

मानव का केंद्र ही बौद्धिकता है। सभ्यता ने हमें जो भी दिया है, एक उत्पाद के रूप में वह मानव की बौद्धिकता की ही देन है।

डीएनए एक पीढ़ी से दूसरी पीढ़ी तक जाते हैं। जीवन के और कठिन स्वरूप में सूचनाएँ इंद्रियों जैसे आँखों और कानों से मस्तिष्क तक जाती हैं, या अन्य तंत्र तक पहुँचती हैं और वे मांसपेशियों को सूचनाएँ देकर हमें बताती हैं कि कैसा बर्ताव करना है। 13.8 अरब वर्ष के हमारे ब्रह्मांड के इतिहास में किसी समय में एक ख़ूबसूरत चीज़ हुई। सूचनाओं की प्रोसेसिंग इतनी बुद्धिमता से होने लगी कि जीवन के स्वरूप सजग हो गए। हमारा ब्रह्मांड अब जाग चुका है। वह अपने बारे में सजग हो रहा है। मैं इसे मनुष्य की फ़तह मानता हूँ। हम तारों की धूल मात्र हैं, लेकिन अब हम उस ब्रह्मांड की इतनी समझ विकसित कर चुके हैं, जिसमें हम रहते हैं।

मैं सोचता हूँ कि केंचुए के दिमाग़ और कंप्यूटर की गणना में कोई अधिक अंतर नहीं है। मैं यह भी मानता हूँ कि विकास की दृष्टि से केंचुए के दिमाग़ और मनुष्य के दिमाग़ में कोई गुणात्मक अंतर नहीं है। इसलिए यह कहा जा सकता है कि सैद्धांतिक रूप से कंप्यूटर मानव की बुद्धि का अनुसरण करता है, या उससे बेहतर भी करता है। यह स्पष्ट रूप से संभव है कि हम

अपने पूर्वजों से ज़्यादा बुद्धिमान हो सकते हैं। हम अपने बंदर जैसे पूर्वजों से ज़्यादा स्मार्ट हैं और आइंस्टाइन अपने माता-पिता से ज़्यादा स्मार्ट थे।

यदि कंप्यूटर लगातार मूर के सिद्धांत का पालन करते हुए हर अठारह माह में अपनी स्पीड और मेमोरी की कैपेसिटी दोगुनी बढ़ा सकते हैं, तो नतीजा यह होगा कि अगले सौ वर्षों में वे किसी समय में मानवीय बुद्धि को पीछे छोड़ देंगे। जब आर्टिफ़िशल इंटेलिजेंस (एआई) डिज़ाइन में मानव से बेहतर हो जाएगा, तो यह मानव की मदद के बिना ही पुनरावृत्ति से ख़ुद को उन्नत कर सकेगा। हम बुद्धिमत्ता के विस्फोट की चुनौती का सामना कर रहे होंगे, जिसका अंतिम परिणाम ऐसी मशीनों के रूप में दिखेगा, जिनकी बुद्धिमत्ता उससे कहीं ज़्यादा होगी, जितनी हमारी बुद्धिमत्ता घोंघे की तुलना में ज़्यादा है। जब यह हो जाएगा, तब हमें सुनिश्चित करना होगा कि कंप्यूटर्स के लक्ष्य हमसे बँधे हुए हों। हमें यह बहुत लुभावना लग सकता है कि हम बहुत उन्नत बौद्धिक मशीनों की धारणा को वैज्ञानिक कल्पना मात्र कहकर ख़ारिज कर दें, परंतु यह ग़लती होगी और ऐसी संभावना भी है कि यह हमारी सबसे ख़राब ग़लती हो।

पिछले 20 या उससे कुछ अधिक वर्षों से आर्टिफिशल इंटेलिजेंस ऐसे इंटेलिजेंट एजेंटों और तंत्रों की संरचना से जुड़ी समस्याओं पर केंद्रित रहा है, जो एक विशेष वातावरण को ही समझते हैं और उसमें कार्य करते हैं। इस संदर्भ में बौद्धिकता दरअसल तर्कसंगतता की सांख्यिकीय और आर्थिक धारणा से संबंध रखती है अर्थात सही फ़ैसले लेने, सही योजनाएँ बनाने और सही निष्कर्ष निकालने की योग्यता। हाल ही में बनी इस स्थिति के कारण बड़े पैमाने पर एआई और मशीन की लर्निंग, स्टटिस्टिक्स, कंट्रोल थ्योरी, न्यूरोसाइंस व अन्य क्षेत्रों में क्रॉस फर्टिलाइजेशन और एकीकरण होने लगा है। शेयर्ड थ्योरेटिकल फ़्रेमवर्क की स्थापना के साथ डेटा और प्रोसेसिंग पावर की उपलब्धता से अनेक घटक कार्यों जैसे आवाज़ की पहचान, चित्रों का वर्गीकरण, ऑटोनोमस वाहन, मशीन ट्रांसलेशन, लेग्ड लोकोमोशन और सवाल-जवाब में उल्लेखनीय सफलता मिली है।

क्या आर्टिफ़िशल इंटेलिजेंस हमें पीछे छोड़ देगा?

इन क्षेत्रों और कुछ अन्य में विकास जब प्रयोगशाला में रिसर्च से निकल कर आर्थिक रूप से मूल्यवान तकनीकों में शिफ़्ट होने लगता है, तब एक सकारात्मक चक्र तैयार होता है। इस चक्र में प्रदर्शन में थोड़े से भी सुधार से धन का बहुत बड़ा लाभ होता है, तो इस तरह की रिसर्च में ज़्यादा निवेश किया जाने लगता है। इस बात पर व्यापक तौर पर आम सहमति हो चुकी है कि एआई रिसर्च लगातार आगे बढ़ रही है और समाज पर इसका प्रभाव बढ़ने की संभावनाएँ हैं। इसके संभावित फ़ायदे बहुत व्यापक हैं। हम इसकी भविष्यवाणी नहीं कर सकते कि एआई के टूल्स के साथ जोड़ने पर जब यह बौद्धिकता कई गुना बढ़ जाएगी, तब हम क्या अर्जित कर सकेंगे। रोगों और ग़रीबी का उन्मूलन संभव है। एआई की व्यापक क्षमताओं को देखते हुए यह रिसर्च करना महत्त्वपूर्ण होगा कि इसके नुक़सान को कम करते हुए ज़्यादा से ज़्यादा लाभ कैसे उठाएँ। एआई सृजित करने में सफलता मानव इतिहास की सबसे बड़ी घटना होगी।

यदि हम जोखिम से निपटना नहीं सीखते, तो दुर्भाग्य से यह आख़िरी घटना भी हो सकती है। टूलकिट के रूप में इस्तेमाल करने से एआई हमारी बौद्धिकता को बढ़ा सकता है, जिससे साइंस और समाज के प्रत्येक क्षेत्र में उन्नति के रास्ते खुल जाते हैं, हालाँकि इसके अपने ख़तरे भी हैं। आर्टिफिशल इंटेलिजेंस के प्राथमिक रूप जो अब तक विकसित किए गए हैं, वे लाभदायक रहे हैं। मुझे इस बात का भय है कि कुछ बनाने का परिणाम यह न हो कि यह मनुष्य की बराबरी कर ले या उसे पार कर जाए। चिंता इस बात की है कि एआई स्वतः को विकसित कर लेगा और ख़ुद को रिडिज़ाइन करते हुए हमेशा बढ़ते जाएगा। मनुष्य, जो धीमे जैविक विकास से सीमित हैं, इससे लड़ नहीं पाएँगे और पीछे रह जाएँगे। भविष्य में एआई अपनी ख़ुद की इच्छा बना लेगा, जो हमारी इच्छा के ख़िलाफ़ होगी। अन्य लोगों का मानना है कि मनुष्य काफ़ी समय तक टेक्नोलॉजी पर नियंत्रण रख सकता है और एआई में जो संभावनाएँ हैं, उससे दुनिया की कई समस्याएँ हल हो जाएँगी, हालाँकि लोग मुझे मनुष्य जाति के लिए आशावादी मानते हैं, लेकिन मैं एआई के बारे में पक्का नहीं कह सकता।

उदाहरण के लिए निकट भविष्य में दुनिया की सेनाएँ ऑटोनोमस शस्त्र प्रणाली के तहत हथियारों की होड़ शुरू करना चाहती हैं। इस प्रणाली में हथियार स्वयं अपने लक्ष्य चुन सकते हैं और उनको समाप्त कर सकते हैं। संयुक्त राष्ट्र में एक संधि पर बहस हो रही है, ताकि इस तरह के हथियारों पर प्रतिबंध लगाया जा सके, क्योंकि ऑटोनोमस हथियार सबसे ज़्यादा महत्त्वपूर्ण प्रश्न पूछना भूल सकते हैं कि हथियारों की होड़ का अंतिम बिंदु क्या है? और क्या यह मानव जाति के लिए वांछित है। क्या हमें वास्तव में सस्ते एआई अस्त्र चाहिए, जो कल के क्लाशिनकोव बन जाएँ, जिन्हें अपराधियों और आतंकवादियों को कालाबाज़ारी में बेच दिया जाता है? एडवांस्ड एआई सिस्टम पर लंबी अवधि में नियंत्रण बनाए रखने की हमारी क्षमता से जुड़ी चिंताओं को देखते हुए क्या हम उन्हें ऐसे अस्त्रों से सुसज्जित करेंगे, जिससे हम अपनी सुरक्षा उनको सौंप सकें? 2010 में कंप्यूटर से किए जाने वाले ट्रेडिंग ने शेयर बाज़ार में फ़्लैश क्रैश कराया। रक्षा के मामले में कंप्यूटर किस प्रकार का क्रैश करा सकता है? ऑटोनोमस वीपन सिस्टम की होड़ को अभी ही रोक देना ठीक रहेगा।

मध्य अवधि में एआई से हमारे रोज़गार यंत्रचालित हो जाएँगे, इससे संपन्नता और समानता दोनों प्राप्त होगी। आगे की बात करें, तो हम क्या हासिल कर सकेंगे, इसकी कोई बुनियादी सीमा नहीं है। ऐसा कोई भौतिक सिद्धांत नहीं है, जो मनुष्य के दिमाग़ में जिस प्रकार से पार्टिकलों का संयोजन होता है, उससे कहीं ज़्यादा उन्नत संयोजन को रोक सके। एक विस्फोटक संक्रमणकाल के आसार हैं, हालाँकि जैसा फ़िल्मों में दिखाते हैं, यह उससे अलग होगा। जैसा कि गणितज्ञ इरविन गुड ने 1965 में कहा था कि सुपरह्यूमन बौद्धिकता वाली मशीनें अपने डिज़ाइन को लगातार उन्नत कर सकती हैं, जिसे विज्ञान की परिकल्पना करने वाले लेखक वर्नर विंज ने तकनीकी सिंगुलरिटी कहा था। कल्पना की जा सकती है कि इस तरह की तकनीक हमें वित्तीय बाज़ार में चतुराई से हरा सकती है, मानव को रिसर्च में और राजनीतिक क्षेत्र में नेताओं को पीछे छोड़ सकती है। यही नहीं, यह हमें

ऐसे हथियारों से भी वशीभूत करने की क्षमता रखती है, जिन्हें हम समझते तक नहीं हैं। एआई का अल्पावधि प्रभाव इसे नियंत्रित करने वाले पर निर्भर करता है, लेकिन दीर्घावधि में इस बात पर निर्भर करेगा कि हम इसे पूरी तरह से क़ाबू में रख पाते हैं या नहीं।

संक्षेप में कहें तो सुपर इंटेलिजेंट एआई का आगमन मानव जाति के लिए या तो सर्वश्रेष्ठ होगा या सबसे ख़राब घटना होगी। एआई का वास्तविक जोखिम दुर्भावना से नहीं, बल्कि उसकी क्षमता से है। सुपर इंटेलिजेंट एआई अपने लक्ष्य अर्जित करने के मामले में बहुत ही अच्छा होगा। यदि ये लक्ष्य हमारे लक्ष्यों के अनुरूप नहीं हैं, तो समझ लीजिए हमारे समक्ष संकट उत्पन्न हो गया है। आप निश्चित रूप से दुष्ट नहीं होंगे, जो दुर्भावनावश चींटी के बिल को नष्ट कर दें, लेकिन यदि आप किसी जल विद्युत हरित ऊर्जा परियोजना के प्रमुख हैं और जिस क्षेत्र में आप काम कर रहे हैं, वहाँ पर चींटियों का कोई बिल जल के प्रवाह से नष्ट हो जाए, तो यह चींटियों के लिए बहुत तकलीफ़देह होगा। हमें मानवता को चींटियों के स्थान पर नहीं रखना चाहिए। हमें आगे की योजना बनानी चाहिए। यदि हमसे अधिक उन्नत एलियन हमें लिखित संदेश भेज कर कहते हैं कि 'हम कुछ दशक में आ जाएँगे, तो हम क्या यह जवाब देंगे, ठीक है, जब भी आएँ, हमें कॉल कर लें, हम लाइट्स चालू रखेंगे? संभवतः नहीं, लेकिन कमोबेश ऐसा एआई के साथ हुआ है। चंद गैर लाभकारी संस्थानों को छोड़ कर बहुत कम गंभीर रिसर्च इस क्षेत्र में की गई है।

क़िस्मत अच्छी है कि यह अब बदल रहा है। टेक्नोलॉजी क्षेत्र के अग्रणी बिल गेट्स, स्टीव वॉज़नियेक और एलन मस्क ने भी इसी प्रकार की चिंताएँ ज़ाहिर की हैं। जोखिम के आकलन के साथ ही सामाजिक क्षेत्र में इसके प्रति जागरूकता एआई से जुड़े लोगों में जड़ जमाती जा रही है। जनवरी 2015 में मैंने, एलन मस्क और कई अन्य एआई विशेषज्ञों ने एआई से संबंधित एक खुले पत्र पर हस्ताक्षर किए, जिसमें इसके समाज पर पड़ने वाले प्रभावों पर गंभीर रिसर्च करने की बात कही गई है। पहले भी एलन

मस्क ने चेतावनी दी थी कि सुपरह्यूमन एआई असंख्य फ़ायदे कराने में सक्षम है, लेकिन यदि इसे असावधानीवश लागू कर दिया गया, तो मनुष्य जाति के लिए इसके भयानक ख़तरे हैं। फ़्यूचर ऑफ़ लाइफ़ इंस्टीट्यूट के सलाहकार बोर्ड में एलन मस्क और मैं दोनों रहे। यह संगठन मानवता के समक्ष जोखिमों को ख़त्म करने के लिए काम करता है और इसी के माध्यम से यह पत्र तैयार किया गया था। इसमें इस बात का आह्वान किया गया था कि किस तरह से हम एआई के सारे फ़ायदे उठाते हुए समस्याओं से बचा सकने वाली ठोस रिसर्च कर सकते हैं। साथ ही एआई शोधार्थियों को एआई की सुरक्षा पर ज़्यादा सावधानी बरतने को कहा गया था। इसके अलावा यह पत्र नीति-निर्माताओं और आम लोगों के लिए भी था, जिसका आशय सूचना देना था, भय पैदा करना नहीं था। हमारा मानना है यह बहुत महत्त्वपूर्ण है कि हर कोई यह जाने कि एआई के शोधकर्ता इन चिंताओं और नैतिक मुद्दों पर गंभीरता से विचार कर रहे हैं। उदाहरण के लिए, एआई में इतनी क्षमता है कि वह रोग और ग़रीबी का उन्मूलन कर दे, लेकिन शोधकर्ताओं को ऐसा एआई सृजित करने पर काम करना चाहिए, जिसे नियंत्रित किया जा सके।

अक्टूबर 2016 में मैंने कैम्ब्रिज में एक नया केंद्र शुरू किया, जो एआई की रिसर्च में हो रहे तीव्र विकास से उभरने वाले प्रश्नों का हल ढूँढने का प्रयास करेगा। द लिवरहल्म सेंटर फ़ॉर द फ़्यूचर ऑफ़ इंटेलिजेंस बहुविषयी संस्थान होगा, जो एआई की भविष्य में होने वाली रिसर्च के प्रति समर्पित होगा। यह हमारी सभ्यता और प्रजाति के भविष्य के लिए अहम होगा। हम अपना अधिकांश समय इतिहास को पढ़ने में लगाते हैं, ऐसा इतिहास, जो मूर्खता से भरा हुआ है। इसलिए यह स्वागतयोग्य बदलाव है कि लोग उसे पढ़ने के बजाय बौद्धिकता के भविष्य को पढ़ रहे हैं। हम संभावित जोखिमों के लिए सजग हैं, लेकिन शायद नई तकनीकी क्रांति के औज़ारों से हम ऐसे किसी नुक़सान को कम कर सकेंगे, जो प्रकृति को औद्योगिकीकरण के कारण हो चुका है।

एआई के एडवांसमेंट में हाल ही जो काम हुआ है, उसमें यूरोपीय संसद द्वारा कही गई एक बात भी शामिल है, जिसमें रोबोट्स और एआई को

बनाने के लिए नियम बनाने की बात कही गई है। चकित करने वाली बात है कि इसमें एक तरह के इलेक्ट्रॉनिक व्यक्ति के स्वरूप की बात कही गई है, जो सर्वाधिक सक्षम और एडवांस्ड एआई के अधिकार और ज़िम्मेदारियाँ तय करेगा। यूरोपीय संसद के प्रवक्ता ने कहा कि हमारे दैनिक जीवन में रोबोट्स का दख़ल बढ़ता जा रहा है। हमें यह सुनिश्चित करना होगा कि ये रोबोट्स हमेशा मानव की सेवा के लिए कार्य करते रहें। संसद में एक रिपोर्ट भी पेश की गई थी कि दुनिया नई औद्योगिक रोबोट क्रांति के मुहाने पर खड़ी है। इसमें इस बात की पड़ताल भी की गई है कि क्या रोबोट को एक इलेक्ट्रॉनिक व्यक्ति के रूप में क़ानूनी अधिकार दें या नहीं, जिस प्रकार से किसी कॉर्पोरेट व्यक्ति को क़ानूनी परिभाषा दी जाती है, क्या इसकी अनुमति होगी, लेकिन इसमें इस बात पर ज़ोर दिया गया कि हर समय रिसर्च करने वालों और डिज़ाइनरों को इस बात को सुनिश्चित करना होगा कि सभी रोबोटिक डिज़ाइन में एक किल स्विच (समाप्त करने का बटन) भी हो।

इसने साइंस फ़िक्शन में समस्याग्रस्त रोबोटिक कंप्यूटर 'हाल' के साथ अंतरिक्षयान में सवार वैज्ञानिकों की मदद नहीं की थी। स्टेनली क्यूब्रिक की फ़िल्म 2001 : *ए स्पेस ओडेसी* में इसकी कल्पना की गई थी, लेकिन वह साइंस फिक्शन था। हमारा संबंध वास्तविकता से है। बहुराष्ट्रीय विधि फर्म ओस्बोर्न क्लार्क की सलाहकार लोर्ना ब्राजेल ने एक रिपोर्ट में कहा है कि हम व्हेल और गुरिल्ला को मनुष्य की श्रेणी में नहीं मानते, तो क्यों रोबोटिक मशीन को इस श्रेणी में रखें, लेकिन एहतियात तो रखना होगा। रिपोर्ट में इस बात की संभावना व्यक्त की गई है कि कुछ दशकों में एआई मनुष्य की बौद्धिक क्षमता को पार कर मनुष्य और रोबोट के संबंधों को चुनौती देने लगेगा।

2025 तक 30 महाकाय शहर ऐसे होंगे, जिनकी आबादी एक करोड़ से ज़्यादा हो सकती है। ये सभी ज़रूरत होने पर गुड्स और सर्विसेज की माँग कर रहे होंगे। क्या तकनीक वस्तुओं की तत्काल उपलब्धता की हमारी ज़रूरत को पूरा कर पाएगी? रोबोट्स के कारण ऑनलाइन रिटेल की प्रक्रिया निश्चित रूप से तेज़ होगी, लेकिन ख़रीदारी में क्रांतिकारी बदलाव के लिए

इन्हें त्वरित ढंग से काम करना होगा और हर ऑर्डर की उसी दिन डिलिवरी देनी होगी।

दुनिया से भौतिक रूप से उपस्थित हुए बिना संपर्क करने के अवसर तेज़ी से बढ़ते जा रहे हैं। आप कल्पना कर सकते हैं कि मुझे इसने बहुत आकर्षित किया, क्योंकि शहर का जीवन बेहद व्यस्त होता है। आपने कितनी बार चाहा होगा कि आप दो होते, तो काम का बोझ कम हो सकता था? वास्तविक डिजिटल सरोगेट बनाना हमारा महत्वाकांक्षी सपना है, लेकिन नई तकनीक से संकेत मिलता है कि वह अवस्था अब इतनी दूर नहीं है, जितनी दिखाई देती है।

जब मैं युवा था, तो तकनीक के तेज़ी से विकास ने भविष्य का एक चित्र बताया था, जिसमें दिखता था कि हम ज़्यादा विलासितापूर्ण जीवन व्यतीत कर सकेंगे, लेकिन वास्तव में जैसे ही हम इसे हासिल करते हैं, वैसे अधिक व्यस्त हो जाते हैं। हमारे शहरों में मशीनें बहुत हैं, जो हमारी क्षमता बढ़ा देती हैं, लेकिन तब क्या होगा, जब हम दो स्थानों पर एक साथ मौजूद हों? हम फ़ोन सिस्टम और घोषणाओं के कारण ऑटोमेटेड आवाज़ के अभ्यस्त हैं। आविष्कारक डेनियल क्राफ़्ट इस बात पर काम कर रहे हैं कि किस तरह से हम ख़ुद की एक अन्य दृश्य छवि को पेश कर सकते हैं। अब सवाल यह है कि अवतार कितना यथार्थपरक हो सकता है?

इंटरैक्टिव ट्यूटर, मैसिव ओपन ऑनलाइन कोर्सेज़ (एमओओसी) और मनोरंजन के लिए उपयोगी साबित हो सकते हैं। यह उत्साहजनक हो सकता है। डिजिटल एक्टर्स हमेशा युवा रहेंगे, कई असंभव चीज़ों को कर सकेंगे। हो सकता है कि भविष्य के हमारे आदर्श वास्तविक ही न हों।

हम किस तरह से डिजिटल दुनिया से जुड़ सकते हैं, यही प्रगति होगी, जिसे हम भविष्य में करेंगे। सबसे ज़्यादा स्मार्ट शहरों में सबसे ज़्यादा स्मार्ट मकान होंगे। ये ऐसे उपकरणों से सुसज्जित होंगे, जो अंतर्ज्ञानी की तरह काम करेंगे। उनके साथ संवाद करना बहुत आसान होगा।

क्या आर्टिफ़िशल इंटेलिजेंस हमें पीछे छोड़ देगा?

जब टाइपराइटर की खोज हुई थी, तो इसने हमें उस तरीक़े से मुक्त कर दिया, जिससे हम मशीनों के संपर्क में आते थे। इसके ठीक 150 वर्ष बाद टच स्क्रीन्स ने डिजिटल दुनिया के संपर्क के नए तरीक़ों को खोजा। हाल ही में एआई की उपलब्धि है सेल्फ ड्राइविंग कार, या 'गो' नामक गेम में कंप्यूटर की जीत, जो इस बात के संकेत हैं कि आगे क्या आने वाला है। इस तकनीक में बड़े पैमाने पर निवेश हो रहा है, जो अब हमारे जीवन का अहम हिस्सा है। आने वाले दशकों में यह हमारे समाज के जीवन के हर पक्ष में व्याप्त हो जाएगा, साथ ही हमें हेल्थकेयर, कामकाज, शिक्षा और विज्ञान के क्षेत्र में बौद्धिक रूप से सहायता देगा। अभी तक जो उपलब्धियाँ हुई हैं, वे आने वाले दशकों में फीक़ी पड़ जाएँगी। हम भविष्यवाणी भी नहीं कर सकते कि हमें क्या प्राप्त होने वाला है, जब एआई हमारे दिमाग़ का विस्तार कर देगा।

नई तकनीक की इस क्रांति के साधनों से हो सकता है कि हम मनुष्य का जीवन बेहतर बना सकें। उदाहरण के लिए एआई में यह भी खोज की जा रही है कि मेरुदंड की चोट से लकवे के शिकार लोगों को कैसे स्वस्थ कर सकते हैं। शरीर और दिमाग़ के बीच में सिलिकॉन चिप इम्प्लांट और वायरलैस इलेक्ट्रॉनिक इंटरफ़ेसेज़ लगाने की तकनीक से लोग विचारों के जरिए अपने शरीर की गतिविधियों को क़ाबू में रख सकेंगे।

मेरा मानना है कि संवाद का भविष्य 'ब्रेन-कंप्यूटर इंटरफ़ेसेज़' है। दो तरीक़े हैं – इलेक्ट्रॉड्स खोपड़ी पर और इम्प्लांट। पहला किसी फ़्रॉस्टेड ग्लास में से देखने जैसा है, जबकि दूसरा बेहतर है, लेकिन उसमें इंफ़ेक्शन का जोखिम है। यदि हम मनुष्य के दिमाग़ को इंटरनेट से जोड़ देते हैं, तो यह समस्त विकीपीडिया को अपना संसाधन बना लेगा।

दुनिया बहुत तेज़ी से बदल रही है, क्योंकि लोग, उपकरण और सूचनाएँ तेज़ी से एक-दूसरे से जुड़ते जा रही हैं। संगणनात्माक शक्ति बढ़ रही है और क्वांटम कंप्यूटिंग तेज़ी से हासिल की जा रही है। इससे एआई की क्रांति में और भी तेज़ गति से वृद्धि होगी। इससे एनक्रिप्शन और उन्नत

क्यों हम आर्टिफिशल इंटेलिजेंस को लेकर
इतने चिंतित हैं? मनुष्य कभी भी कोई
प्लग खींच सकता है?

लोगों ने कंप्यूटर से पूछा था, 'क्या ईश्वर है ?'
कंप्यूटर ने कहा था, 'वर्तमान में है' और
प्लग फ्यूज़ कर दिया।

होगा। क्वांटम कंप्यूटर्स सब बदल देगा, यहाँ तक कि मनुष्य का जीव-विज्ञान भी। एक तकनीक पहले से है, जो सटीक तरीक़े से डीएनए में बदलाव कर सकती है, जिसे सीआरआईएसपीआर कहते हैं। इस जीनोम एडिटिंग तकनीक की बुनियाद बैक्टीरियल रक्षा प्रणाली है। यह तकनीक सटीक तरह से काम करके जनेटिक कोड को सुधार देती है। जनेटिक छेड़छाड़ की सबसे अच्छी मंशा जीन में सुधार करना है, जिससे कि वैज्ञानिक जनेटिक परिवर्तन करते हुए रोगों के वंशानुगत कारणों का इलाज कर सकें, हालाँकि फिर भी डीएनए में छेड़छाड़ की संभावनाएँ बहुत कम रहती हैं। हम जनेटिक इंजीनियरिंग के मामले में कितना आगे बढ़ पाते हैं, यह सवाल तेज़ी से उठता जा रहा है। मेरी एएलएस जैसी मोटर न्यूरॉन की बीमारियों में इसके ख़तरों की झलक जाने बिना हमें उनके इलाज की कोई संभावना नज़र नहीं आती।

बुद्धिमत्ता किसी परिवर्तन के अनुरूप स्वयं को ढालने की क्षमता के तौर पर परिभाषित की जाती है। मनुष्य की बुद्धिमत्ता कई पीढ़ियों द्वारा बदली हुई परिस्थितियों को स्वीकार कर लेने की क्षमता में नज़र आती है। हमें बदलाव से घबराना नहीं चाहिए। हमें अपने फ़ायदे के लिए इस पर काम करना चाहिए।

हम सभी को इस पर काम करना चाहिए कि हम और हमारी आने वाली पीढ़ी के पास न केवल अवसर, बल्कि यह दृढ़ निश्चय हो कि हम प्रारंभ से ही स्वयं को विज्ञान के अध्ययन के प्रति पूरी तरह जोड़ेंगे, ताकि समूची मानव जाति के लिए विश्व को बेहतर बना सकें। हमको सैद्धांतिक बहस से आगे बढ़ते हुए यह योजना बनानी होगी कि एआई कैसा हो सकता है, न कि हम सिर्फ़ इसमें उलझे रहें कि एआई कैसा होना चाहिए। हम सब के पास वह क्षमता है कि हम क्या स्वीकार किया जाए या क्या अपेक्षित है आदि की सीमाओं को तोड़कर बड़ा सोचें। हम एक साहसी नए विश्व की सीमा रेखा पर हैं। यह उत्साहपूर्ण है, यदि अनिश्चित स्थिति है, तो हम ही पथ प्रदर्शक हैं।

जब हमने आग का आविष्कार किया, तो कई बार हम इसमें घिरे, फिर हमने आग को बुझाने का उपकरण बनाया। ज़्यादा शक्तिशाली तकनीकों

जैसे परमाणु हथियार, सिंथेटिक बॉयलोजी और मज़बूत आर्टिफिशल इंटेलिजेंस के होते हुए हमें चाहिए कि हम अग्रिम योजना बना लें और पहली बार में ही चीज़ें ठीक कर लें, क्योंकि यही अवसर हमारे पास होगा। तेज़ी से बढ़ती तकनीकी शक्ति और उसे प्रयोग करने की हमारी बुद्धिमता के बीच होड़ ही हमारा भविष्य है। अतः यह सुनिश्चित करें कि जीत हमारी बुद्धिमता की हो।

10

हम किस तरह अपना भविष्य बना सकते हैं?

एक सौ वर्ष पहले ऐल्बर्ट आइंस्टाइन ने अंतरिक्ष, समय, ऊर्जा व पदार्थ के बारे में हमारी समझ में क्रांति ला दी थी। हम अभी तक उनकी भविष्यवाणियों की शानदार पुष्टियों को अनुभव कर रहे हैं। जैसे 2016 में गुरुत्वीय तरंगें लिगो एक्सपेरिमेंट में देखी गईं। जब भी मैं निपुणता के बारे में सोचता हूँ, तब आइंस्टाइन दिमाग़ में एकाएक छा जाते हैं। उनमें इतने चतुराई भरे विचार कहाँ से आते थे। यह गुणवत्ता, अंतर्दृष्टि, मौलिकता और बुद्धिमता का सटीक मिश्रण था। आइंस्टाइन में क्षमता थी कि वे सतह के पार देख पाते थे, ताकि उसमें निहित संरचना को उजागर कर सकें। वे सामान्य समझ से ज़रा भी विचलित नहीं होते थे। उनका ऐसा विचार था कि चीज़ें जिस प्रकार से दिख रही हैं, उसी हिसाब से होनी चाहिए। वे ऐसे विचारों पर चलने का साहस रखते थे, जो दूसरों को बेतुके लगते थे। इस विचारधारा ने उन्हें शुद्ध रूप से सोचने के लिए स्वतंत्र कर दिया। वे न केवल अपने समय के, बल्कि सर्वकालीन जीनियस माने जाते हैं।

आइंस्टाइन की कल्पनाशीलता ही उनकी कुंजी थी। उनकी अधिकांश खोजें सतत प्रयोग के आधार पर नए सिरे से ब्रह्मांड की कल्पना करने से निकल कर सामने आई थीं। सोलह वर्ष की आयु में उन्होंने लाइट बीम पर सवार होने के दृश्य की कल्पना कर ली थी। वे तब यह जान गए थे कि इस

उत्तम स्थिति से प्रकाश बर्फ़ीली लहर के समान नज़र आएगा। यह तसवीर स्पेशल रिलेटिविटी के सिद्धांत की ओर ले गई।

एक सौ साल बाद भौतिकविद् आईंस्टाइन के मुक़ाबले अंतरिक्ष के बारे में अधिक जानते हैं। अब हमारे पास खोज के लिए बेहतर चीज़ें हैं, जैसे पार्टिकल एक्सीलरेटर्स, सुपर कंप्यूटर्स, स्पेस टेलिस्कोप और जैसे लिगो लैब में गुरुत्वीय तरंगों पर किए गए प्रयोग। इसके बावजूद कल्पना हमारी सबसे शक्तिशाली विशेषता बनी हुई है। उसके मार्फ़त हम अंतरिक्ष एवं समय में कहीं भी घूम सकते हैं। हम कार चलाते हुए प्रकृति की सुंदरता को देख सकते हैं, बिस्तर में छोटी-सी झपकी ले सकते हैं या फिर किसी समारोह में किसी की बोरियत भरी बातें ध्यान से सुनने का दिखावा कर देते हैं।

जब मैं छोटा था, तो मुझे यह जानने में बहुत रुचि रहती थी कि चीज़ें काम कैसे करती हैं। उन दिनों किसी चीज़ को खोल कर अलग करना और उसके मेकैनिक्स का पता लगाना ज़्यादा सरल था। जिन खिलौनों को मैं टुकड़ों-टुकड़ों में बाँट देता था, उनको फिर जोड़ने में मैं हमेशा सफल नहीं रहा, लेकिन मैं सोचता हूँ कि आजकल के बच्चे यदि स्मार्टफ़ोन पर वही चीज़ें करने की कोशिश करें, तो उनकी तुलना में मैंने अधिक सीखा।

मेरा काम अब भी यही पता लगाना है कि चीज़ें कैसे काम करती है, सिर्फ़ पैमाना बदल गया है। अब मैं खिलौने वाली ट्रेनों को तोड़ता नहीं हूँ। इसकी बजाय मैं भौतिक के सिद्धांतों का प्रयोग करते हुए यह देखने की कोशिश करता हूँ कि ब्रह्मांड कैसे काम करता है। यदि आप जानते हैं कि ये चीज़ इस प्रकार से काम करती हैं, तो आप उसे क़ाबू में कर सकते हैं। मैं जब ऐसा कहता हूँ, तो सुनने में यह बहुत आसान लगता है। यह एक दिलचस्प और जटिल उद्यम है, जिसने मुझे मेरे वयस्क होने पर भी उत्साह के साथ लुभाए रखा। मैंने दुनिया के अनेक दिग्गज वैज्ञानिकों के साथ काम किया है। मैं भाग्यशाली हूँ कि मेरे चुने हुए क्षेत्र ब्रह्मांड विज्ञान, ब्रह्मांड की शुरुआत के अध्ययन का जब सुनहरा दौर आया, तो मैं जीवित हूँ।

मानव का दिमाग़ अविश्वसनीय है। यह स्वर्ग की भव्यता सोच सकता है और पदार्थ के बुनियादी अवयवों की गूढ़ता को भी समझ सकता है। दिमाग़ को पूरी क्षमता से उपयोग में लाने के लिए इसमें स्पार्क ज़रूरी है। सवाल पूछने और आश्चर्य करने का स्पार्क।

अक्सर शिक्षक की ओर से यह स्पार्क मिलता है। मुझे इसे विस्तार से समझाने दीजिए। मुझे पढ़ाना आसान नहीं था। मैं सीखने में बहुत धीमा था, मेरी हैंडराइटिंग गंदी थी, लेकिन जब मैं 14 वर्ष का हुआ, तब स्कूल सेंट एल्बंस में मेरे शिक्षक डिकरन टाहटा ने बताया कि कैसे अपनी शक्ति को बढ़ाकर काम करना है। उन्होंने मुझे गणित के प्रति रचनात्मक सोच के लिए प्रोत्साहित किया। उन्होंने इस विषय के प्रति मेरी आँखें खोल दीं, जो ब्रह्मांड का ब्लूप्रिंट है। यदि आप हर असाधारण व्यक्ति के पीछे देखेंगे तो आपको एक असाधारण शिक्षक दिखाई देगा। जब हममें से हर आदमी यह सोचता है कि हम जीवन में क्या कर सकते हैं, तो ज़्यादातर यही बात सामने आएगी कि हम अपने शिक्षक के कारण ऐसा कर सकते हैं।

अब हालाँकि साइंस और टेक्नोलॉजी की रिसर्च जैसी चीज़ें पहले की तुलना में ज़्यादा संकट की स्थिति में हैं। हाल ही दुनिया में वित्तीय संकट और कम ख़र्च में चलने से साइंस के सभी क्षेत्रों में मदद बहुत कम हो गई है, लेकिन बुनियादी विज्ञान बुरी तरह से प्रभावित हुआ है। हम सांस्कृतिक रूप से अलग-थलग और संकुचित विचार के ख़तरे का सामना कर रहे हैं और जो प्रगति हुई है, उससे दूर होते जा रहे हैं। रिसर्च के स्तर पर विभिन्न देशों के बीच लोगों के आदान-प्रदान से कौशल का अपेक्षाकृत तेज़ी से हस्तांतरण संभव होता है। ये लोग अपने साथ भिन्न विचार लाते हैं, जो अलग पृष्ठभूमि में निर्मित हुए होते हैं। इससे प्रगति आसानी से संभव होती है, लेकिन अब ऐसा मुश्किल होगा। दुर्भाग्य से अब हम पीछे के दौर में नहीं जा सकते। ब्रेक्ज़िट और ट्रम्प के कारण इमिग्रेशन में नए बदलाव हो रहे हैं और शिक्षा के विकास के मामले में देखें तो विशेषज्ञों के ख़िलाफ़ दुनियाभर में विद्रोह की स्थिति है, जिसमें वैज्ञानिक भी शामिल हैं। ऐसे में हम विज्ञान और तकनीकी

शिक्षा के भविष्य की रक्षा कैसे कर सकते हैं?

मैं फिर से मेरे शिक्षक डिकरन टाहटा की बात पर आता हूँ। शिक्षा का भविष्य स्कूलों और प्रेरक शिक्षकों पर निर्भर करता है। स्कूल केवल प्राथमिक फ्रेमवर्क बना सकता है, जहाँ कई बार रट कर याद करना, समीकरण और परीक्षाएँ बच्चों को साइंस से अलग कर देते हैं। अधिकांश लोग मात्रा की बजाय गुणवत्ता को बेहतर समझते हैं, जिसमें समीकरण की ज़रूरत नहीं रहती। विज्ञान की लोकप्रिय पुस्तकें और आलेख भी हमारे जीवन जीने के तरीक़े के बारे में विचार दे सकते हैं। बहुत ही कम लोग सफल पुस्तकें पढ़ते हैं। साइंस की डॉक्यूमेंट्री और फ़िल्में लोगों के पास पहुँचती हैं, लेकिन यह एक पक्षीय संवाद है।

जब मैंने 1960 के दशक में कॉस्मोलॉजी यानी ब्रह्मांड विज्ञान के क्षेत्र में कार्य शुरू किया, तो यह समझने में कठिन और विचित्र ब्रांच मानी जाती थी। आज सैद्धांतिक कार्य और प्रयोगों के सफल होने जैसे लार्ज हेडरॉन कोलाइडर और हिग्स बोसॉन की खोज से ब्रह्मांड विज्ञान ने हमारे लिए ब्रह्मांड खोलकर रख दिया है, परंतु अभी भी बड़े सवालों के जवाब मिले नहीं हैं और बहुत काम शेष है, लेकिन अब हम अधिक जानते हैं और कोई कल्पना भी नहीं कर सकता कि हमने तुलनात्मक रूप से बहुत कम समय में बहुत सारी चीज़ें प्राप्त की हैं।

लेकिन जो युवा हैं, उनके लिए आगे क्या है? मैं विश्वास के साथ कहना चाहूँगा कि पुरानी पीढ़ी से कहीं अलग उनका दारोमदार साइंस और टेक्नोलॉजी पर ही निर्भर होगा। उन्हें पहले के लोगों की तुलना में विज्ञान के बारे में ज़्यादा जानने की ज़रूरत है। इसका कारण है कि यह अपूर्व तरीक़े से उनके दैनिक जीवन का अंग बन चुका है।

ज़्यादा अंधाधुंध अनुमान न लगाते हुए, जो प्रवृत्तियाँ और समस्याएँ उभर रही हैं, उन्हें हम देख सकते हैं। हम जानते हैं कि इनका सामना हमें करना है और इनका हल अभी और भविष्य में करना होगा। जो समस्याएँ

हम किस तरह अपना भविष्य बना सकते हैं?

मैं देखता हूँ, उनमें ग्लोबल वॉर्मिंग, दुनिया की बढ़ती आबादी के लिए स्थान और संसाधन, अन्य प्रजातियों का विलुप्त होना, अक्षय ऊर्जा के संसाधनों का विकास करना, महासागरों का स्तर घटना, जंगलों का कम होना और महामारियों का फैलना जैसे मुद्दे शामिल हैं।

भविष्य के लिए कुछ महान खोज भी हुई हैं, जो हमारे जीवन के तरीक़े, कामकाज, आहार, बातचीत और भ्रमण में बड़े बदलाव लाएँगी। जीवन के प्रत्येक क्षेत्र में नवाचार की ख़ासी गुंजाइश है। यह उत्साह से भरा है। हम चाँद पर दुर्लभ धातुओं का खनन कर रहे होंगे, मंगल पर मनुष्य जीवन स्थापित करेंगे। इसके अलावा उन चीज़ों के भी उपचार मिल सकेंगे, जिनमें अभी कोई उम्मीद नहीं रहती है। सबसे अहम प्रश्न अभी भी अनुत्तरित है कि पृथ्वी पर जीवन कैसे आरंभ हुआ? हमारी सजगता क्या है? क्या और कोई है, या हम ब्रह्मांड में नितांत अकेले हैं? अगली पीढ़ी के लिए ये सवाल हैं, जिन पर वह काम कर सकती है।

कुछ लोग सोचते हैं कि मनुष्यता आज विकास के चरम पर है, यह जो है, वह सबसे अच्छा है। मैं इससे असहमत हूँ। हमारे ब्रह्मांड की सीमा को लेकर कुछ बहुत विशेष होगा और कोई सीमा ही नहीं रहे, इसके लिए क्या विशेष और हो सकता है। मनुष्य के प्रयासों को लेकर भी सीमा नहीं होनी चाहिए। मनुष्यता के भविष्य के लिए दो विकल्प मुझे सूझते हैं : अंतरिक्ष में वैकल्पिक ग्रहों को ढूँढा जाए, जहाँ हम रह सकें और एआई का सही दिशा में प्रयोग किया जाए, ताकि हम दुनिया को सुधार सकें।

पृथ्वी हमारे लिए बहुत छोटी होती जा रही है। हमारे भौतिक संसाधन लगभग ख़त्म हो चुके हैं और अब ख़तरनाक स्तर तक पहुँच गए हैं। मनुष्य ने हमारे ग्रह को विनाशक उपहार भेंट किए हैं, जैसे जलवायु परिवर्तन, प्रदूषण, तेज़ी से बढ़ता तापमान, ध्रुवों पर बर्फ़ की परत का पिघलना, वनों का नष्ट होना, पशु-पक्षियों की अनेक प्रजातियों का विलुप्त होना। हमारी आबादी भी ख़तरनाक स्तर तक बढ़ती जा रही है। इन आँकड़ों से जूझते हुए निश्चित तौर पर कह सकते हैं कि आबादी में तीव्र वृद्धि अगली सहस्राब्दी तक चल नहीं सकती।

परमाणु युद्ध के ख़तरे के कारण भी किसी अन्य ग्रह पर जाकर बसने को कहा जा रहा है। एक अन्य थ्योरी है, जो कहती है कि पृथ्वी से परे जो ग्रह हैं, उनके हमसे अभी तक संपर्क न करने का एक कारण यह भी हो सकता है कि सभ्यता जब विकास के हमारे स्तर तक पहुँच जाती है, तो यह अस्थिर हो जाती है और साथ ही ख़ुद को समाप्त कर लेती है। अब हमारे पास पृथ्वी पर किसी भी जीव को समाप्त करने के लिए तकनीकी सामर्थ्य है। जैसा हमने हाल ही में उत्तर कोरिया की घटनाओं के बारे में जाना है, तो यह गंभीर कर देने वाला चिंताजनक विचार है।

लेकिन मेरा मानना है कि महायुद्ध की सामर्थ्य वाली इस स्थिति से बचा जा सकता है और सबसे बेहतर तो यह है कि हम अंतरिक्ष में जाकर मनुष्य के लिए नए ग्रह की संभावना को ढूँढें।

दूसरा विकास, जो मनुष्य को भविष्य में प्रभावित करेगा, वह है एआई का उदय।

एआई रिसर्च अब तेज़ी से बढ़ रही है। हाल ही में सेल्फ ड्राइविंग कारों, कंप्यूटर गेम 'गो' और डिजिटल पर्सनल असिस्टेंट सिरि, गूगल नाऊ और कोर्टाना आईटी हथियारों की होड़ के मात्र संकेत हैं, जिनमें ज़बरदस्त तरह से निवेश किया है और इसे बहुत परिपक्व तरीक़े से सैद्धांतिक बुनियाद पर तैयार किया जा रहा है। इस तरह की उपलब्धियाँ आने वाले दशकों में फीकी पड़ सकती हैं।

परंतु सुपर इंटेलिजेंट एआई का उदय या तो मनुष्यता के लिए सर्वश्रेष्ठ या फिर सबसे ख़राब बात होगी। हम यह जान भी नहीं सकते कि हमें अनंत तक एआई से मदद मिलेगी, या हमारी अनदेखी हो जाएगी और हम दरकिनार कर दिए जाएँगे या फिर उसके द्वारा समाप्त कर दिए जाएँगे। आशावादी होने के नाते मैं मानता हूँ कि हम दुनिया को अच्छा बनाने के लिए एआई का उपयोग करेंगे, जिससे वह हमारे साथ सद्भाव से काम कर सके। हमें बस इतना सचेत रहना होगा कि उसके जोखिम को हम पहचान

सकें और अच्छे कार्यों में उसका इस्तेमाल करें और उसके परिणाम के लिए पहले से तैयार रहें।

तकनीक का मेरे जीवन पर बहुत प्रभाव है। मैं कंप्यूटर की मदद से बोल पाता हूँ। मुझे आवाज़ तकनीक की मदद से मिल पाती है, जो मेरी बीमारी के कारण चली गई। मेरा सौभाग्य है कि पर्सनल कंप्यूटर के शुरुआती दौर में मेरी आवाज़ नहीं रही। इंटेल मुझे पिछले 25 वर्ष से मदद दे रहा है, वह मुझे सुविधा देता है कि मैं हर दिन कुछ भी कर सकता हूँ। इतने वर्षों में दुनिया पर तकनीक का प्रभाव बहुत नाटकीय अंदाज़ में बदला है। तकनीक ने संवाद से लेकर जनेटिक रिसर्च में, सूचना तक पहुँच और अन्य कई क्षेत्रों में हमारे जीवन जीने के ढंग को बदला है। तकनीक दिनों-दिन स्मार्ट होती चली गई, उसने संभावनाओं के द्वार खोल दिए, जिसका अनुमान मैंने कभी नहीं लगाया था। तकनीक अब दिव्यांग लोगों की मदद कर रही है और संवाद के अवरोधों को ख़त्म कर रही है। इसे अक्सर भविष्य की तकनीक का परीक्षण स्थल माना जाता है। आवाज़ से टेक्स्ट, टेक्स्ट से आवाज़, होम ऑटोमेशन, ड्राइव बाय वायर, यहाँ तक कि सेगवे भी दिव्यांगों के लिए विकसित किए जा चुके हैं। यह तकनीकी प्रगति हमारे स्वयं के भीतर छिपे स्पार्क के कारण हो सकी है, जिसे हमारी रचनात्मक शक्ति कहा जा सकता है। यह रचनात्मकता कई तरह के रूप ले सकती है, जिसमें भौतिक उपलब्धि से लेकर सैद्धांतिक भौतिकी शामिल है।

किंतु अभी और भी होना शेष है। ब्रेन इंटरफेसेस संवाद के इन साधनों को ज़्यादा तीव्र और ज़्यादा अभिव्यक्तिपूर्ण बना सकते हैं। ज़्यादा से ज़्यादा लोग इन साधनों का इस्तेमाल करते हैं। अब मैं फ़ेसबुक का उपयोग करता हूँ - जिससे मैं विश्वभर में अपने मित्रों और मुझे फॉलो करने वालों से सीधे चर्चा कर सकता हूँ, ताकि वे मेरे नए सिद्धांतों और मेरी यात्राओं के चित्र देख सकें। इससे एक लाभ यह भी है कि मैं अपने बच्चों को देख सकता हूँ, बजाय इसके कि वे मुझे बताएँ कि वे क्या कर रहे हैं।

दुनिया को बदलने वाले विचार भले ही छोटे हों या बड़े,
क्या आप उसे मनुष्य द्वारा अमल
करते हुए देखना चाहेंगे?

यह बहुत आसान है। मैं फ़्यूजन पावर के विकास को
देखना चाहता हूँ, जिससे शुद्ध ऊर्जा की असीमित
उपलब्धता मिल सकेगी और यह इलेक्ट्रिक
कार में भी प्रयुक्त होगी। न्यूक्लियर फ़्यूजन ऊर्जा का
स्रोत होगा और अक्षय या निरंतर ऊर्जा की
आपूर्ति होगी। यह प्रदूषणरहित होगी,
न ही ग्लोबल वॉर्मिंग होगी।

इसी तरह कुछ पीढ़ियों पहले तक मोबाइल फ़ोन, इंटरनेट, मेडिकल इमेज़िंग, सैटेलाइट नेविगेशन एवं सोशल नेटवर्क्स की कल्पना भी समाज नहीं कर सकता था। भविष्य की हमारी दुनिया भी इसी तरह से समान रूप से रूपांतरित हो जाएगी, जिसके बारे में हम कल्पना करने ही लगे हैं। सिर्फ़ सूचना हमें वहाँ नहीं ले जा सकती, लेकिन बौद्धिकता के साथ इसका रचनात्मक इस्तेमाल ही हमें वहाँ ले जाएगा।

बहुत कुछ अभी आना बाक़ी है और मेरी उम्मीद है कि यह पहलू आज के स्कूली छात्रों को बड़ी प्रेरणा दे सकेगा, किन्तु उसके लिए हमें यह सुनिश्चित करने में अपनी भूमिका निभानी होगी कि बच्चों को न सिर्फ़ अवसर मिले, बल्कि शुरू से ही विज्ञान के अध्ययन में जुट जाने की उनकी इच्छा भी हो, ताकि वे अपनी पूर्ण क्षमता का उपयोग कर सकें और संपूर्ण मानव जाति के लिए बेहतर दुनिया बना सकें। मेरा मानना है कि सीखने और शिक्षा का भविष्य इंटरनेट है। लोग जवाब दे सकते हैं और संवाद कर सकते हैं। इंटरनेट हमें वैसे ही जोड़ देता है, जैसे कि किसी बड़े मस्तिष्क में न्यूरॉन्स रहते हैं। इस तरह के आईक्यू के साथ, क्या नहीं किया जा सकता?

जब मैं बड़ा हो रहा था, तब यह केवल मुझ तक नहीं, बल्कि सामाजिक तौर पर स्वीकार किया जाता था कि कोई साइंस में रुचि नहीं रखता है। वह व्यक्ति भी इसकी कोई चिंता नहीं करता था, लेकिन अब ऐसा नहीं है। मैं स्पष्ट बताना चाहता हूँ - मैं सभी युवाओं को वैज्ञानिक बनने के लिए प्रोत्साहित नहीं कर रहा हूँ। मैं इसे आदर्श स्थिति नहीं मानता, क्योंकि दुनिया को विभिन्न विधाओं में कौशल की आवश्यकता है, लेकिन मैं इस बात का पक्षधर हूँ कि सभी युवाओं को विज्ञान के विषयों की जानकारी होना चाहिए। वे चाहें जो विषय चुनें। ज़रूरत इस बात की है कि वे विज्ञान की दृष्टि से साक्षर हों। यही नहीं, वे विज्ञान और तकनीक के विकास से ख़ुद को जोड़ने के लिए प्रेरित हों, ताकि ज़्यादा से ज़्यादा सीख सकें।

मेरा दिमाग़ कहता है कि वह बहुत ख़तरनाक और संकुचित दुनिया होगी, जब बहुत ही कम अत्यंत कुलीन लोगों को एडवांस्ड साइंस और

तकनीक की समझ होगी और वे उसका इस्तेमाल जानते होंगे। मुझे इस बात में संदेह है कि लंबी अवधि की बड़ी परियोजनाओं, जैसे समुद्रों की सफ़ाई, या विकासशील देशों में रोगों के उपचार को प्राथमिकता दी जाएगी। इससे भी बदतर स्थिति यह होगी कि हमें यह पता चल जाएगा कि तकनीक का हमारे ख़िलाफ़ उपयोग किया जा रहा है और हमारे पास उसे रोकने की कोई शक्ति नहीं होगी।

मैं सीमाओं में विश्वास नहीं करता, भले ही मामला यह हो कि हम हमारे व्यक्तिगत जीवन में क्या कर सकते हैं या फिर मामला यह हो कि जीवन और बुद्धिमता ब्रह्मांड में क्या अर्जित कर सकते हैं। हम विज्ञान के सभी क्षेत्रों में अहम खोजों के मुहाने पर हैं। इसमें कोई संदेह नहीं है कि आने वाले पचास वर्षों में दुनिया में बहुत सारे बदलाव आएँगे। हमें यह पता लग जाएगा कि बिग बैंग में क्या हुआ था। यह समझ पाएँगे कि धरती पर जीवन शुरू कैसे हुआ। हम यह भी पता लगा सकेंगे कि क्या ब्रह्मांड में किसी अन्य स्थान पर जीवन मौजूद है, हालाँकि पृथ्वी या उसके वायुमंडल से बाहर की बौद्धिक प्रजातियों के साथ संवाद के आसार बहुत कम हैं, लेकिन फिर भी इस तरह की खोज का महत्त्व यह है कि हमें प्रयासों को छोड़ना नहीं चाहिए। हम सतत रूप से ब्रह्मांड में और ठिकाना ढूँढ़ेंगे, रोबोट्स भेजेंगे और मानव को अंतरिक्ष में भेजेंगे। बढ़ते प्रदूषण और भीड़ भरे ग्रह पर हम अपने भीतर देखना जारी नहीं रख सकते। वैज्ञानिक प्रयास और तकनीकी नवाचार से हमको व्यापक ब्रह्मांड की ओर बाहर देखना चाहिए, साथ ही पृथ्वी की समस्याओं को हल करने का प्रयास करना चाहिए। चूँकि मैं आशावादी हूँ, तो मुझे लगता है कि हम अंततः मानव जाति के लिए अन्य ग्रहों पर जीवनक्षम ठिकाने ढूँढ़ ही लेंगे। हम पृथ्वी से आगे जा सकते हैं और अंतरिक्ष में रहना सीख सकते हैं।

यह कहानी का अंत नहीं, आरंभ रहेगा और मैं तो यह भी आशा करता हूँ कि ब्रह्मांड में अरबों वर्षों तक जीवन पनपता रह सकेगा।

अंतिम बात यह कहना चाहता हूँ कि हम वास्तव में नहीं जानते कि कहाँ से अगली वैज्ञानिक खोज आएगी, न ही यह पता है कि कौन इसको कर सकेगा। वैज्ञानिक खोज का रहस्य और रोमांच युवा वैज्ञानिकों तक व्यापक रूप से पहुँचाने के लिए नवोन्मेषी तरीक़े तलाश करने होंगे। इससे किसी नए आइंस्टाइन को ढूँढने और उसे प्रेरित करने के आसार बढ़ जाएँगे। भले ही वह कहीं भी हो।

तो इस बात को याद रखिए कि अपने पैरों की ओर नहीं, बल्कि तारों की ओर देखो। जो देखते हो, उसका अर्थ ढूँढने का प्रयास करो और किस प्रकार से ब्रह्मांड बना हुआ है, उसके बारे में जानने की कोशिश करो। जिज्ञासु बनो। भले ही कितना भी कठिन जीवन हो, हमेशा ऐसा कुछ होता है, जो आप कर सकते हैं और उसमें सफल हो सकते हैं। मायने यही रखता है कि बस, आप पीछे न हटें। अपनी कल्पना को उन्मुक्त होने दें और भविष्य को आकार दें।

उपसंहार

लूसी हॉकिंग

बसंत ऋतु के एक उदास दिन कैम्ब्रिज में हम लोग काली गाड़ी के क़ाफ़िले में धीमे-धीमे यूनिवर्सिटी की सेंट मैरी चर्च की ओर जा रहे थे। यहाँ परंपरा रही है कि विलक्षण और अद्भुत शिक्षाविदों का अंतिम संस्कार यहीं किया जाता है। सड़कों पर सन्नाटा था। कैम्ब्रिज पूरी तरह से खाली था, कोई पर्यटक भी नहीं दिख रहा था। कुछ रंग ही नीले रंग के उस फ़्लैश से उभर रहे थे, जो पुलिस की मोटरसाइकिल से दिख रहे थे। खुले वाहन में मेरे पिता ताबूत में थे और ये उन्हें गार्ड कर रहे थे, जैसे हम आगे बढ़ते जा रहे थे, ये ट्रैफिक हटाते जा रहे थे।

इसके पश्चात हम बाईं ओर मुड़े। वहाँ भीड़ थी, यह दुनिया की सबसे प्रसिद्ध किंग्स परेड स्ट्रीट थी, जिसे कैम्ब्रिज का हृदय भी माना जाता रहा है। मैंने कभी भी इतनी भीड़ को मौन रहते हुए नहीं देखा। बैनर, फ़्लैग्स, कैमरे, मोबाइल फ़ोन्स सभी अपने साथ लिए बड़ी संख्या में लोग एक कतार में सड़कों पर थे। मेरे पिता के सम्मान में उनके सिर झुके हुए थे। मेरे पिता के कैम्ब्रिज कॉलेज, गोनविल ऐंड कैयस के हेड पॉर्टर बोलर हैट पहन कर परंपरागत ढंग से तैयार होकर आए। उनके हाथ में काली बेंत थी। वे शांत और गरिमामय ढंग से चलते हुए ताबूत वाले वाहन तक पहुँचे और चर्च तक साथ गए।

मेरी आंटी ने मेरा हाथ खींचा और हम दोनों फूट-फूटकर रोने लगे। वे बुदबुदाई, "उन्हें यह सब बहुत अच्छा लगता।"

जब मेरे पिताजी गुजरे, उसके बाद जो कुछ भी हुआ, वह उन्हें काफ़ी अच्छा लगता। काश! उन्हें इसका पता चल पाता। काश! वे देख पाते कि किस असाधारण रूप से दुनियाभर के लोगों ने उनके प्रति स्नेह प्रदर्शित किया है। मैं सोचती हूँ कि काश! वे यह जान पाते कि दुनियाभर के लाखों लोगों के मन में उनके प्रति बहुत आदर है, भले ही वे उनसे मिले भी न हों। मैं सोचती हूँ, काश! उन्हें पता होता कि उन्हें वेस्टमिंस्टर एबी में दो महान वैज्ञानिकों आइज़क न्यूटन और चार्ल्स डार्विन के बीच में धरती में स्थान मिलेगा। काश! वे यह जानते होते कि जैसे ही उन्हें दफ़नाया जाएगा, उनकी आवाज़ एक रेडियो टेलिस्कोप के माध्यम से एक ब्लैक होल की ओर बीम की जाएगी।

वे इस बात के लिए भी चकित हुए होते कि आख़िर सारी हलचल किसलिए है। वे आश्चर्यजनक रूप से एक संकोची इंसान थे। वे अपनी प्रसिद्धि से स्नेह ज़रूर रखते थे, लेकिन अपनी ख्याति से चकित भी दिखाई देते थे। उनकी ही पुस्तक का एक मुहावरा स्वयं के प्रति उनकी प्रवृत्ति को दर्शाता है - "यदि मैंने कोई योगदान दिया है तो।" वह एकमात्र ऐसे व्यक्ति थे, जिन्होंने वाक्य के आगे 'यदि' लगाया था, जबकि मेरा मानना है कि हर व्यक्ति यही मानता है कि उसने तो योगदान किया है।

क्या है वह योगदान। ब्रह्मांड विज्ञान में उनका अति महत्त्वपूर्ण कार्य है ब्रह्मांड की संरचना और उसके शुरू होने की पड़ताल करना, जबकि अपनी स्वयं की स्थिति में चुनौतियों के बीच उन्होंने मानवीय साहस और हास्य बोध का परिचय दिया। उन्होंने ज्ञान और सहनशक्ति की सीमा से परे जाने के रास्ते पता कर लिए थे। मेरी राय है कि यही संयोग उन्हें इतना प्रतिष्ठित, लोगों तक पहुँच बनाने वाला बना गया। वे कष्ट में थे, लेकिन दृढ़ थे। किसी से बात करने के लिए उन्हें प्रयास करना होता था, परंतु उन्होंने यह प्रयास किया। जैसे-जैसे वे गतिशीलता खोते गए, वैसे-वैसे वे लगातार अपने को साधनों के अनुरूप ढालते गए। वे अपने शब्दों को इतना विचार करके चुनते

थे कि जब वे उसे सपाट इलेक्ट्रॉनिक आवाज़ में बोलें, तो उसका अधिक से अधिक प्रभाव हो सके। जब वे इलेक्ट्रॉनिक आवाज़ का इस्तेमाल करते थे, तो यह वास्तव में भावबोधक लगती थी। जब बोलते थे, तो लोग सुनते थे, भले ही एनएचएस पर उनके विचार हों या फिर ब्रह्मांड पर। वे एक भी अवसर ऐसा नहीं रहने देते थे, जिसमें उन्होंने कोई विनोद या चुटकुला नहीं सुनाया हो। अधिकांशतः वे भावहीन तरीक़े से चुटकुले शामिल करते थे, लेकिन उनकी आँखें चमकती रहती थीं।

मेरे पिता एक पारिवारिक व्यक्ति थे। यह 2014 में *द थ्योरी ऑफ़ एवरीथिंग* फ़िल्म आने के बाद लोगों को पता चल सका। 1970 के दशक में यह सामान्य बात नहीं थी कि कोई ऐसा दिव्यांग हो, जिसके पत्नी और बच्चे भी हों। किसी ऐसे दिव्यांग का मिलना भी सामान्य बात नहीं थी, जिसमें स्वायत्तता और स्वतंत्रता की इतनी मज़बूत भावना हो। जब मैं छोटी थी, तब मुझे यह सख़्त नापसंद था कि जब मेरे पिता तेज़ी से अपनी व्हीलचेयर कैम्ब्रिज में ले जाते थे, तब अनजान लोग हमारी तरफ़ ऐसे घूरने लगते थे, जैसे उन्हें इसकी आज़ादी मिली हुई हो। कई बार तो वे मुँह खोल कर घूरते थे। उनके साथ दो गोरे, भूरे और बिखरे बालों वाले लड़के एक आइसक्रीम खाने की कोशिश करते हुए दौड़ते थे। मुझे यह सब अशिष्ट रुख अच्छा नहीं लगता था। मैं भी बदले में घूरने की कोशिश करती, लेकिन मैं नहीं सोचती कि मेरी नाराज़गी कभी निशाने पर लगी हो, ख़ासतौर से ऐसे बचकाने चेहरे से निकलने वाली नाराज़गी, जिसके मुँह पर पिघली हुई आइसक्रीम लगी हो।

किसी भी कल्पना शक्ति से यह सामान्य बाल्यकाल नहीं था। मैं इसे समझती थी, लेकिन नहीं भी समझती थी। मैं सोचती हूँ कि एक बड़े बच्चे से चुनौती भरे सवाल पूछना बहुत सामान्य है, क्योंकि यही हम सब घर पर करते थे। जब मैंने ईश्वर के अस्तित्व को लेकर एक पादरी के साक्ष्यों की गहराई से पड़ताल की, तो उन्हें रुला दिया। तब मुझे अहसास होने लगा कि यह अप्रत्याशित था।

जब मैं बच्ची थी, तब मैं ज़्यादा सवाल पूछने वाली लड़की नहीं थी। मेरा मानना था कि मेरा बड़ा भाई, मुझसे हर मामले में आगे था और आज भी है। मुझे याद है एक बार परिवार छुट्टी मना रहा था, ठीक वैसे ही जिस तरह से हमेशा हमारे अवकाश रहस्यमय ढंग से विदेश में किसी भौतिकशास्त्र के सम्मेलन के दौरान ही होते थे। मेरे भाई और मैंने कुछ व्याख्यान सुने भी, ताकि हमारी माँ को पिता की देखरेख से कुछ राहत मिल सके। उन दिनों में फिज़िक्स के व्याख्यान ज़्यादा लोकप्रिय नहीं थे, न ही वे बच्चों के लिए होते थे। मैं अपने नोटपैड के साथ बैठी थी, लेकिन मेरे भाई ने जब ख्याति प्राप्त अकादमिक प्रस्तुतकर्ता से सवाल करने के लिए अपना पतला-दुबला छोटा सा हाथ उठा लिया, तब मेरे पिता का चेहरा चमक उठा था।

मुझसे अक्सर पूछा जाता है, "स्टीफ़न हॉकिंग की बेटी होने पर कैसा लगता है?" निःसंदेह, इसका ऐसा कोई संक्षिप्त जवाब मेरे पास नहीं होता है, जो उपयुक्त लगे। मैं इतना ही कह सकती हूँ कि उच्च स्थिति अत्यंत उच्च हुआ करती थी और निचली स्थिति बहुत गंभीर हुआ करती थी। इन दोनों के बीच एक स्थान का अस्तित्व था, जिसे हम हमारे लिए सामान्य कहा करते थे। वयस्क होने पर भी हम उसे 'हमारे लिए सामान्य जीवन' ही कहते थे, लेकिन दूसरों के लिए ऐसा नहीं था। जैसे-जैसे शोक का कच्चा घाव वक़्त भरने लगा है, वैसे-वैसे मुझे अब लगने लगा है कि मुझे अनुभव समेटने में अनंत समय लग सकता है। एक तरह से मैं निश्चित भी नहीं हूँ कि मैं ऐसा करना चाहती हूँ या नहीं। मेरे पिता ने मुझसे जो अंतिम शब्द कहे थे, उनकी यादों को मैं संजोकर रखना चाहती हूँ। मैं उनके कहे अंतिम शब्द बताना चाहती हूँ कि मैं एक प्यारी बिटिया रही हूँ और मुझे किसी से डरना नहीं है। मैं उनकी जितनी साहसी नहीं हो सकती - स्वभाव से ही मैं निडर नहीं हूँ - लेकिन उन्होंने मुझे बताया था कि मैं इसके लिए कोशिश कर सकती हूँ। कोशिश करना ही साहस का सबसे अहम हिस्सा हो सकता है।

मेरे पिता कोशिशों को नहीं छोड़ते थे, वे लड़ने से घबराते नहीं थे। 75 साल की आयु में वे पूरी तरह से लकवे के मरीज़ थे, वे अपने चेहरे की

कुछ मांसपेशियों को ही हिला पाते थे, लेकिन हर दिन सुबह उठते थे, तैयार होकर सूट पहनते थे और काम करने जाते थे। उनके पास वह करने की शक्ति थी और वे तुच्छता को अपने आड़े नहीं आने देते थे, लेकिन मैं यह कहना चाहती हूँ यदि उन्हें मालूम होता कि उनके अंतिम संस्कार में पुलिस के मोटरसाइकिल गार्ड इस तरह तैनात रहेंगे, तो उन्होंने इन लोगों से हर दिन आग्रह किया होता कि वे उन्हें हर सुबह ट्रैफिक से सँभालकर कैम्ब्रिज स्थित घर से कार्यालय तक ले जाएँ।

इस बात की ख़ुशी है कि उन्हें इस पुस्तक का पता था। यह ऐसा प्रोजेक्ट था, जिस पर उन्होंने पृथ्वी पर उनके अंतिम वर्ष में काम किया था। उनका विचार था कि उनके समकालीन लेखन को एक ही खंड में लाया जाए। उनके निधन के बाद कई चीज़ें हो चुकी हैं। मैं सोचती हूँ कि काश! वे इसका अंतिम स्वरूप देख पाते। मैं सोचती हूँ कि वे इस पुस्तक पर बहुत गर्व महसूस करते और शायद वे यह भी अंत में स्वीकार करते कि उन्होंने भी योगदान दिया है।

लूसी हॉकिंग

आभार

स्टीफ़न हॉकिंग एस्टेट किप थोर्न, ऐडी रेडमैन, पॉल डेविस, सेथ शोस्तक, डेम स्टेफ़नी शिर्ले, टॉम नेबारो, मार्टिन रीस, मैल्कम पैरी, पॉल शेलॉर्ड, रॉबर्ट किर्बी, निक डेविस, केट क्रेगी, क्रिस सिम्स, डोग एब्रम्स, जेनिफर हर्शी, ऐनी स्पीयर, एन्थिया बेन, जोनाथन वुड, एलिजाबेथ फ़ॉरेस्टर, यूरी मिलनर, थॉमस हर्तोग, मा हॉतेंग, बेन बोवी और फे डोकर को इस पुस्तक को पूरी करने में सहायता के लिए धन्यवाद देता है।

स्टीफ़न हॉकिंग अपने पूरे करियर में वैज्ञानिक और रचनात्मक सहयोग के लिए मशहूर थे। वे अपने सहयोगियों के साथ विज्ञान के पथ प्रदर्शक शोध-पत्रों के लिए भी उतनी ही कड़ी मेहनत से काम करते थे, जितनी मेहनत उन्होंने पटकथा लेखकों, जैसे *द सिम्पसन* की टीम के साथ की। बाद के वर्षों में स्टीफ़न को अपने आस-पास के लोगों से मदद की ज़रूरत बढ़ती गई। उन्हें न केवल तकनीकी मामलों में, बल्कि संवाद के लिए भी मदद लेनी पड़ती थी। एस्टेट उन सब लोगों को भी धन्यवाद देना चाहता है, जिन्होंने दुनिया से संवाद करने में स्टीफ़न की मदद की।